国家出版基金项目
NATIONAL PUBLICATION FOUNDATION

中國第一歷史檔案館
福建省林則徐研究會
編

清宮林則徐檔案匯編

18

海峽出版發行集團
海峽文藝出版社

第一八册 目録

責任者	題名	日期	頁碼
上諭	著准林則徐所請漕費概禁洋錢以速漕行	道光十六年十一月二十一日 一八三六年十二月二十八日	一
署理兩江總督林則徐等奏摺	請以王紹復調補江寧縣知縣	道光十六年十一月二十一日 一八三六年十二月二十八日	三
署理兩江總督林則徐奏摺	江寧借給運銅委員銀五百兩以資辦運	道光十六年十一月二十一日 一八三六年十二月二十八日	七
署理兩江總督林則徐奏摺	請以安徽寧池太廣道徐廣縉與江西糧道王兆琛對調	道光十六年十一月二十一日 一八三六年十二月二十八日	一一
署理兩江總督林則徐奏片	兩江地方緝獲各犯辦理情形	道光十六年十一月二十一日 一八三六年十二月二十八日 *	一四

具奏人	事由	日期	頁碼
署理兩江總督林則徐奏摺	查明海屬各鹽場來春毋庸接濟（破損）	道光十六年十一月二十一日 一八三六年十二月二十八日 *	二〇
署理兩江總督林則徐奏片	江蘇安徽多府屬得雪江浙回空幫船掃數進入橫閘	道光十六年十一月二十一日 一八三六年十二月二十八日 *	二三
署理兩江總督林則徐等奏摺	遵旨查明江蘇各屬被災歉收情形來春毋庸接濟	道光十六年十一月二十二日 一八三六年十二月二十九日	二五
署理兩江總督林則徐等奏摺	江蘇省倉應放兵米完解不前請將知縣顧毓奇周恭壽摘頂勒追	道光十六年十一月二十二日 一八三六年十二月二十九日	二九
署理兩江總督林則徐等奏摺	請以蕭蔭恩調補江陰縣知縣	道光十六年十一月二十二日 一八三六年十二月二十九日	三三
署理兩江總督林則徐等奏片	署蘇州藩司積拉明阿辦理新漕喫緊請暫緩引見	道光十六年十一月二十二日 一八三六年十二月二十九日 *	三七
署理兩江總督林則徐等奏摺	遵查寶蘇局並無私積鑄錢附近島嶼亦無私鑄夾帶	道光十六年十一月二十二日 一八三六年十二月二十九日	三八
署理兩江總督林則徐題本	請以陳鋼署理東臺場鹽務大使（破損）	道光十六年十一月二十二日 一八三六年十二月二十九日	五〇
署理兩江總督林則徐題本	題參潛山營專汛把總劉長清等疎防命案限滿兇犯無獲	道光十六年十一月二十二日 一八三六年十二月二十九日	五五
上諭	著照林則徐所請以楊斯熙陞補宿州知州	道光十六年十一月二十三日 一八三六年十二月三十日	六一

責任者	題名	時間	頁碼
署理兩江總督林則徐奏摺	遵旨審明黄道湧京控搶案分别定擬	道光十六年十一月二十四日 一八三六年十二月三十一日	六二
署理兩江總督林則徐奏摺	遵旨審明朱得時京控案分别定擬	道光十六年十一月二十四日 一八三六年十二月三十一日	七五
署理兩江總督林則徐奏摺	遵旨審明曹咸霑誣告幕友植黨案擬杖徒	道光十六年十一月二十四日 一八三六年十二月三十一日	八三
署理兩江總督林則徐奏摺	遵旨審明章芝亭誣告脱逃案分别定擬	道光十六年十一月二十四日 一八三六年十二月三十一日	九二
上諭	著照林則徐所請陞拔鼓勵拏獲邳州要犯出力各員弁	道光十六年十一月二十六日 一八三七年一月二日	一〇一
上諭	著將林則徐咨提之李瀰陽與楊成一併解交兩江總督質訊懲辦	道光十六年十一月二十六日 一八三七年一月二日	一〇二
上諭	著照林則徐所參失察逃犯滋事各員弁交部議處勒緝	道光十六年十一月二十六日 一八三七年一月二日	一〇三
署理兩江總督林則徐奏摺	遵旨審擬河南固始縣監生楊登科販鹽被搶案	道光十六年十一月二十六日 一八三七年一月二日	一〇五
署理兩江總督林則徐奏摺	遵旨審擬河南息縣民人張義和京控販鹽搶劫案	道光十六年十一月二十六日 一八三七年一月二日	一二三
署理兩江總督林則徐奏摺	奏報交卸督篆起程入覲日期	道光十六年十一月二十六日 一八三七年一月二日	一三三

文件	事由	日期	頁碼
大學士管理户部事務潘世恩等題本	林則徐題銷江寧等屬道光八年份常平倉穀盈餘銀數宜分别辦理	道光十六年十一月二十七日 一八三七年一月三日	一三七
上諭	蔣金幗所告案著交林則徐嚴審定擬具奏	道光十六年十一月二十九日 一八三七年一月五日	一五五
上諭	著照林則徐所請准寧池太廣道徐廣縉與江西糧道王兆琛對調	道光十六年十二月初六日 一八三七年一月十二日	一五六
上諭	著照林則徐所請以王紹復調補江寧縣知縣	道光十六年十二月初六日 一八三七年一月十二日	一五七
上諭	林則徐查明寶蘇局無違禁情形著稽察借款津貼並海島等弊	道光十六年十二月初七日 一八三七年一月十三日	一五八
上諭	著照林則徐所請以蕭蔭恩調補江陰縣知縣	道光十六年十二月初七日 一八三七年一月十三日	一六〇
上諭	林則徐奏顧毓奇周恭壽欠解兵米著摘頂勒限解清	道光十六年十二月初七日 一八三七年一月十三日	一六一
上諭	林則徐奏江蘇挑辦河隄等工民欠銀糧著概行豁免	道光十六年十二月十九日 一八三七年一月二十五日	一六二
護理江蘇巡撫魏元烺奏片	江蘇學政聲名及藩臬道府考語請俟林則徐回任再行辦理	道光十六年十二月二十四日 一八三七年一月三十日 *	一六四
上諭	著林則徐補授湖廣總督陳鑾調補江蘇巡撫裕泰調補江西巡撫	道光十七年正月二十二日 一八三七年二月二十六日	一六五

責任者	事由	時間	頁碼
大學士管理户部事務潘世恩等題本	林則徐題上海陞科蕩田丹徒轉則沙田應查照章程報部（尾缺）	道光十七年正月三十日 一八三七年三月六日	一六六
上諭	著林則徐飭屬整頓鹽務堵緝鄰私以裕國課	道光十七年二月十九日 一八三七年三月二十五日	一七二
上諭	著林則徐等整頓湖南營伍	道光十七年二月二十六日 一八三七年四月一日	一七四
湖廣總督林則徐奏摺	奏報抵楚接篆日期	道光十七年三月初六日 一八三七年四月十日	一七六
湖廣總督林則徐奏片	遵旨隨時察看湖北藩司臬司湖南綏靖鎮總兵能否勝任	道光十七年三月初六日 * 一八三七年四月十日	一八〇
湖廣總督林則徐奏片	遵旨籌畫堵緝鄰私並設法疏銷存鹽	道光十七年三月初六日 * 一八三七年四月十日	一八三
湖廣總督林則徐等奏摺	請以施南府知府金石聲與襄陽府知府阿爾琫阿對調	道光十七年三月二十三日 一八三七年四月二十七日	一八七
湖廣總督林則徐等奏摺	重犯在監自縊請將當陽縣典史知縣分别革職議處	道光十七年三月二十三日 一八三七年四月二十七日	一九一
湖廣總督林則徐題本	奉旨兼兵部尚書銜謝恩	道光十七年三月二十八日 一八三七年五月二日	一九五
湖廣總督林則徐題本	題參德安營右哨把總孟世雄等疏防軍犯被搶屆滿逸犯未獲（首缺）	道光十七年三月二十八日 一八三七年五月二日	二〇〇

責任者	題名	時間	頁碼
湖廣總督林則徐題本	報銷湖南各營道光十五年份賞過兵丁紅白銀數	道光十七年三月二十八日 一八三七年五月二日	二〇五
湖廣總督林則徐題本	報銷湖南各營道光十五年份動用公費銀數	道光十七年三月二十八日 一八三七年五月二日	二一一
湖廣總督林則徐題本	題參署沅州協千總王以林等疎防命案限滿兇犯未獲	道光十七年三月二十八日 一八三七年五月二日	二一九
湖廣總督林則徐奏摺	永綏協副將穆騰額違例呈請開缺回旗勒令休致	道光十七年四月初五日 一八三七年五月九日	二二六
湖廣總督林則徐奏摺	兩湖候補守備人員擁滯請變通以雲騎尉借補千總	道光十七年四月初五日 一八三七年五月九日	二三〇
湖廣總督林則徐奏摺	永順協營軍械年久朽壞請動項興修	道光十七年四月初五日 一八三七年五月九日	二三六
湖廣總督林則徐奏摺	遵旨審明湖北宣恩縣民白文舉京控命案分別定擬	道光十七年四月初五日 一八三七年五月九日	二四〇
上諭	著照林則徐所請以金石聲調補襄陽知府阿爾琫阿調補施南知府	道光十七年四月十二日 一八三七年五月十六日	二五三
上諭	著陶澍飭屬經理兩淮鹽課之林則徐籌辦湖廣分銷事務	道光十七年四月十三日 一八三七年五月十七日	二五四
湖廣總督林則徐等奏摺	僉差不慎致斬犯脱逃之南漳縣知縣李景頤等請議處勒緝	道光十七年四月十八日 一八三七年五月二十二日	二五六

具奏人	事由	日期	頁碼
上諭	著照林則徐所奏永綏協副將穆騰額勒令休致	道光十七年四月二十一日 一八三七年五月二十五日	二六〇
湖廣總督林則徐奏摺	校閲湖北督撫兩標並各營官兵情形	道光十七年五月初十日 一八三七年六月十二日	二六一
湖廣總督林則徐奏片	湖北提督羅思舉俟面晤察看據實奏聞	道光十七年五月初十日 一八三七年六月十二日	二六六
湖廣總督林則徐奏片	閲兵防汛酌分先後辦理	道光十七年五月初十日 一八三七年六月十二日	二六八
湖廣總督林則徐等奏摺	驗收湖北省城沿江石岸並蕎麥灣隄工情形	道光十七年五月初十日 一八三七年六月十二日	二七三
湖廣總督林則徐奏摺	盤查湖北司道庫貯銀有盈無虧	道光十七年五月初十日 一八三七年六月十二日	二七八
湖廣總督林則徐奏摺	滇黔銅鉛幫船越卡夾帶私鹽請將失察運員並護理總兵交部議處	道光十七年五月初十日 一八三七年六月十二日	二八二
湖廣總督林則徐奏片	緝獲私鹽變價按引課則以抵官銷之缺	道光十七年五月初十日 一八三七年六月十二日	二九〇
上諭	著林則徐飭屬緝私陶澍等督辦鹽務	道光十七年五月十一日 一八三七年六月十三日	二九三
上諭	著照陶澍林則徐所請奬勵疏浚蘇松太支河汊港出力各員	道光十七年五月十一日 一八三七年六月十三日	二九五

序號	責任者	事由	日期	頁碼
一八〇	湖廣總督林則徐等奏摺	即用知縣陸以湉自揣不勝民社呈請改補教職	道光十七年五月十六日 一八三七年六月十八日	二九七
一八一	湖廣總督林則徐等奏摺	湖北省道光十年以前民欠隄費請照成案一體豁免	道光十七年五月十六日 一八三七年六月十八日	三〇〇
一八二	上諭	吳殷氏所告案著交林則徐嚴審定擬具奏	道光十七年五月二十二日 一八三七年六月二十四日	三〇六
一八三	大學士管理户部事務潘世恩等題本	察核林則徐題銷蘇州省道光十五年份地丁等項錢糧	道光十七年五月二十三日 一八三七年六月二十五日	三〇七
一八四	上諭	林則徐奏滇黔銅鉛船隻夾帶私鹽著將運員總兵分別議處	道光十七年五月二十六日 一八三七年六月二十八日	三四六
一八五	上諭	林則徐奏漢陽營遊擊謝玉陞馬步生疎著降為都司	道光十七年五月二十六日 一八三七年六月二十八日	三四八
一八六	湖廣總督林則徐等奏摺	襄陽縣民婦章張氏因瘋傷斃祖姑案審明分別定擬	道光十七年五月二十八日 一八三七年六月三十日	三四九
一八七	湖廣總督林則徐等奏摺	當陽縣絞犯自縊禁卒侯必貴等遵旨審明分別定擬	道光十七年五月二十八日 一八三七年六月三十日	三五四
一八八	湖廣總督林則徐題本	奏報武昌廠關道光十五年六月起徵收税銀並盈餘數	道光十七年五月二十九日 一八三七年七月一日	三五九
一八九	湖廣總督林則徐題本	報銷湖北省道光十六年份武職養廉銀數	道光十七年五月二十九日 一八三七年七月一日	三六五

責任者	題名	時間		頁碼
湖廣總督林則徐題本	報銷荆州八旗並湖北各營官兵道光十六年份支過俸餉等銀數	道光十七年五月二十九日 一八三七年七月一日		三七一
上諭	林則徐奏陸以湉不勝民社著准改補教職回籍候選	道光十七年六月初三日 一八三七年七月五日		三七六
上諭	著林則徐研審定擬並拘告馮實解部備質	道光十七年六月初八日 一八三七年七月十日		三七七
湖廣總督林則徐等奏摺	請將蘄州知州孫承恩等分別革職降改勒休	道光十七年六月初十日 一八三七年七月十二日		三七八
湖廣總督林則徐等奏片	楚省拏獲習教餘黨情形	道光十七年六月初十日 一八三七年七月十二日	*	三八二
湖廣總督林則徐等奏片	試用知州馬秉琨患病稟請回籍調理均州知州員缺應歸部選	道光十七年六月初十日 一八三七年七月十二日	*	三八七
湖廣總督林則徐等奏摺	遵旨審明監利縣糧書抗土鬧局案分別定擬	道光十七年六月初十日 一八三七年七月十二日		三八九
湖廣總督林則徐等奏片	稽察隄工總局章程肅吏治而杜弊源	道光十七年六月初十日 一八三七年七月十二日	*	四〇五
湖廣總督林則徐奏摺	審明大冶縣民李守典因瘋進京求賞俸禄案分別定擬	道光十七年六月初十日 一八三七年七月十二日		四一〇
湖廣總督林則徐等奏摺	越南貢使范世忠等過楚日期	道光十七年六月初十日 一八三七年七月十二日		四一八

具文者	事由	日期		頁碼
湖廣總督林則徐等奏摺	殺母蔑倫重犯未獲請將長樂縣知縣袁瓛革職	道光十七年六月二十五日 一八三七年七月二十七日		四二三
湖廣總督林則徐等奏片	委郭覲辰署漢陽縣印務勞光泰署監利縣印務	道光十七年六月二十五日 一八三七年七月二十七日	*	四二八
湖廣總督林則徐奏摺	督標中軍副將佛保住人地未宜請與黄州協副將英俊對調	道光十七年六月二十五日 一八三七年七月二十七日		四二九
湖廣總督林則徐奏片	親赴漢川查看水勢即赴南省閲視營伍	道光十七年六月二十五日 一八三七年七月二十七日	*	四三四
湖廣總督林則徐等奏摺	湖廣督標並湖北撫標軍裝局坍塌請動項修建	道光十七年六月二十五日 一八三七年七月二十七日		四三六
湖廣總督林則徐等奏摺	遵旨審明南漳縣民部宗敬京控訟案分别定擬	道光十七年六月二十五日 一八三七年七月二十七日		四四一
湖廣總督林則徐等奏摺	遵旨審明僉差不慎斬犯脱逃案分别定擬	道光十七年六月二十五日 一八三七年七月二十七日		四五一
湖廣總督林則徐等奏片	漢州等縣水漲漫淹情形	道光十七年六月二十五日 一八三七年七月二十七日	*	四五八
湖廣總督林則徐題本	請仍以武昌府知府崇善經管武昌廠關税務	道光十七年六月二十五日 一八三七年七月二十七日		四六一
湖廣總督林則徐題本	報銷湖南各標鎮協營官兵道光十六年份實支俸餉馬乾銀數	道光十七年六月二十五日 一八三七年七月二十七日		四六六

具文者	事由	日期	頁碼
湖廣總督林則徐題本	題銷長安營兵丁道光十六年份增賞眷米並運脚布袋銀數	道光十七年六月二十五日 一八三七年七月二十七日	四七一
湖廣總督林則徐題本	報銷湖南各標鎮協營武職道光十六年份動支養廉銀數	道光十七年六月二十五日 一八三七年七月二十七日	四七六
湖廣總督林則徐題本	題參署鄖陽鎮標千總張得起等疎防命案届滿兇犯未獲	道光十七年六月二十五日 一八三七年七月二十七日	四八二
湖廣總督林則徐題本	題參署鄖陽鎮標千總張得起等疎防命案届滿兇犯未獲	道光十七年六月二十五日 一八三七年七月二十七日	四八九
湖廣總督林則徐題本	題參武昌城守營把總盛廷一等疎防行舟被搶届滿贓犯未獲	道光十七年六月二十五日 一八三七年七月二十七日	四九六
湖廣總督林則徐題本	題參均光營千總萬代清等疎防竊案届滿贓犯未獲	道光十七年六月二十五日 一八三七年七月二十七日	五〇三
湖廣總督林則徐題本	補參鄖陽鎮標千總趙玉陞等疎防命案限滿獲犯尚未及半	道光十七年六月二十五日 一八三七年七月二十七日	五〇九
湖廣總督林則徐題本	題參湖北提標千總耿元興等疎防竊案届滿贓犯未獲	道光十七年六月二十五日 一八三七年七月二十七日	五二〇
湖廣總督林則徐題本	請以現署宜昌鎮標前營遊擊胥棠補授鄖陽鎮標中軍遊擊	道光十七年六月二十五日 一八三七年七月二十七日	五二七
湖廣總督林則徐題本	題參湖北提標把總錢定禄等疎防竊案届滿贓犯無獲	道光十七年六月二十五日 一八三七年七月二十七日	五三三

湖廣總督林則徐題本	請以謝寶承襲雲騎尉世職分發標營學習	道光十七年六月二十五日 一八三七年七月二十七日	五四〇
湖廣總督林則徐題本	補參湖北提標把總王復經等疎防竊案首參限內未獲首犯	道光十七年六月二十五日 一八三七年七月二十七日	五四八

上諭　著准林則徐所請漕費概禁洋錢以速漕行

道光十六年十一月二十一日内閣奉

上諭林則徐等奏請禁州縣折給旗丁洋錢以平市價一摺洋錢行用内地勢難驟禁要當於便民之中予以限制其價值總以紋銀為準庶市儈不得售奸據該督署督撫等查明江蘇省近年洋錢價昂皆因鋪戶計析錙銖往往於糧船受兑之前先將洋價擡高以困州縣及至幫船開行之日又將銀價抬高以困旗丁輾轉低昂以致縣幫交累漕務愈難辦理欲絶市儈之居奇必先於辦漕禁用洋錢方可以迴積習現在新漕受兑期於重運早開所有縣幫交涉一切費用著概禁折給洋錢即照該署督等所奏向需洋錢一圓者以紋銀七錢

上諭 著准林則徐所請漕費概禁洋錢以速漕行

道光十六年十一月二十一日

三二分數實給發麼市儈無高抬之價縣幫無爭較輕之煩而漕行亦得迅速是在該署督飭屬妥辦務使行無窒礙方為盡善欽此

署理兩江總督林則徐等奏摺 **請以王紹復調補江寧縣知縣**

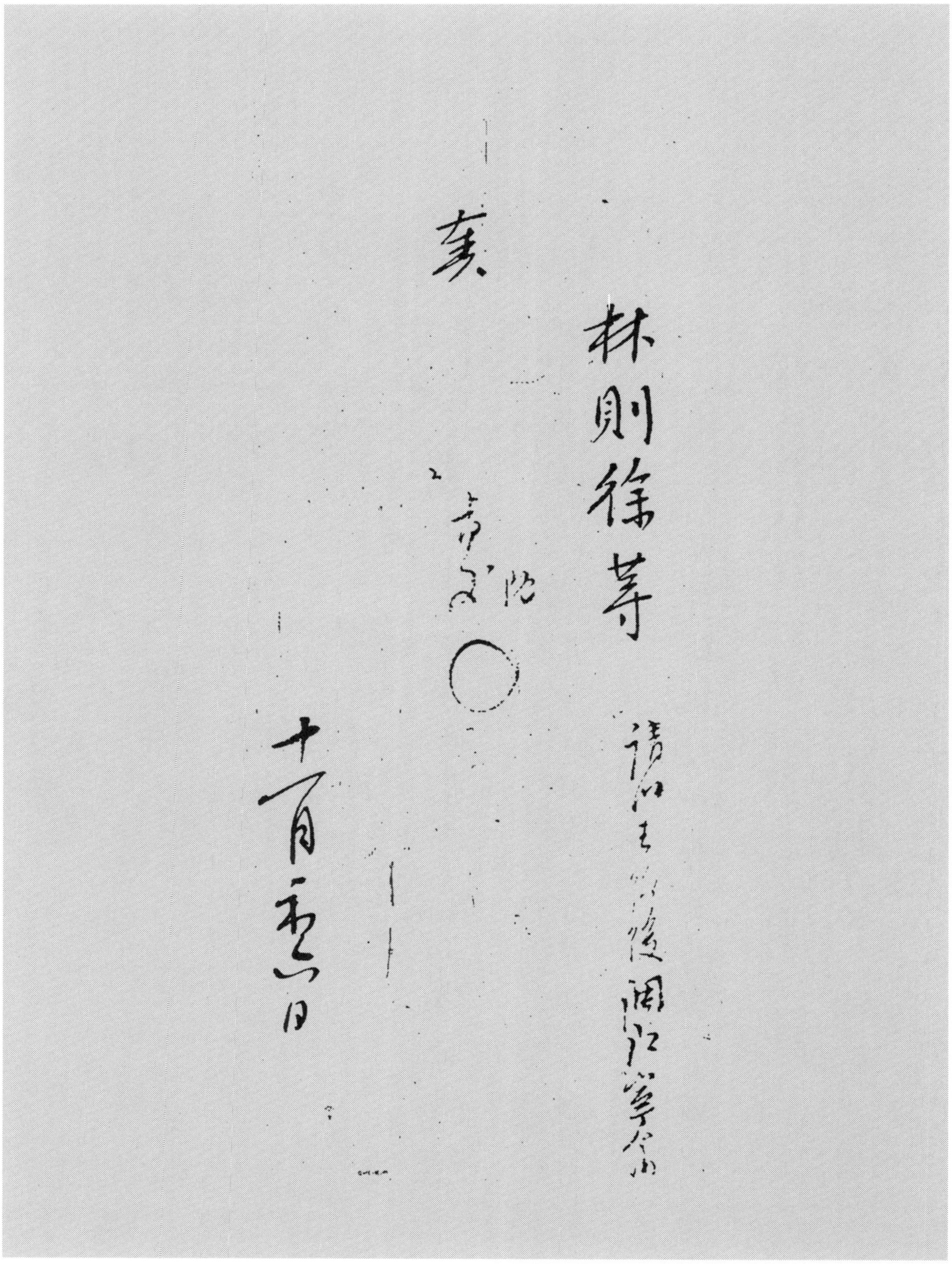

署理兩江總督林則徐等奏摺 請以王紹復調補江寧縣知縣
道光十六年十一月二十一日

署兩江總督江蘇巡撫臣林則徐
護理江蘇巡撫布政使臣怡良跪
奏為省會要缺知縣需員恭懇
聖恩俯准調補以裨地方仰祈
聖鑒事竊照江寧縣知縣李金芝因案
奏參開缺所遺江寧縣係衝繁難兼三要缺例應
在外揀選調補該縣為省會首邑政務殷繁
且時有發審案件必得精明強幹之員方足以
資治理臣等與藩臬兩司于通省知縣內遴加
遴選非現居要缺即人地未宜惟查有沛縣
知縣王紹復年四十四歲山東寧人由
國史館謄錄議叙知縣籤掣四川新都縣因
祖母年老告近改掣今職十六年四月到任該

員年强才裕明爽勤能自到任以來于地方
一切事件辦理裕如以之調補江寧縣知縣實
堪勝任惟僅歷未滿三年與例稍有未符但缺
實在相需例得專摺具
奏據藩臬兩司會詳前來臣等往返札商意見
相同合無仰懇
皇上天恩俯念員缺緊要准以該員王紹復調補
江寧縣知縣實于地方有裨如蒙
俞允該員係現任知縣請調知縣衙缺相當毋庸送
部引
見任內亦無參罰案件所遺沛縣知縣係屬簡
缺江蘇現有應補人員容臣等另行照例

署理兩江總督林則徐等奏摺　請以王紹復調補江寧縣知縣
道光十六年十一月二十一日

揀員請補合保陳明(證)合詞恭摺具
奏伏乞
皇上聖鑒訓示謹
奏
道光十六年十二月初[illegible]日奉
硃批　欽此
十一月二十一日

署理兩江總督林則徐奏摺

江寧借給運銅委員銀五百兩以資辦運

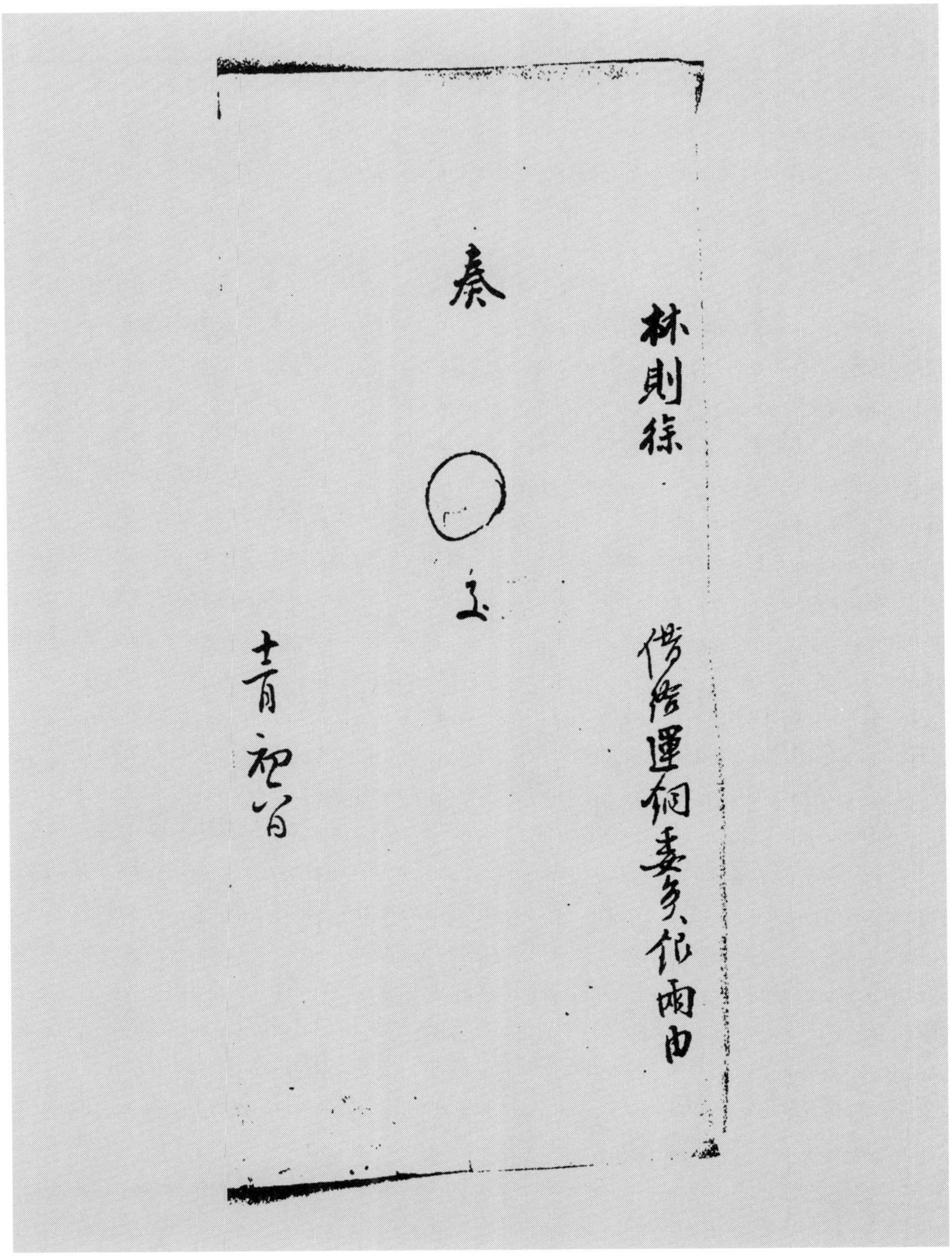

一八　署理兩江總督林則徐奏摺　江寧借給運銅委員銀五百兩以資辦運

道光十六年十一月二十一日

署兩江總督江蘇巡撫臣林則徐跪

奏為借給運銅委員銀兩以資辦運循例奏祈

聖鑒事竊照滇省運銅人員因遭風失險守阻等事以致運費不敷必須借銀接濟者委員查明實在情形專摺

奏明將借過銀數知照不准有分諉不逾八百兩之數等因在案茲據江寧布政使楊簧詳據雲南省乙未年加運一起京銅委員沈承恩稟稱前因在四川巴縣及湖北安陸漢陽等處節次遭風壞船沉銅打撈以致所帶腳用盡曾在湖北藩庫借支養廉銀三百兩現在運抵江寧運費不敷請借支銀五百兩以資接濟等情即經藩撫江寧府委員據上元

一八　署理兩江總督林則徐奏摺　江寧借給運銅委員銀五百兩以資辦運

道光十六年十一月二十一日

具確查屬實請循案借給詳請具

奏前來。臣查該運員沉水懸前在川楚等處遭風

壞船沉溺銅斤水腳用盡，經湖北撫臣查明

奏請借給養廉銀三百兩咨會江省在案。今該員

復請借支養廉銀五百兩，既據該司委員查明實因

行抵江境運費不敷，必須借銀接濟，數亦即照

准借銀數相符，應請於司庫十五年雜稅款內照

數借給，除飭令儹運前進並咨須省於該員應

得養廉及報銷狀內扣還歸款，江省借過

開銷暨分咨山東直隸二省知照外，理合恭摺具

奏伏乞

皇上聖鑒謹

一八　署理兩江總督林則徐奏摺　江寧借給運銅委員銀五百兩以資辦運

道光十六年十一月二十一日

奏

道光十六年十一月初一日奉

硃批戶部知道欽此

十一月廿一日

署理兩江總督林則徐奏摺　請以安徽寧池太廣道徐廣縉與江西糧道王兆琛對調

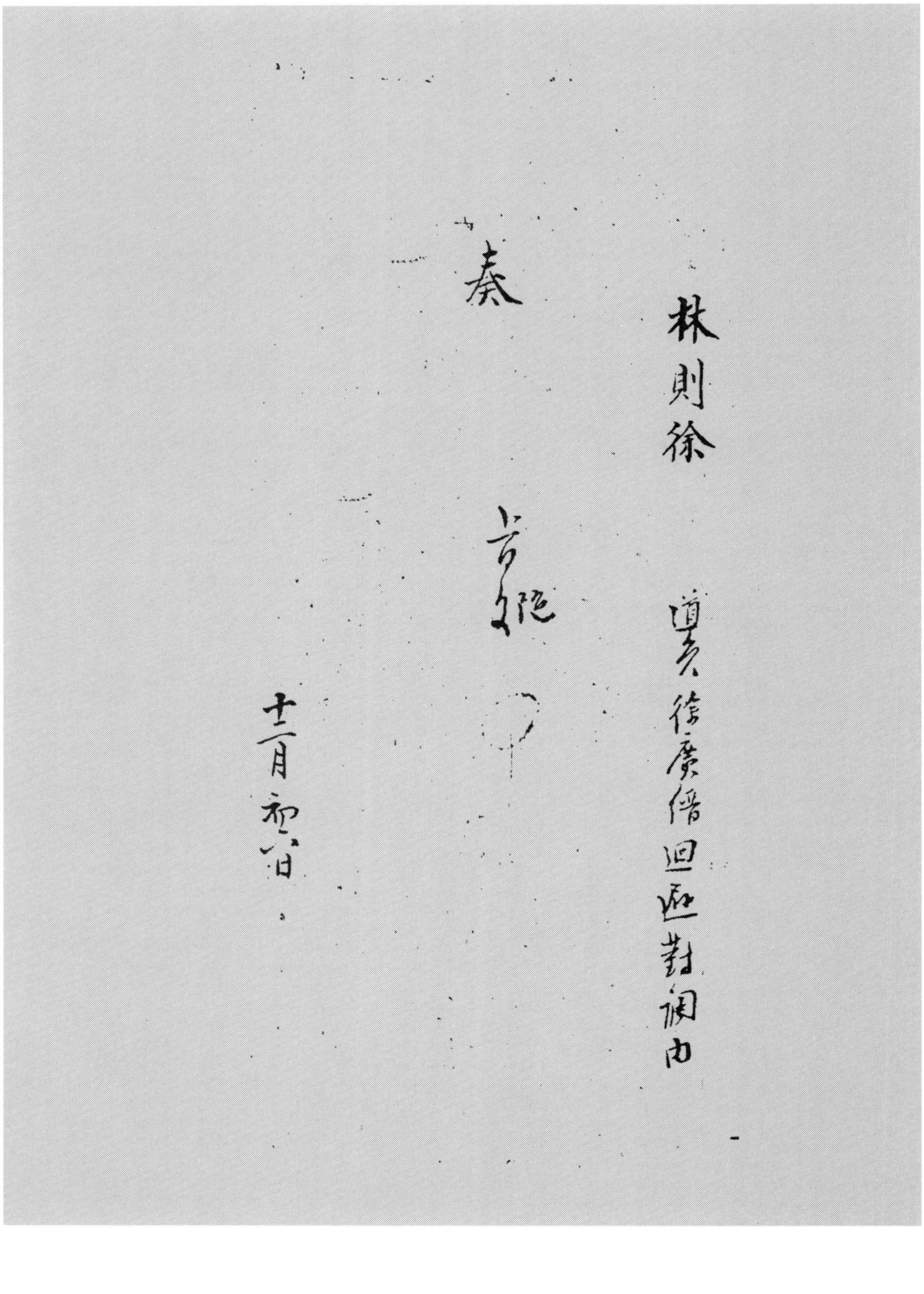
林則徐
奏
道員徐廣縉迴避對調由

署兩江總督江蘇巡撫臣林則徐跪

奏爲道員迴避原籍遵例揀員對調恭摺奏祈

聖鑒事竊照新授安徽寧池太廣道徐廣縉祖籍安徽

太和縣經督臣陶澍以例應迴避具

奏旋奉部議令於兩江總督所轄道員內酌量

奏請對調等因臣接署督篆即經分飭江寧蘇州江

西三藩司擇員詳辦據江寧藩司詳覆以江北各

道員非缺分不甚相當即河工不便更動無可對

調隨將蘇州江西兩藩司詳開道員函商安徽

撫臣色卜星額酌量擇一員請調並會商得江西

糧道缺分與安徽寧池太廣道同係請

旨要缺現任糧道王兆琛年力精強辦事妥協以之調補

署理兩江總督林則徐奏摺 請以安徽寧池太廣道徐廣縉與江西糧道王兆琛對調

道光十六年十一月二十一日

安徽寧池太廣道自堪勝任其改選江西糧道
員缺即以迴避之徐廣縉對調人缺亦屬相宜如
蒙
俞允該員等係迴避對調銜缺相當毋庸送部引
見謹會同安徽巡撫臣色卜星額江西巡撫臣陳鑾合
詞恭摺具
奏伏乞
皇上聖鑒訓示謹
奏
道光十六年十一月初八日奉
硃批 欽此
十一月二十一日

署理兩江總督林則徐奏片　**兩江地方緝獲各犯辦理情形**

林則徐片

再臣接署督篆後，因兩江地方轄境廣闊，

匪徒易于潛蹤，遇逃匿向藏匪盜伏偽，

捕不可稍弛，當即嚴飭各屬文武實力偵緝，

兹據屬稟，拿獲首夥二十餘犯，搜起刀槍火器多件，

審明

奏辦外，復據泗州五河廿州縣先後拿獲匪盜案

因李應順行舟被搶要犯王九郎、潘才二名，淮

安鎮營屬先後拿獲持械奪犯拒傷兵役之

董士貴一名，又獲盜賊匪犯卜文廿八十一名，又獲

糧船習教水手趙順廿二十七名，霍邱縣拿獲

鄰省首匪張厍玫一名，又獲匪犯呂年、韓郭世

署理兩江總督林則徐奏片　兩江地方緝獲各犯辦理情形
道光十六年十一月二十一日

又二名款上到案獲送并王四毛高五周文化
三名沭陽县寧廿宗案獲資出魁真內要犯
我八并方貴二名沭陽县又獲盜犯徐廣玲一
名崇賊併案獲先賊蘇如鎮馬聰鎮二名仗後
拘先後案獲盜犯錢瞎子蔡二雁名木和拘案獲
捻匪張二塞匠廿及婦女邢氏廿八名口起獲
刀械阜陽县案獲送并真六一名武進縣案獲
盜犯葛良桂十名蘇州府廿并代為獲習教
匪犯鄭漋溶蕭內黟犯周遐豐張戎富廿并
二十五名清河山陽廿拘譚廣案獲習教此手王
閔星廿二十名伍湖芳案獲盜犯王風一名當海
县案獲匪犯王三一名盧鳳道案姓獲匪犯張

署理兩江總督林則徐奏片　兩江地方緝獲各犯辦理情形
道光十六年十一月二十一日

福廿三十七名吳以得等獲竊犯銀錢王三廿三
名又獲匪犯張盜王三廿八名瓜爾黃等獲儋匪
張老廿二名六五黃等獲先禾海趙一名又獲鄰
省盜犯王洋元廿三名蔡昌得等獲鄰境逃
兇丁匪麻六一名祠山汝等獲鄰境逃兇李照中
一鹽梟物上風火搶等獲鄰境逃兇紀庭瑞一
名汪收等獲搶犯王義成一名依遠海等獲鄰境
逃兇張太平孜一名京口副將尤渤等獲積梟秦
治禮及鹽犯吳二廿黃二子一名私鹽九千九百餘斤艇
十餘隻擊等獲鹽犯李大廿五名私鹽六萬二百
餘斤江都縣宇備等獲鹽犯孫大小一名又傳匪
王信山廿五名私鹽黃六千九百餘斤鐵刀六口合肥

一、常得私委員等會獲鹽犯劉世榮等廿三名，私鹽
一千四百餘斤；泰州營遊擊先以寧獲私梟張
灝等廿共十三名，私鹽共二萬一千一百餘斤，船十二
隻；鹽城營遊擊詳獲鹽犯戴廷敘一名，鹽一
千四百餘斤；揚州營參將寧獲鹽犯傳王克廿等二
十三名，私鹽共九千九百餘斤；揚州營左軍守備先
後寧獲鹽犯王林廿等十六名，私鹽一萬四千九百
餘斤；仁壽營守備寧獲傳雁高郎大有廿四名；
蘇松鎮寧獲鹽犯龔惠元一名，私鹽一萬六百餘
斤；又鹽犯黃狗郎廿三名，私鹽四千餘斤，塞艘
詳獲鹽匪蕭宏凡一名，鹽城地方寧獲逃犯韓
高一名，私鹽八百餘斤；舒城縣詳獲拒捕格斃地役

鹽犯吳士青等二名，東海營都司拿獲鹽犯雷只
宣等三名，私鹽一萬二千一百餘斤，狼墩庄汛外委
拿獲鹽犯六名，鹽一萬一千四百斤，車三十一輛，又獲張
太等十名，鹽二萬一千餘斤，車二十三輛，蕃藏汛兵
員拿獲鹽犯楊得祥等十三名，私鹽三萬七百餘斤，
庙灣營守備拿獲匪犯李以含等七名，鐵劍一口，刀
二把，以上共獲梟匪及首報匪犯二百七十名，鹽犯
一百四十七名，私鹽二十一萬七千八百餘斤，起有火器、
刀械、船、車等件。自係匪犯逃匿，梟販私帮，劫以
及習教匪棍，種種不法情節不一，為匪以飾，兼該
管官弁從嚴懲辦，各員弁得捕者屬認真，較值
隆冬宵小尤易竄發，仍飭嚴督同營役，接續巡查

毋稍懈勁，以清地方。今將拏獲各匪辦理緣由附片陳明，伏乞

聖鑒。謹

奏。

道光十六年十二月初六日奉

硃批：查拏甚好，該部知道。

林則徐　道光十六年十二月初六

署理兩江總督林則徐奏摺　**查明海屬各鹽場來春毋庸接濟**（破損）

林則徐
奏
海屬各場毋庸接濟
十二月初六日

一八 署理兩江總督林則徐奏摺 查明海屬各鹽場來春毋庸接濟

道光十六年十一月二十一日

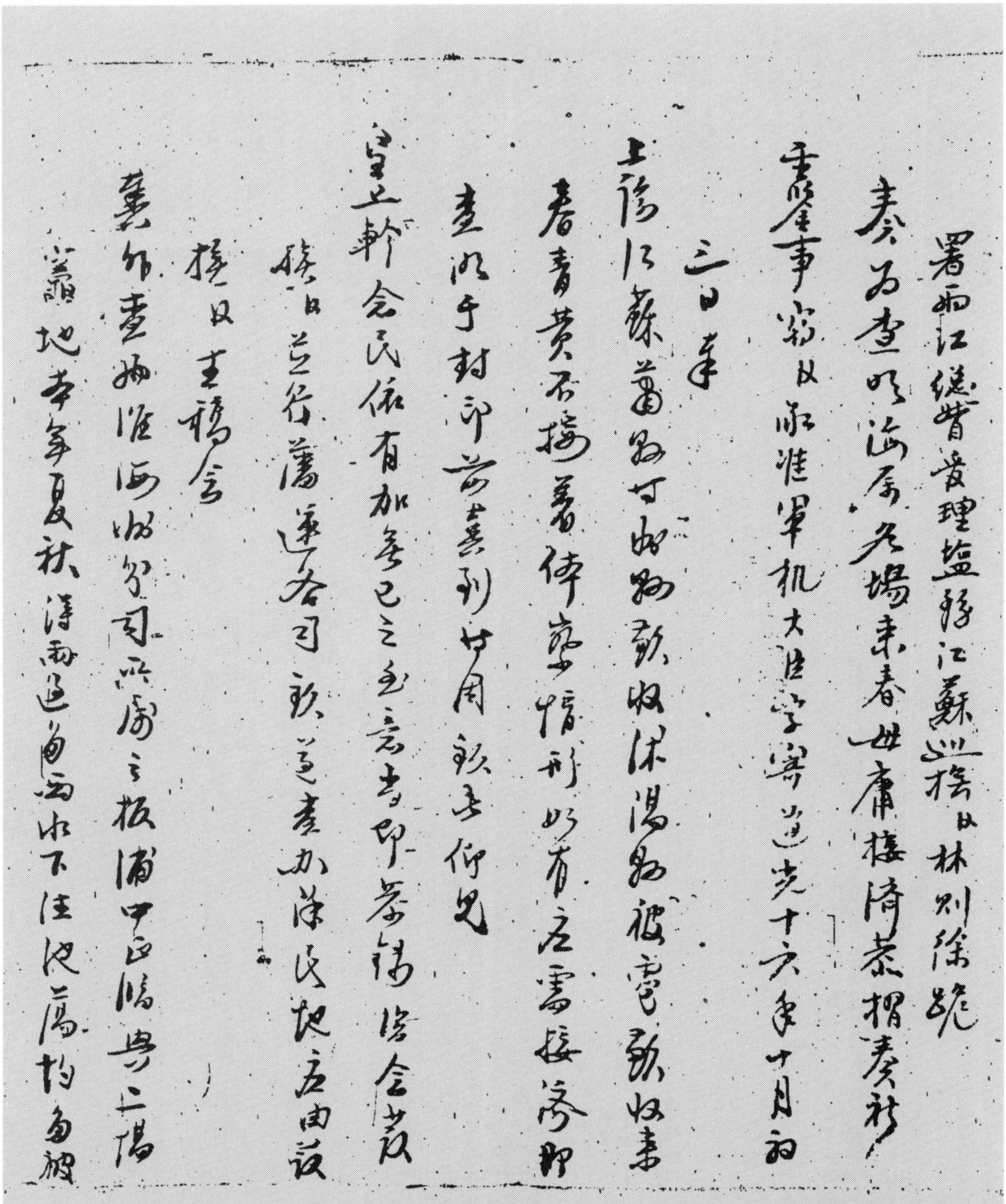
署兩江總督管理鹽務江蘇巡撫臣林則徐跪
奏爲查明海屬各場來春毋庸接濟恭摺奏祈
聖鑒事。竊臣承准軍機大臣字寄，道光十六年十月初
三日奉
上諭：江蘇省屬州場歉收，淮場被災歉收，來
春青黃不接，著陶澍體察情形，如有應需接濟，即
查明于封印前具奏，將此諭，欽此。仰見
皇上軫念民依有加無已之至意。當即恭錄，咨會藩
臣並行藩運各司欽遵查辦。隨據先後由該
據以呈稱：今
業經查明淮海分司所屬之板浦、中正、臨興三場
灘地本年夏秋淫雨過多，西水下注，低窪均多被

署理兩江總督林則徐奏摺　查明海屬各鹽場來春毋庸接濟

道光十六年十一月二十一日

淹業將應征折價錢糧奏示

聖恩緩征在案現在被淹灘池俱已涸復趕曬如常

其中正路與兩場蕩地現亦播種二麥察看

竈力來春尚不至於拮据自可毋庸接濟據淮鹽

運使具詳請

奏前來臣謹會同護理江蘇撫臣怡良合詞恭

摺具

奏伏乞

皇上聖鑒謹

奏

道光十六年十二月初七日奉

硃批戶部知道了欽此

署理兩江總督林則徐奏片

江蘇安徽多府屬得雪江浙回空幫船掃數進入横閘

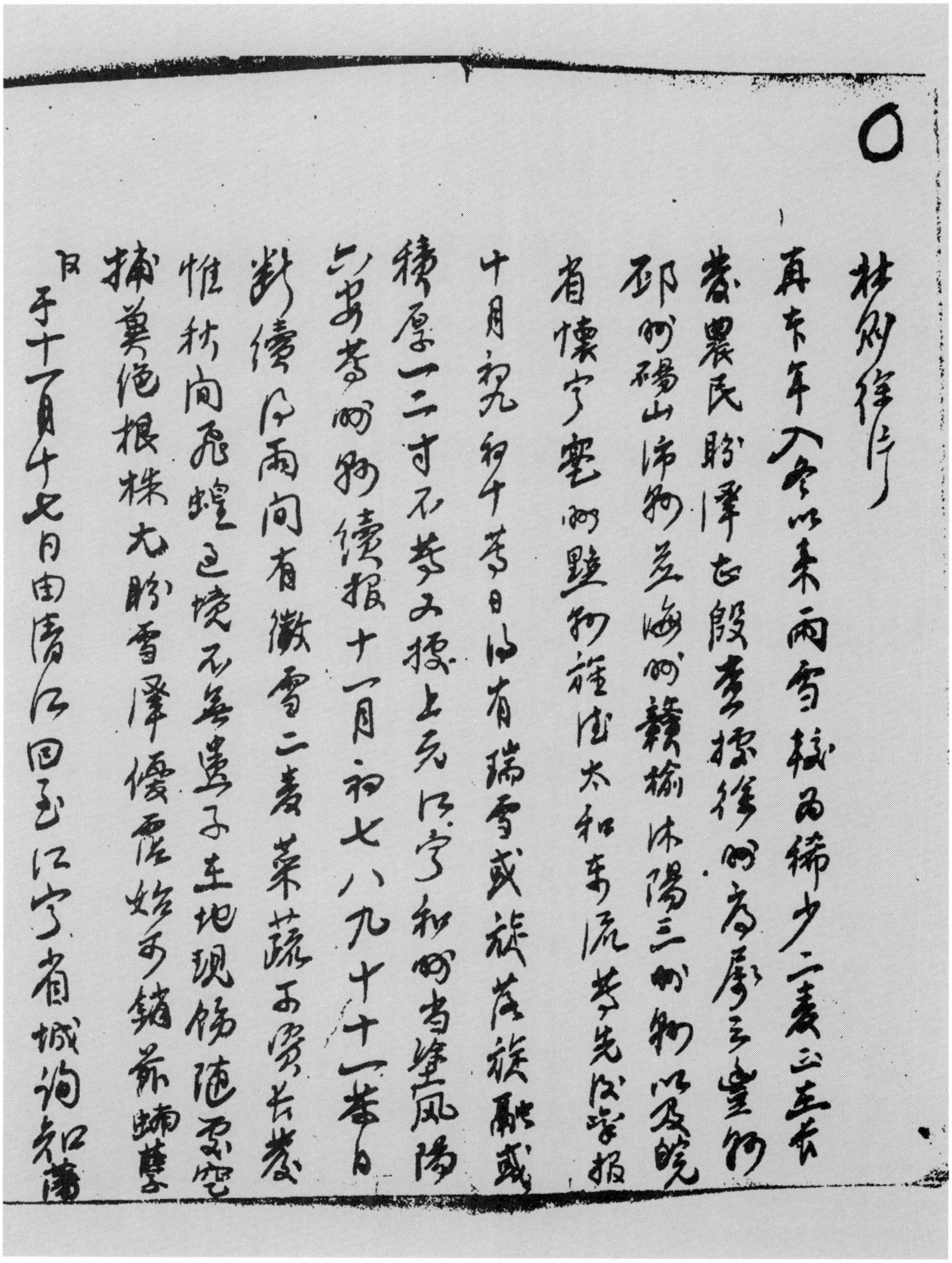
林則徐片

再，本年入冬以來，兩省積雪稀少，二麥正在
需澤，農民盼澤甚殷。茲據徐州府屬之豐縣、
邳州、碭山、沛縣並海州、贛榆、沭陽三州縣以及皖
省懷寧、壽州、[illegible]縣、旌德、太和、東流等先後稟報
十月初九、初十等日均有瑞雪，或旋落旋融，或
積厚一二寸不等。又據上元、江寧、和州、當塗、鳳陽、
六安等州縣續報十一月初七、八、九、十、十一等日
斷續得雨，間有微雪，二麥菜蔬可資長發。
惟秋間飛蝗過境，不無遺子在地，現飭隨時搜
捕，冀絕根株。尤盼雪澤優渥，始可鋤薙蝻孽。
臣於十一月十七日由清江回至江寧省城，詢知藩

一八 署理兩江總督林則徐奏片 江蘇安徽多府屬得雪江浙回空幫船掃數進入橫閘

道光十六年十一月二十一日

日揚幫業已屬深透，新雪日來濃陰
之布，可期渥沛祥霙。至浙江回空各幫，除蘇
省船隻先由京口挽運歸次外，其浙省幫船
渡江之後，因連值小風西風，京口向有淤淺處
難以逐一挽運，即經循案改由橫閘前進。截
至十一月十九日止，已將應行進口之浙江幫
船掃數向前，啣尾而下，計歸次日期比往年
較早。理合附片陳明，伏乞
聖鑒。謹
奏。
道光十六年十二月初七日奉
硃批：知道了。欽此。

署理兩江總督林則徐等奏摺

遵旨查明江蘇各屬被災歉收情形來春毋庸接濟

奏

一八

署理兩江總督林則徐等奏摺 遵旨查明江蘇各屬被災歉收情形來春毋庸接濟

道光十六年十一月二十二日

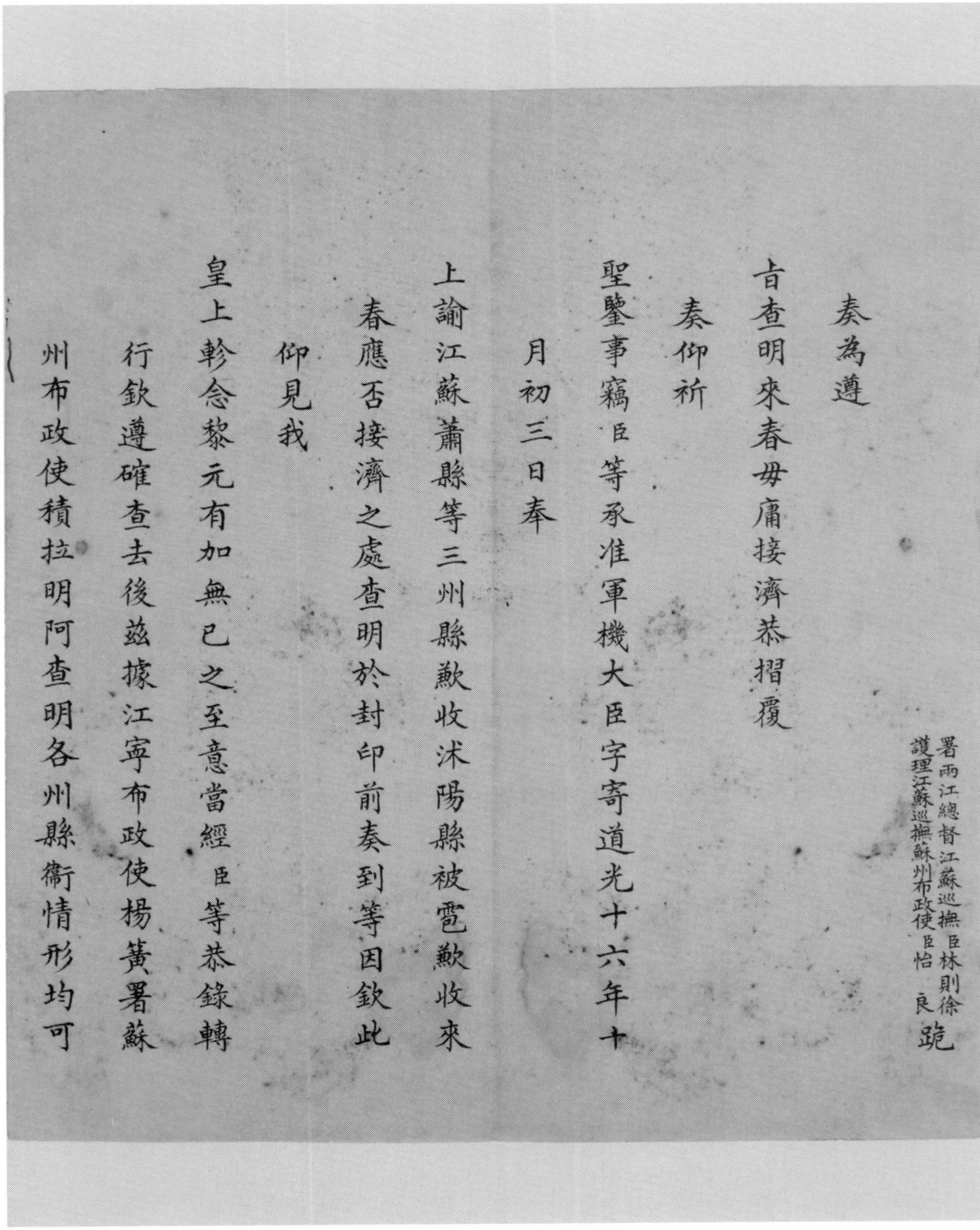

署兩江總督江蘇巡撫臣林則徐
護理江蘇巡撫蘇州布政使臣怡良 跪

奏為遵
旨查明來春毋庸接濟恭摺覆
奏仰祈
聖鑒事竊臣等承准軍機大臣字寄道光十六年十
月初三日奉
上諭江蘇蕭縣等三州縣歉收沭陽縣被雹歉收來
春應否接濟之處查明於封印前奏到等因欽此
仰見我
皇上軫念黎元有加無已之至意當經臣等恭錄轉
行欽遵確查去後茲據江寧布政使楊簧署蘇
州布政使積拉明阿查明各州縣衛情形均可

一八 署理兩江總督林則徐等奏摺 遵旨查明江蘇各屬被災歉收情形來春毋庸接濟

道光十六年十一月二十二日

毋庸接濟詳請覆
奏前來臣等伏查江蘇省本年各州縣衛雖有歉
收均未成災先經奏請
恩旨緩徵新舊錢糧小民已沾
闓澤茲復仰荷
聖慈垂詢來春應否接濟臣等細察各屬情形自入
冬以來二麥多已播種即秋成歉薄之處亦因
隣境有收米價平減民力不致拮据現在似可
毋須接濟除江淮等屬之熟田舊欠前於秋收
案內
奏明飭屬察看民情確覈彙辦應俟覆到另行專
案具

奏外倘明歲青黄不接之時有應酌借籽種口糧
及出易平糶之處容再臨時酌辦所有查明各
屬來春毋庸接濟緣由謹合詞恭摺覆
奏伏乞
皇上聖鑒謹
奏

知道了

道光十六年十一月二十二日

署理兩江總督林則徐等奏摺

江蘇省倉應放兵米完解不前請將知縣顧毓奇周恭壽摘頂勒追

一八　署理兩江總督林則徐等奏摺　江蘇省倉應放兵米完解不前請將知縣顧毓奇周恭壽摘頂勒追

道光十六年十一月二十二日

署兩江總督江蘇巡撫臣林則徐
護理江蘇巡撫蘇州布政使臣怡良　跪

奏為省倉應放兵米完解不前請將玩延之知縣
摘去頂帶勒限嚴追恭摺具
奏仰祈
聖鑒事據江寧布政使楊簧詳稱江寧省倉道光十
六年災缺兵米動撥蘇屬漕糧又蘇屬年例編
徵南米項下撥解壽協二標兵米先經節次催
提已據各屬陸續報解惟查有前任吳江縣現
署青浦縣知縣顧毓奇欠解漕米一千四十六
石零又震澤縣知縣周恭壽欠解漕米九百五
十一石七斗八升一合尚有短交道光十一年
截漕米九百三十石移准蘇藩司覆稱原係前

一八　署理兩江總督林則徐等奏摺　江蘇省倉應放兵米完解不前請將知縣顧毓奇周恭壽摘頂勒追

道光十六年十一月二十二日

叅令張亨衢任内徵存移交後任周恭壽批解
乃各該縣任催罔應總無顆粒完解現在司倉
存米不敷支放若不擇其欠數最多之員示以
懲儆勢必有悮支放詳請
奏叅前來臣等伏查省倉應放旗綠各營兵米係
計口授食要需不容稍有延緩今經江藩司屢
次行催各該縣雖具報起解久不到倉實屬玩
悮相應請
旨將現署青浦縣知縣顧毓奇震澤縣知縣周恭壽
先行摘去頂帶勒限一月内掃數解清如再逾
限不完即行撤任叅辦俾各屬咸知儆戒除分
別嚴催全數起解外謹合詞恭摺具

一八　署理兩江總督林則徐等奏摺　江蘇省倉應放兵米完解不前請將知縣顧毓奇周恭壽摘頂勒追

道光十六年十一月二十二日

奏伏乞

皇上聖鑒訓示謹

奏

另有旨

道光十六年十一月二十二日

署理兩江總督林則徐等奏摺

請以蕭蔭恩調補江陰縣知縣

一八 署理兩江總督林則徐等奏摺 請以蕭蔭恩調補江陰縣知縣

道光十六年十一月二十二日

署兩江總督江蘇巡撫臣林則徐
護理江蘇巡撫蘇州布政使臣怡良跪

奏為要缺知縣需員恭懇

聖恩俯准調補以裨地方事竊照江陰縣知縣陳希敬聞訃丁父憂開缺所遺江陰縣知縣係繁疲難兼三要缺例應在外揀選調補該縣濱臨大江政繁賦重俗悍民刁必得幹練之員方足以資治理臣等於通省知縣内逐加遴選非現居要缺即人地未宜一時實無合例堪調之員惟查有金壇縣知縣蕭蔭恩年三十七歲浙江監生捐納知縣選授今職道光十五年二月十五日到任該員靜細勤明能耐勞苦催科折獄措置有方以之調補江陰縣知縣洵堪勝任惟歷

一八 署理兩江總督林則徐等奏摺 請以蕭蔭恩調補江陰縣知縣

道光十六年十一月二十二日

俸未滿三年與例稍有未符但人地實在相需
例得專摺
奏請據署藩司積拉明阿署臬司李國瑞會詳前
來臣等往返札商意見相同謹遵定例
奏懇
皇上天恩俯念要缺需員准以金壇縣知縣蕭蔭恩
調補江陰縣知縣實於要缺有裨如蒙
俞允該員係現任知縣調補知縣銜缺相當毋庸送
部引
見至該員任内一切因公處分遵例毋庸核計其罰
俸銀兩現飭依限完繳造冊咨部銷案所遺金
壇縣知縣係屬簡缺雖應歸部選江蘇現有應

補人員例得留外另行遴員請補合併陳明謹
合詞恭摺具
奏伏乞
皇上聖鑒訓示謹
奏
另有旨
道光十六年十一月　二十二　日

署理兩江總督林則徐等奏片

署蘇州藩司積拉明阿辦理新漕喫緊請暫緩引見

再署蘇州藩司事江寧鹽巡道積拉明阿道光十六年補行十五年分
大計案内卓異接准部咨行令給咨赴部引
見惟現署蘇州藩司篆務督屬催解下忙銀兩辦理
新漕各事宜正當喫緊之時未便交卸應俟卸
署藩篆再行給咨赴部理合附片具
奏展限伏乞
聖鑒謹
奏

吏部知道

一八

署理兩江總督林則徐等奏摺　遵查寶蘇局並無私積鑄錢附近島嶼亦無私鑄夾帶

道光十六年十一月二十二日

署理兩江總督林則徐等奏摺　**遵查寶蘇局並無私積鑄錢附近島嶼亦無私鑄夾帶**

一八 署理兩江總督林則徐等奏摺 遵查寶蘇局並無私積鑄錢附近島嶼亦無私鑄夾帶

道光十六年十一月二十二日

署兩江總督江蘇巡撫臣林則徐
護理江蘇巡撫蘇州布政使臣怡良 跪

奏為遵
旨密查寶蘇局並無私積制錢分藏質庫將官銅盡
鑄私錢及附近海口島嶼亦查無私鑄由商船
夾帶進口緣由恭摺覆
奏仰祈
聖鑒事竊臣等承准軍機大臣字寄欽奉
上諭有人奏江浙等省錢法敝壞私錢之源一為局
私一為民私江省之寶蘇局鑪頭工匠向以私積
制錢五萬餘串分存附近質庫每屆開鑪運局點
驗驗後仍分藏質庫所有官銅盡鑄私錢其價較
民私稍昂民間私鑄處處有之有司衙門得規包

一八　署理兩江總督林則徐等奏摺　遵查寶蘇局並無私積鑄錢附近島嶼亦無私鑄夾帶

道光十六年十一月二十二日

庇其大夥鼓鑄藏於附近海口島嶼之中由商船
夾帶進口船底有夾板油飾嚴密查之無蹟抵岸
卸貨扶板出錢一船所帶八百千之多等語圜法
為經國重務私鑄充斥百物騰貴最為閭閻之害
不可不嚴行拿究著各督撫通飭所屬於開鑪時
嚴密查察認真究辦民間所用私錢務究其販自
何人鑄自何處其島嶼私鑄著責成巡洋水師各
將備實力搜緝倘有得賄庇縱情弊即行從嚴懲
處其夾板商船如敢夾帶他項違禁物件尤當一
律搜查毋許疎懈將此各諭令知之欽此並奉
硃添此皆係地方大吏應辦之事原不應有此弊端
若再因循不加振作自問於心能無愧乎凜之欽

一八　署理兩江總督林則徐等奏摺　遵查寶蘇局並無私積鑄錢附近島嶼亦無私鑄夾帶

道光十六年十一月二十二日

此遵
旨寄信前來臣等跪讀之下不勝惶悚當即恭録分
別轉行並分委署蘇州府知府周岱齡揚州總
捕同知趙廷熙署松管糧通判候補同知劉錫
恩江寧試用通判洪業斌等密往寶蘇局確查
去後茲據該府等稟稱互相約會出其不意親
赴該局嚴密訪查正直鼓鑄道光十六年第二
卯錢文將次完竣尚未磨鑢逐一查驗均係輪
廓分明字畫清楚與部頒定式相符抽取彈兑
觔數並無輕短尤恐攙和沙土偷漏銅鉛即照
驗收章程以五串為一束酌量抽提用力摔擲
並無破碎秤驗之後運赴錢庫封貯並不存留

一八 署理兩江總督林則徐等奏摺 遵查寶蘇局並無私積鑄錢附近島嶼亦無私鑄夾帶

道光十六年十一月二十二日

在外訊之鑪頭工匠人等僉供伊等都是手藝窮民所得工食僅敷食用焉能積有制錢五萬餘串之多分存附近質庫每屆開鑪局門封閉委員常川稽查每日買辦食物送至門外由委員搜查明白方許送進豈能運錢進局況錢至五萬餘串以每人挑錢十千而計約須挑夫五千餘名每卯僅止二十日運進運出計需兩次一時不能集此多人寶蘇局又在人烟稠密之處數千人運錢出入豈不畏人盤詰今奉嚴訊實無積錢分貯質庫私運出入將官銅偷鑄私錢情事不敢稍有揑飾等語研詰至再毫無別情復在左近查詢俱云局中只有派撥兵餉挑

出新鑄錢文有官稽查從没挑錢進去衆口同
聲似無虚捏復經改裝易服分赴錢店以銀易
錢所换皆係制錢尚無攙和小錢情弊詢及各
物昂貴因數年來秋成歉薄物價稍昂現在米
價甚平柴薪油炭價值亦較往年平減並不昂
貴等情取具鑪頭不敢舞弊切結稟覆前來又
附近海口島嶼有無大夥鼓鑄及夾板商船攜
帶私錢及違禁貨物進口之事必須嚴行搜查
當飭管理海關及川沙吴淞二營嚴密查緝續
據管理海關護蘇松太道汪忠增暨川沙營叅
將林明瑞署吴淞營叅將關奎龍先後稟覆訪
查商船在洋行駛恐裂縫滲漏於艙底上面鋪

一八　署理兩江總督林則徐等奏摺　遵查寶蘇局並無私積鑄錢附近島嶼亦無私鑄夾帶

道光十六年十一月二十二日

設木板以防貨物浸濕其板雖與船身一體油
飾而板縫顯明易於審視並非嚴密無蹟與內
河民船之艙底鋪板者無異該護道誠恐夾帶
偷漏督同書舍人等於商船進口投税時查驗
貨物之外每艙揭板查看並無夾帶私錢及他
項違禁物件之事所有海洋島嶼時有該二營
將備輪流巡查亦無藏匿私鑄等情臣等覆加
確查均屬實在情形並無諱飾復查寶蘇局每
年鼓鑄七大卯每卯限二十日完竣開鑪之時
局門俱皆封閉委員常川在局稽查又有派充
監督之員不時親往查驗鑪頭工匠人等一概
不許出外每日兩次買辦食物雇人買齊送至

一八　署理兩江總督林則徐等奏摺　遵查寶蘇局並無私積鑄錢附近島嶼亦無私鑄夾帶

道光十六年十一月二十二日

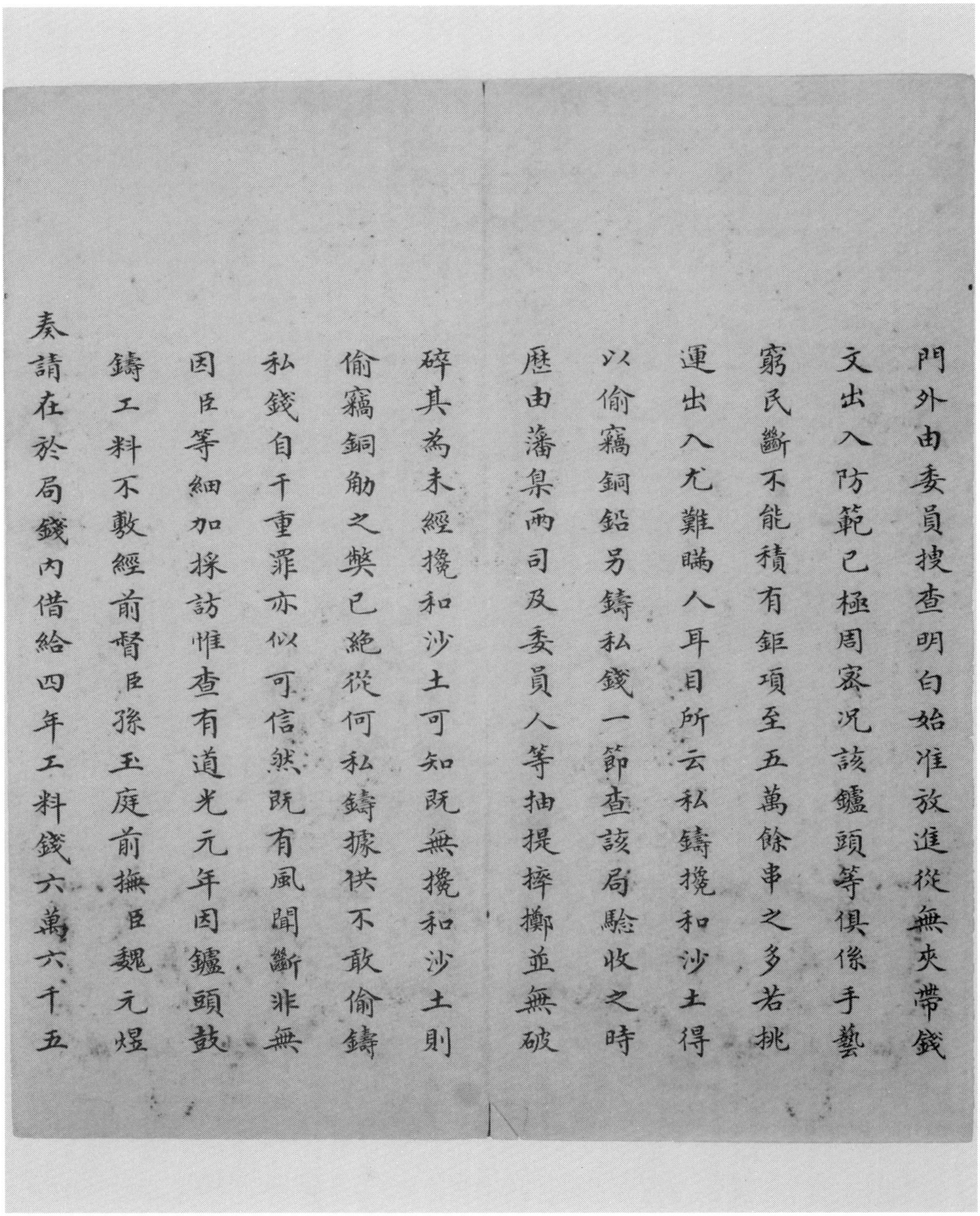
門外由委員搜查明白始准放進從無夾帶錢
文出入防範已極周密況該鑪頭等俱係手藝
窮民斷不能積有鉅項至五萬餘串之多若挑
運出入尤難瞞人耳目所云私鑄攙和沙土得
以偷竊銅鉛另鑄私錢一節查該局驗收之時
歷由藩臬兩司及委員人等抽提摔擲並無破
碎其為未經攙和沙土可知既無攙和沙土則
偷竊銅觔之弊已絕從何私鑄據供不敢偷鑄
私錢自干重罪亦似可信然既有風聞斷非無
因臣等細加採訪惟查有道光元年因鑪頭鼓
鑄工料不敷經前督臣孫玉庭前撫臣魏元煜
奏請在於局錢內借給四年工料錢六萬六千五

一八 署理兩江總督林則徐等奏摺 遵查寶蘇局並無私積鑄錢附近島嶼亦無私鑄夾帶 道光十六年十一月二十二日

百七十六串零分限二十年在各鑪頭每年應
領工料錢内按卯坐扣歸款嗣因該鑪頭等疲
乏已久恐分領借款易形消耗議將前項借給
工料錢文發交各典商按月一分生息每年可
得息錢七千九百八十九串零以三千三百串
歸還原本以四千六百八十九串零按卯分給
各鑪頭以為津貼不敷工料之用於道光四年
經前督臣孫玉庭前撫臣張師誠奏奉
諭旨允准在案或者因此以訛傳訛致言者聽聞以
奏明交典生息津貼之案誤為鑪頭私積分存質
庫之項第該局鑪頭工匠人數衆多良莠不齊
難保不日久弊生未便以現無弊竇稍存懈忽

一八 署理兩江總督林則徐等奏摺 遵查實蘇局並無私積鑄錢附近島嶼亦無私鑄夾帶 道光十六年十一月二十二日

至附近海口島嶼一帶現據海關及川沙吳淞
二營查無私鑄及夾板商船携帶違禁他物進
口之事惟小民趨利若騖於海洋島嶼及人跡
罕到之處日後私行鼓鑄亦恐不免蘇州係濱
臨江海之區商賈雲集匪徒作奸牟利將私錢
由商船夾帶進口尤難保其必無惟當欽遵
聖諭責成巡洋水師各將備於海洋島嶼各處實力
搜查如有私鑄及商船夾帶他項違禁物件進
口務期有犯必獲按例嚴辦以絕弊源倘有得
賄狥庇情弊即行從嚴
奏參懲辦斷不寬縱現在市用錢文尚無攙和小
錢情弊第恐日久玩生亦不可不防其漸復查

一八 署理兩江總督林則徐等奏摺　遵查寶蘇局並無私積鑄錢附近島嶼亦無私鑄夾帶

道光十六年十一月二十二日

道光十三年間經臣林則徐在巡撫任内會同
督臣陶澍
奏定章程設局收繳小錢官為給價每小錢一觔
給制錢六十文鉛錢一觔給制錢二十文其不
及一觔者以小錢二文抵大錢一文以鉛錢五
文抵制錢一文俟收有成數搥碎繳官俾私鑄
者無利可牟漸期淨盡近年行之頗有成效茲
復遵照
奏案出示曉諭行舖經紀嗣後遇有小錢概行剔
存不論多寡隨時赴官呈繳給價銷燬可期杜
絶根株斷不敢稍任混淆以期仰副
聖主肅清圜法整飭弊源之至意謹將密查寶蘇局

一八 署理兩江總督林則徐等奏摺 遵查寶蘇局並無私積鑄錢附近島嶼亦無私鑄夾帶 道光十六年十一月二十二日

並無私積鑄錢分藏質庫及將官銅盡鑄私錢
緣由合詞恭摺覆
奏伏乞
皇上聖鑒謹
奏
另有旨
道光十六年十一月 二十二 日

署理兩江總督林則徐題本 **請以陳鈵署理東臺場鹽務大使**（破損）

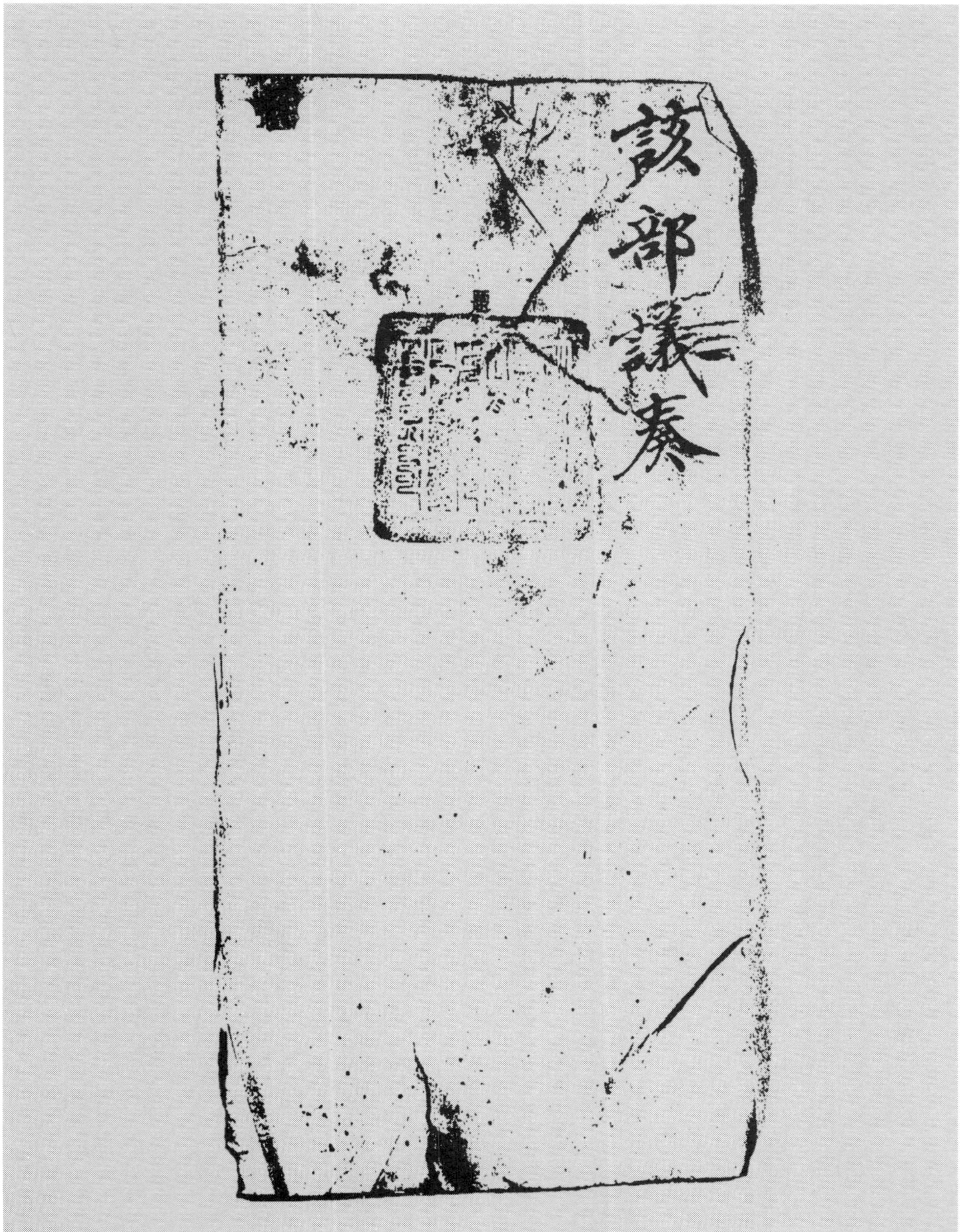

一八　署理兩江總督林則徐題本　請以陳銔署理東臺場鹽務大使

道光十六年十一月二十二日

兵部侍郎兼都察院右副都御史署理兩江總督管理兩淮鹽務江蘇巡撫臣林則徐謹

題爲詳請

題署場員事據兩淮鹽運使劉萬程詳稱竊照東

臺場大使童寶善丁父憂遺缺請咨聲明留缺

外補在案所遺員缺應行照例揀員請補查鹽

大使班内現無先補應補題用人員應遵照見

行籌備經費捐例序補查有試用大使陳銔見

年伍拾叁歲浙江諸暨縣監生遵豫東例捐鹽

大使分發兩淮嘉慶貳拾年拾貳月初拾日籤

掣第叁名補用於道光元年肆月拾壹日告假

回籍措費陸年叁月初壹日回淮陸月貳拾陸

日聞訃丁母憂回籍服滿起復玖年肆月初肆

一八 署理兩江總督林則徐題本 請以陳鈵署理東臺場鹽務大使

道光十六年十一月二十二日

日回淮拾貳年拾壹月貳拾日告假回籍拾伍年玖月貳拾貳日回淮遵籌備經費事例過班并捐分發原省試用該員居心誠樸辦事安詳堪以題署東臺場大使詳請會題等情該臣看得東臺場大使童寶善丁憂業經咨報開缺聲明扣缺外補在案所遺員缺例應遴員題署據兩淮鹽運使劉萬程詳稱應遵照見行籌備經費事例序補查有試用大使陳鈵見年伍拾叁歲浙江諸暨縣監生遵豫東例捐鹽大使分發兩淮嘉慶貳拾年拾貳月初拾日籤掣第叁名補用陸年陸月聞訃丁母憂回籍服滿起復回淮遵籌備經費事例過班并捐分

一八 署理兩江總督林則徐題本 請以陳鈅署理東臺場鹽務大使

道光十六年十一月二十二日

發原省試用該員居心誠樸辦事安詳堪以題
署東臺場大使詳請會
題前來臣查該大使陳鈅妥慎安詳熟習鹺務以
之
題署東臺場大使堪以勝任仍照例試看期滿如
果稱職另請實授臣謹會同護理江蘇巡撫布
政使臣怡良合詞具
題伏乞
皇上聖鑒勑部議覆施行爲此具本謹題請
旨

一八

署理兩江總督林則徐題本　請以陳鋓署理東臺場鹽務大使

道光十六年十一月二十二日

[illegible]兼都察院右副都御史署理兩江總督管理兩淮鹽務江蘇巡撫臣林則徐

署理兩江總督林則徐題本

題參潛山營專汛把總劉長清等疎防命案限滿兇犯無獲

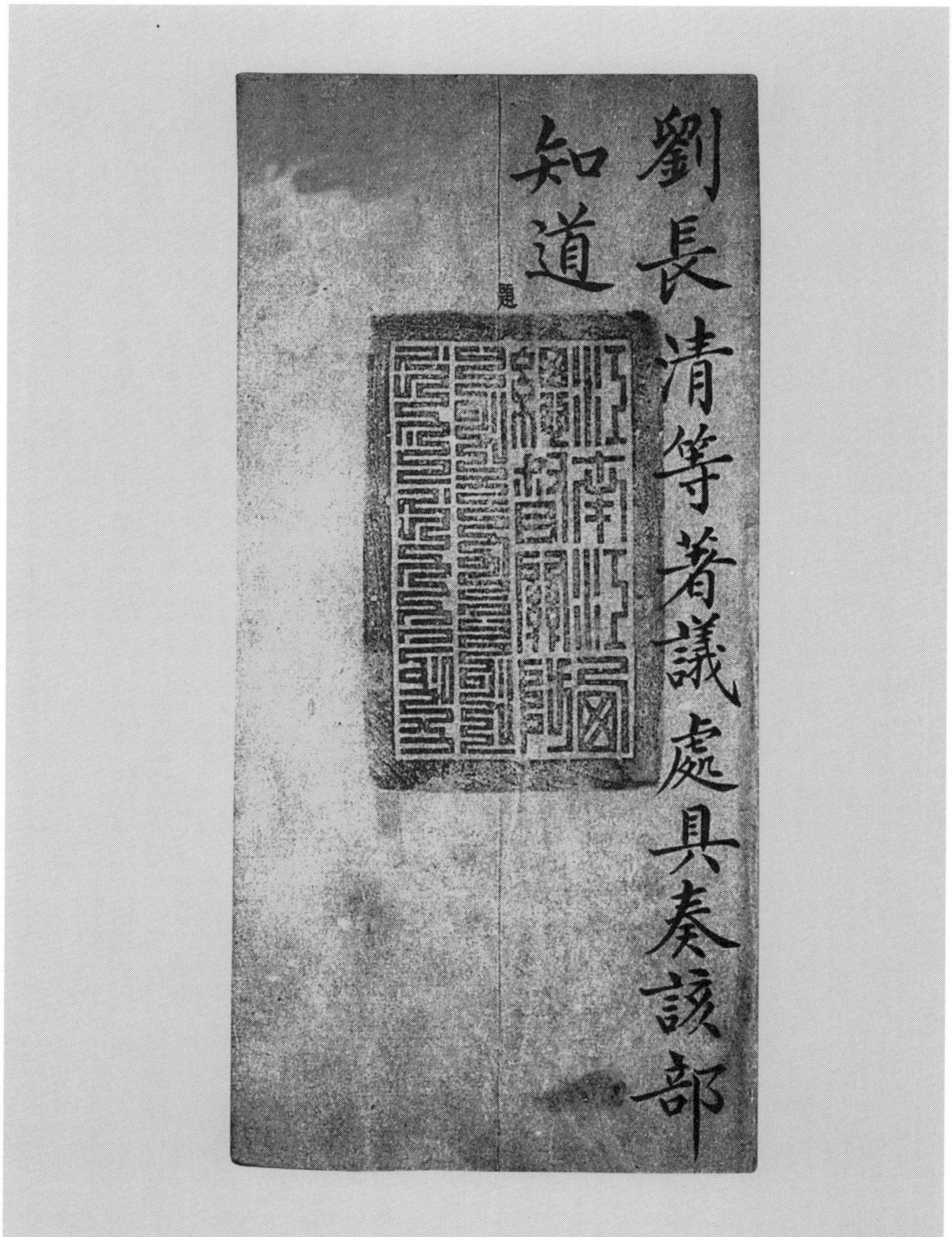

一八　署理兩江總督林則徐題本　題參潛山營專汛把總劉長清等疏防命案限滿兇犯無獲

道光十六年十一月二十二日

兵部侍郎兼都察院右副都御史署理兩江總督江蘇巡撫臣林則徐謹

題爲鄉民被賊拒毆落水身死特參疏防武職事

據兼署安徽按察使盧鳳道胡調元詳據安慶

府知府下士雲詳據署桐城縣知縣王成璐詳

稱道光拾伍年拾貳月初玖日據地保朱庸義

報據保民包立青投稱本月初柒日夜伊家被

匪空洞入室伊子長祿驚覺喊捉匪由原洞逃

逸伊子赤身由洞出外追捕移時未回查看家

内並未失物伊即喊同鄰佑王昌全尋至屋外

塘邊見有青布鞋壹雙破領桂壹幅辮髮一綹

恐係跌入塘内隨與王昌全撈獲伊子屍身業

已淹斃身有扭擦傷痕等語往查屬實報候驗

一八 署理兩江總督林則徐題本 題參潛山營專汛把總劉長清等疎防命案限滿兇犯無獲

道光十六年十一月二十二日

緝等情并據包立青報同前由各到縣據即帶
領刑仵會營詣勘該處距城肆拾里離汛拾伍
里並無墩鋪防兵查驗包長祿屍身委係受傷
後落水身死看明被竊情形提訊各供無異填
格錄供通詳奉批飭緝查參茲疎防限滿兇匪
無獲理合開具文武疎防職名由府詳參到司
該兼署安徽按察使盧鳳道胡調元查得桐城
縣民包長祿被賊拒毆落水身死一案應以道
光拾伍年拾貳月初柒日失事之日起扣至拾陸
年肆月初柒日肆箇月疎防限滿兇匪無獲查
明失事處所離汛拾伍里並無墩鋪防兵所有
文武疎防各職名相應詳請核參等情除文職

一八　署理兩江總督林則徐題本　題參潛山營專汛把總劉長清等疏防命案限滿兇犯無獲

道光十六年十一月二十二日

各官應聽撫臣會疏
題參外該臣看得桐城縣民包長祿被賊拒毆落
水身死一案應以道光拾伍年拾貳月初柒失
事之日起扣至拾陸年肆月初柒日肆箇月疏
防限滿據兼署安徽按察使廬鳳道胡調元以
兇匪無獲查明失事處所離汛拾伍里並無墩
鋪防兵詳請核參武職疏防職名前來除批飭
勒緝兇匪務獲究報外所有疏防武職潛山營
專汛把總劉長青協防外委王朋兼轄遊擊袁
夢熊統轄安慶營副將朱孔阿相應指參再查
遊擊袁夢熊於拾陸年貳月初陸日未滿疏防
之先因另案奉文解任備質卸事署遊擊事都

一八 署理兩江總督林則徐題本 題參潛山營專汛把總劉長清等疎防命案限滿兇犯無獲 道光十六年十一月二十二日

司李文元是日到任又此案因駁查離汛里數

始行詳参遲延有因合並陳明臣謹會同安徽

巡撫兼提督銜臣色卜星額合詞具

題伏乞

皇上聖鑒勅部議覆施行爲此具本謹題請

旨

道光十六年十一月二十二日署理兩江總督江蘇巡撫臣林則徐

兵部侍郎兼都察院右副都御史署理兩江總督江蘇巡撫臣林則徐謹

題爲鄉民被賊拒毆落水身死特參疎防武職事

該臣看得桐城縣民包長祿被賊拒毆落水身

死一案應以道光拾伍年拾貳月初柒失事之

日起扣至拾陸年肆月初柒日肆箇月疎防限

滿兇匪無獲所有疎防武職潛山營專汛把總

劉長清協防外委王朋兼轄遊擊袁夢熊統轄

安慶營副將來孔阿相應指參臣謹會

題請

旨

上諭 著照林則徐所請以楊斯熙陞補宿州知州

道光十六年十一月二十三日内閣奉

上諭林則徐等奏遴員升補要缺知州一摺著照所

請安徽宿州知州員缺准其以楊斯熙升補該部

知道欽此

署理兩江總督林則徐奏摺　遵旨審明黃道湧京控搶案分別定擬

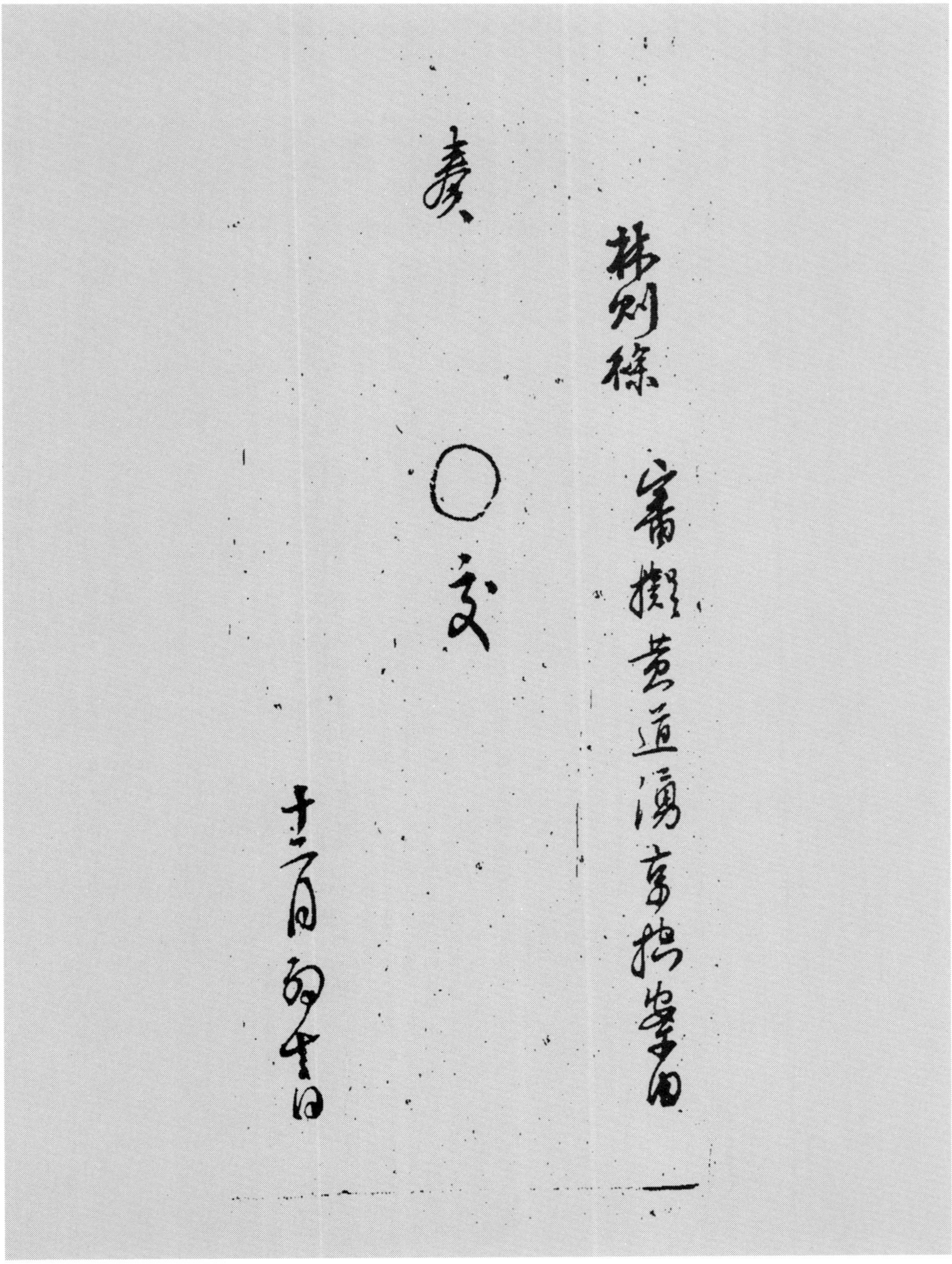
林則徐
審擬黃道湧京控案由
奏
○文
十二月初四日

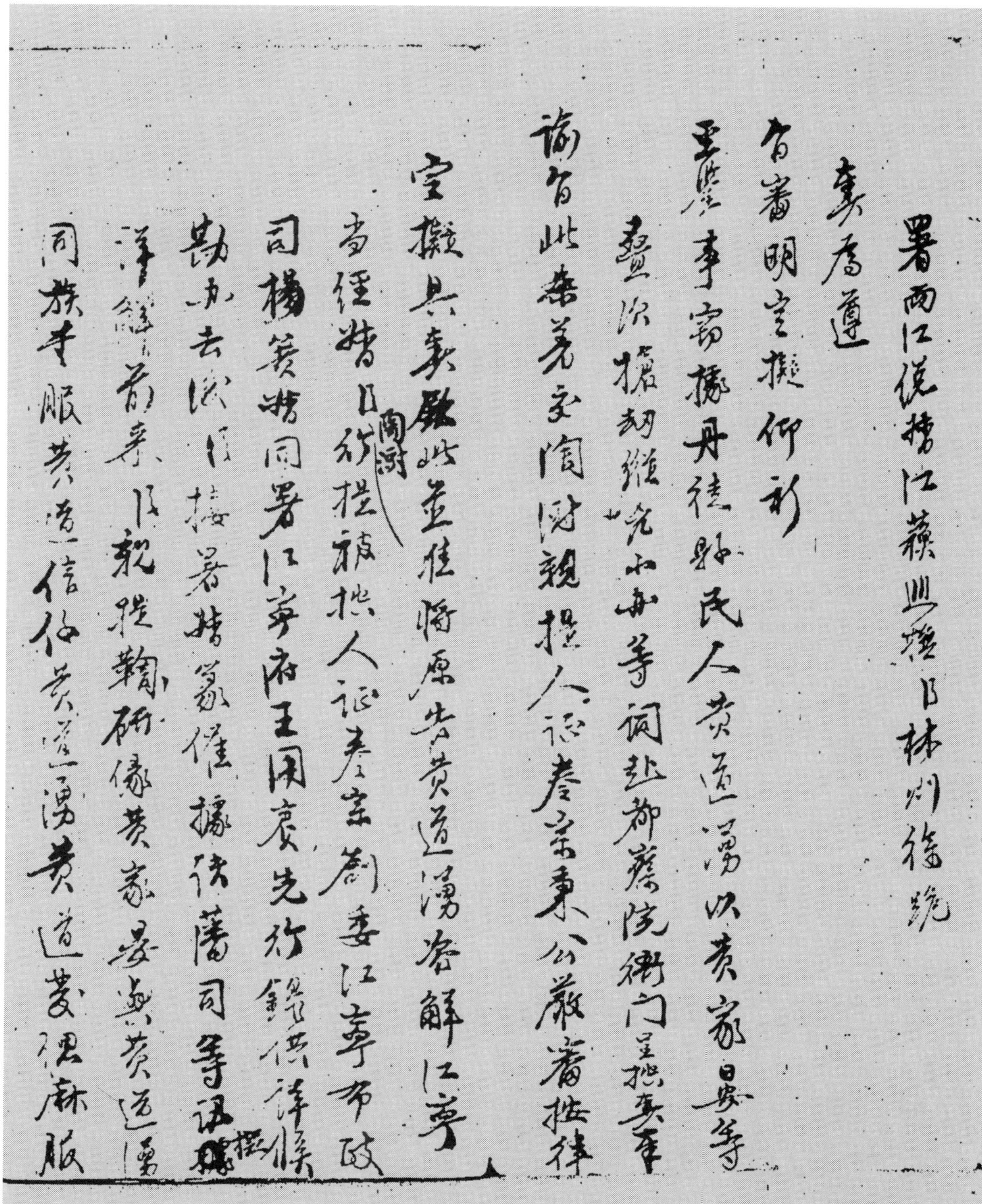
署兩江總督江蘇巡撫臣林則徐跪
奏爲遵
旨審明定擬仰祈
聖鑒事。竊據丹徒縣民人黄道湧以黄家晏等
疊次搶劫、縱兇殺命等詞赴都察院衙門呈控，奉
諭旨：此案著交陶澍親提人證卷宗，秉公嚴審，按律
定擬具奏。欽此。並准將原告黄道湧咨解江寧
當經督臣陶澍飭提被控人證卷宗，劄委江寧布政
司楊簧偕同署江寧府王用賓先行録供詳候
勘辦去後。旋接署督篆，僅據藩司等詳擬
詳録前來，臣親提鞫研。緣黄家晏與黄道湧
同族無服，黄道信係黄道湧、黄道樊緦麻服

未復此先無蹤跡黃道溥開張樂坊生理黃家
晏向伊爲船替洲茶生意性兇惡並未為匪犯案
道光十三年十一月向黃道溥出據胞姊施黃氏
囑黃道溥僱人看洲黃道溥因黃家晏熟悉洲
上人工託其轉雇言明每日給十二百文黃家晏告
知伊兄黃家稱黃家金並雇同族數人伯姪欲
往黃家晏先墊雇價洋十一元十一百五十文施黃
氏商已另雇有人又向韓履黃家晏告向索還墊
費洋不施黃氏不肯給付黃家晏因伊黃道溥轉
託屢向追索黃道溥疑其詐騙彼此爭鬧嗣於十四
年正月二十三日黃家晏與兄黃家稱等在黃
家南豆腐店閒坐聲稱黃道溥欠不及欵討既

一八

署理兩江總督林則徐奏摺　遵旨審明黃道湧京控搶案分別定擬

道光十六年十一月二十四日

小匠就要向人拉扈攝言嚇制時黃姓管理祠
務之黃道孔聞知理論事端往向黃家要理斥
争罵黃家要順拔出戳傷黃道孔左後肋
右肋等處經衆喝散黃道孔之弟黃道志扳
物驗傷投訴二月初四黃家要遇黃道湧
騰告前欠將黃道湧拴在船艙内勒借大錢
五千文罵平休看灯救寄搆命黃有倫等聞
知趕向理解亦依黃道湧告借十二千抵折
料放當時未經投告黃道孔等復以前傷呈
驗催傳黃家要逃至清江等處洲地躲避
經前縣果專差蒼閘查拏黃家要疑懼向避
黃道湧告發追捕因黃道湧不染訪聞後被

一八　署理兩江總督林則徐奏摺　遵旨審明黄道湧京控搶案分别定擬
道光十六年十一月二十四日

边起意於十一月二十四日糾同黄家
称黄道家、黄道信、黄道生、黄道琦、沈鳳祥、吴
二等一共八人，僱坐詹老五、朱淮劍船二隻，乘
夜至黄道湧染坊搶得牛、猪、稻、麥等物。黄
家安查用稻穀十石向朱淮换船一隻，運回湖
以藏匿，將牛、猪、棉花賣與不知搶情之詹同春
等得價均分。復於本年五月二十二雨夜赴黄道湧家
内打毁門窗，搶取桌椅什物，並至黄道亂家
打毁物件。而黄道湧抵償該前物帳究控，
經侍衆勸明，通祥措償未獲。黄道信之妻吴
黄道發在黄黄道信亦在帮搶，黄道信告黄家
安共懷忿恨。十二月二十日黄道發携帶洋銀

奴來路經瞭子沙地方黄家安仍同黄道信
黄道生等將黄道發拉到船内勒借不數百
千有伊等犯罪後春家之用如不借給即糾人
搶奪黄道錦等聞知解勸不從黄道發畏其
要當付洋銀二百圓元隱忍未報黄家安等將
洋銀分各散二十七日勝向族衆黄有倫等先黄
家安船泊洲邊鳴衆圍拿黄家安等棄船免脱
逃走黄有倫等追捕無獲即在黄家安船内黄
敏遺火將船燒燬旋有族老黄天發黄有義與
鄰佑周文忠黄載德並代黄道湧與黄家安
原係一脈後此仇隙相尋恐致釀禍央及鄰人使
闔族慘害林招回黄家安曾要船十五年正月

一八　署理兩江總督林則徐奏摺　遵旨審明黃道湧京控搶案分別定擬

道光十六年十一月二十四日

年六月張蘭陵見黃家晏等船泊青山嘴江面
前往理說並作其不應追究之面信邀黃天璧
等同族長黃廷英及黃有倫黃道訊弟兄至
船與黃家晏等見面處解黃家晏要其先賠
燒壞船隻黃廷英不依先走黃有倫等在船後
相爭鬧黃家晏等開船行至半路始將黃有倫等
放回黃有倫等以被擄勒詐等詞控縣比緝黃
家晏等家屬因恨黃道湧等控告追捕常至
黃道湧等家吵鬧打毀黃道湧並懷氣忿兼因
被擄之後伊子及母妻先後物故悲傷遷恨即以
受嚇傷命情詞歷控府道臬司巡撫批行嚴拏
究辦因黃家晏等潛匿江湖該處為丹徒靖江

一八

署理兩江總督林則徐奏摺　遵旨審明黄道湧京控搶案分别定擬

道光十六年十一月二十四日

連界港汊係屬此彼竄久未獲案黃道湧又
説聞伊嬸施黃氏家及同族黃同鐵等酒店油
坊亦皆被搶並叫黃有等與姓蘭陵等代為雪
和疑為兵護自作呈詞赴京具控奉
諭旨交審當飭獲犯黃家萬黃道信及黃濂小等解
省委員訊供起贓審擬解勘 復逐加嚴詰實
係邱起鳴夥同進史搶詐得贓尚非年年劫奪究
無另犯為匪不法亦無窩留分贓之人黃濂小並
未同行黃道湧等亦非同夥黃有等實因
恩縣轄託姓蘭陵等和解均無庇護夥匪之
事研鞫不移案無遁飾查律載夜搶人者杖八十
徒二年又例載親屬無搶奪之文比依恐嚇科

斷又恐嚇取財計贓准竊盜論加一等罪止杖一
百流三千里又期親以下於恐嚇卑幼犯尊長
以凡論又兇惡棍徒屢次生事行兇擾害良
人者發極邊足四千里安置各等語此案黃家
晏因同宗無服之黃道湧代伊嫂施黃氏出名
頂控經人看洲索討墊發之價不給揚言糾搶
先將喝阻之黃道光扎傷又將黃道湧搶至江
嗣勒詐錢文後敢起意糾眾疊搶黃道湧家各
什物並將黃道礼家內什物打毀又向黃道信等
將黃道發勒索多贓實屬蓄意訛詐肆惡
搶奪自應從重問擬李黃道湧被搶被詐各贓共
估值銀一百七兩零黃道發被詐之贓估值銀一

百四十四兩均係黄家晏為首黄家晏謀及傷
罪止擬徒即照恐嚇取財准竊盜計贓亦止滿
流不議外應照兇惡棍徒生事行兇擾害良人
擬軍例發極邊足四千里充軍照例刺字到配
折責安置黄道信係黄道湧黄道發總麻服弟
該犯聽從糾搶訛詐係卑幼犯尊長應照凡人
恐嚇取財准竊盜為從加一等定擬黄道信應於
准竊盜計贓首犯滿流罪上減一等杖一百
徒三年仍加一等擬杖一百流二千里照律免
刺由籍定地解配折責安置黄道湧與伊妹施
黄氏既託黄家晏僱人雖旋經辭罷亦應給還
墊發工價乃吝惜不給致肇釁端殊屬不合且

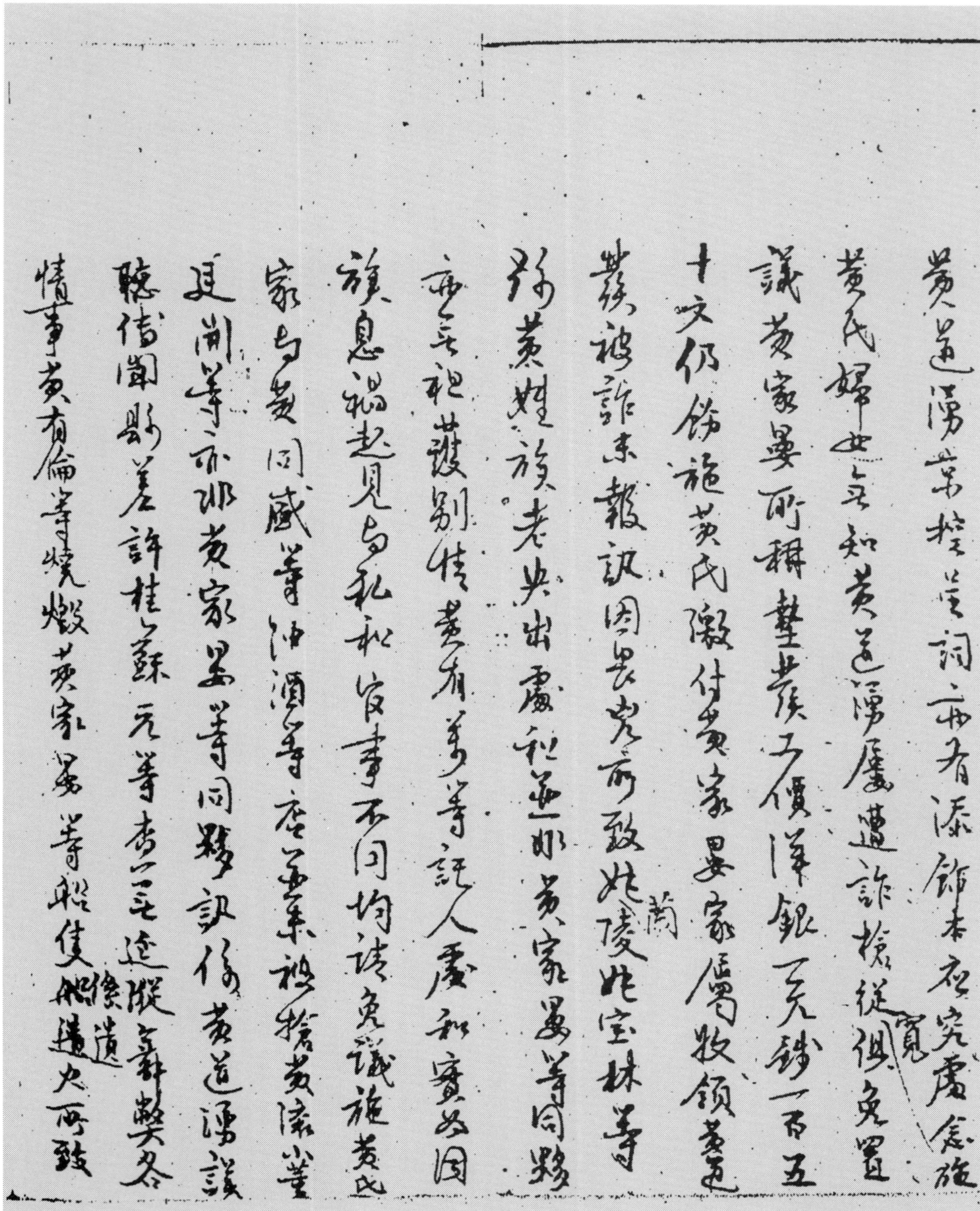

黃道湧案控呈詞，而有添飾，本應究處，念施
黃氏婦女無知，黃道湧屢遭誣控，從寬俱免置
議。黃家娶所耕塋業，又價洋銀一元，錢一百五
十文，仍飭施黃氏繳付黃家娶家屬收領，黃道
湧被誣未報，訊因黃寬前致姚陵、姚寶林等
孫黃姓族老出處和，並非黃家娶等同夥
爭索祀蔭別情，黃有等等託人處和，實為因
族息爭起見，與私和官事不同，均請免議。施黃氏
家與黃同盛等伸酒等店舖被搶，黃濠、小董
廷開等亦非黃家娶等同夥，訊係黃道湧誤
聽信聞斯蓋、許桂、蘇元等妄言，遂縱[illegible]
情事。黃有倫等燒燬黃家娶等船隻，係遺火所致

擬毋庸議贓之蔡同春等行據請江寧县提訊據
供不知搶情並據蔡同春等以半使省徵并自愿
賠繳該文應免提訊逸犯黃家稱等嚴飭勒
緝務獲另結起到賠贓銀兩給主領回未起各贓
及詐得錢文飭於各犯家屬名下著追還主業
經訊明未到免提以省拖累除供招咨部外所
有審明定擬緣由理合恭摺具
奏伏乞
皇上聖鑒飭部議覆施行再黃道湧在京請稱赴
臬司撫巡衙門各控一次查覈相符合併
陳明謹
奏
道光十六年十二月初九日奉

一八

署理兩江總督林則徐奏摺　遵旨審明黄道湧京控搶案分别定擬
道光十六年十一月二十四日

硃批刑部議奏欽此

十一月二十四日

署理兩江總督林則徐奏摺

遵旨審明朱得時京控案分別定擬

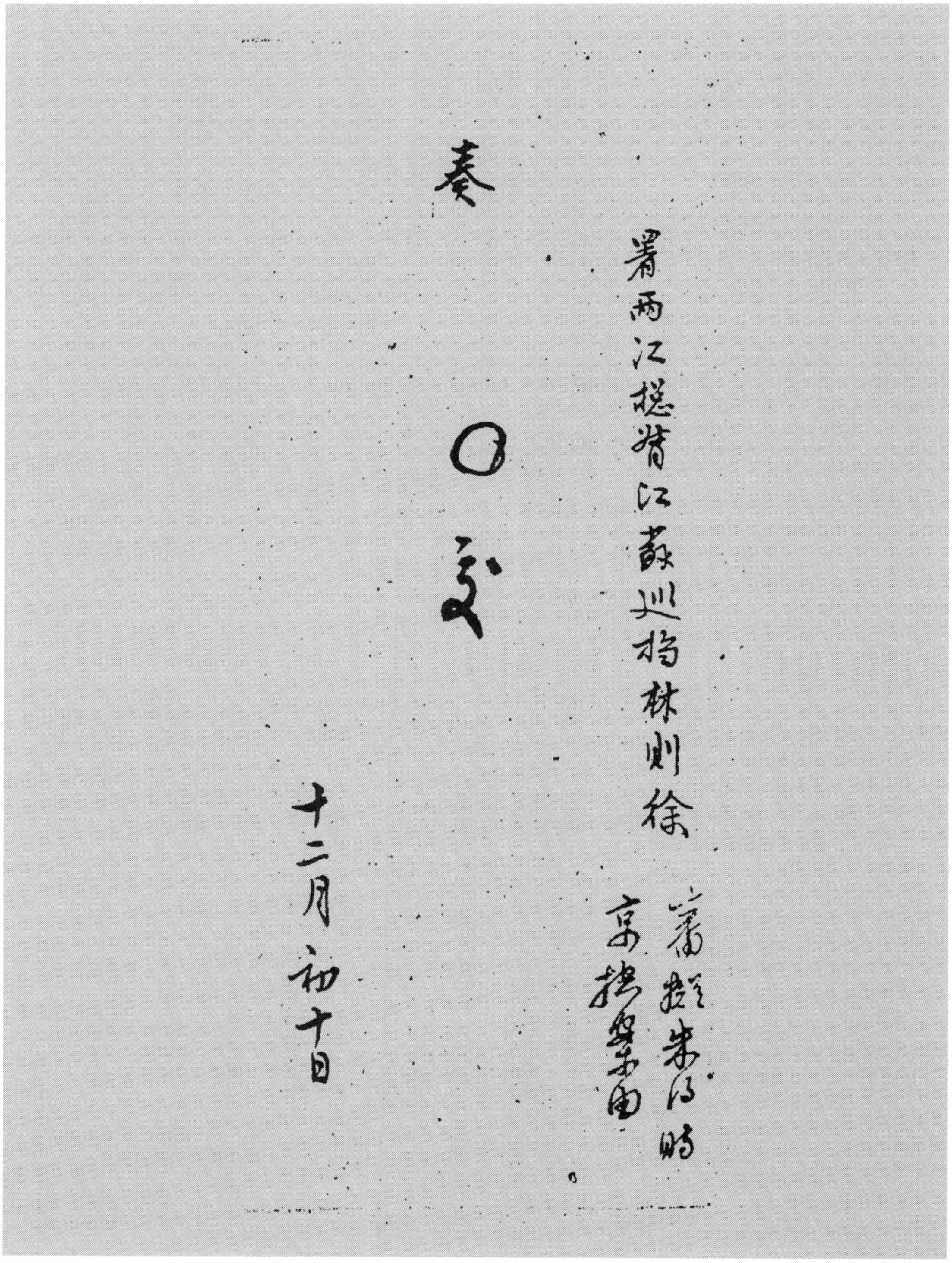
署兩江總督江蘇巡撫林則徐
審擬朱得時京控案由
奏
○交
十二月初十日

一八　署理兩江總督林則徐奏摺　遵旨審明朱得時京控案分別定擬

道光十六年十一月二十四日

署兩江總督江蘇巡撫臣林則徐跪

奏為遵

旨審明定擬恭摺奏祈

聖鑒事。竊照銅山縣民人朱得時以從匪偽抗証竊斃命

等詞赴都察院衙門呈控，奏奉

諭旨：此案著交林則徐親提人証卷宗秉公審擬，按

律定擬具奏。欽此。並准將原告朱得時咨解到蘇。

適臣接署督篆，駐劄清江督辦回空，經護撫臣

怡良將原告文咨送前來，當即行提人卷就近劄

委淮海道先行訊供，詳候親勘

奏辦。茲據該道訊詳解勘前來，臣親提研鞫。緣朱

得時即朱玲，籍隸銅山，一向遊蕩度日，並未耙

業，道光十四年二月二十四日，該犯朱得時與伊
父朱玉曾即朱三瘸子、堂兄朱得貝即朱大閏
與曾遇前赦推法之趙合，各道貧難，朱玉曾起
意行竊，趙合等允從，即于是夜一共四人，朱玉
曾攜帶鐵鑿餘具，徒手行抵蕭縣事主繆
冀賜客庄佃户陶士義屋後，朱玉曾用鐵鑿撬
開後門，同朱得貝進内竊得牛驢各一頭，遞交朱
得時接收牽走。陶士義驚覺，喊同劉振標盤趕
追至何家橋，認有朱玉曾、趙合兩人，次日向繆
冀賜告知，欲行控縣。朱玉曾知被陶士義等看
破，恐事主報官，指穿央托杜克振、楊四即楊正
言、焦三即焦昆山轉向繆冀賜懇求，還贓免報

縱冀鵬不依，即于二十八日赴蕭縣稟案。飭差
歐陽忠查傳朱玉曾，向拏畏懼，即令該犯朱得
時捏稱陶士義等于二月二十三日控伊牛支
衣錢，藉托杜克振等許還不給等情，于三月初
八日赴銅山縣呈控，希圖抵制，並將牛騾變賣，
儀分給。經蕭邑捕役歐陽忠先後拏獲趙合、朱
得貝到案，訊認聽從朱玉曾伙同朱玲行竊不
諱，交差管押。一面關准銅山縣飭差楊林提解
朱得時，以朱玲並無其人，不服拘拏，逼銅山縣
亦執朱得時所控，以抵犯陶士義等係蕭縣民
人，關移提解。經蕭縣稟稱現已拏獲趙合等，訊
明朱得時即朱玲，係縱冀鵬被竊案犯，應歸蕭

邑審辦。維時朱得貝在蕭县患病，經看役京驗
保出醫治不效，于九月初一日病故，報县驗訊
通詳。趙仝亦因患病取保。朱玉曾听聞，又令該
犯朱得時以蕭县於犯不解，朱得貝被押斃命
等詞，先後赴府道衙門呈控，均經行县查詳。十
五年秋間，經銅山县捕役楊林將該犯朱得時
拏獲。其父朱玉曾央懇鹿鳴常即鹿明常向楊
林懇求釋放，鹿鳴常不允。朱得時旋即乘間脱
逃，因县差楊林查拏更為嚴緊，朱玉曾復令
該犯朱得時裝點經冀鵬經丞強搶誣竊斃命
並朱大俊賄囑楊林鎖拏捏訴各情，赴都察
院呈控。奉

一八　署理兩江總督林則徐奏摺　遵旨審明朱得時京控案分別定擬

道光十六年十一月二十四日

諭旨交審，仍提犯證解省，飭委審辦。兹悉前情，擬

詳解勘。臣親提衆訊，據案內人證僉供：朱得時毆

竊縱冀踹牛騾屬實，其子聞學之後捏控被搶

係因抵制，實無其事。朱得貝等業已取保，並非

押斃。返詰不移，案無遁飾。查縱冀踹被竊計

贓不及十兩，朱得時先係伏竊罪上枷杖，其所控

陶士義替於去年物委，因伊父浼人說情免枷

不允，听從捏控拉制，並因朱得逞在于楊林名

下為伏前向借錢不給，疑係慫恿查學印裝點

楊林押詐情節，以圖聳听。所告均屬不實，惟係

听從伊父朱玉曾指使，並非自行起意，自應

量減問擬。朱得時一犯除仍竊輕罪不議外，應于

一八

署理兩江總督林則徐奏摺　遵旨審明朱得時京控案分別定擬

道光十六年十一月二十四日

驀越赴京告重事不實發邊遠充軍例上量減一等杖一百徒三年仍照竊盜本法刺字定地拔犯折責安置經冀鵬訊無從匪搶捻賄捕嚇賊誣扳情事應毋庸議陶士義等訊係被誣應與訊無說匪被搶贓物之杜克振等及並未過付之鹿鳴常換兒置議吳善歐楊忠楊林等亦無受賄串扳私押索錢並與朱大俊窩匪接贓情事均毋庸議無干省釋未到免提朱得時所竊從冀鵬牛物照估追還逸犯朱玉曾同因病保出之趙合飭縣分別拘提另結除供招咨部外所有審明定擬緣由理合恭摺具

奏伏乞

一八

署理兩江總督林則徐奏摺　遵旨審明朱得時京控案分別定擬
道光十六年十一月二十四日

皇上聖鑒再該原告朱得時在京供稱赴府控告二
次控道一次查覈相符合併陳明謹
奏
道光十六年十二月初十日奉
硃批刑部議奏欽此
十二月廿四日

署理兩江總督林則徐奏摺

遵旨審明曹咸霑誣告幕友植黨案擬杖徒

奏

林則徐 審擬曹咸霑誣告幕黨

○

交

十一月初十日

一八　署理兩江總督林則徐奏摺　遵旨審明曹咸霑誣告幕友植黨案擬杖徒

道光十六年十一月二十四日

署兩江總督江蘇巡撫臣林則徐跪

奏為遵

旨審明定擬恭摺奏祈

聖鑒事。竊江蘇吳縣人曹咸霑控揭廩貢生就職訓

導左安徽撫臣衙門稟控安徽幕友史寶善等

植黨盤踞、勒薦分修等情，經安徽撫臣色卜星

額奏奉

諭旨，着交署兩江總督林則徐親提案證秉公審訊，

確情按律定擬具奏。等因。欽此。並准撫臣色卜星

額將案內原訊原被人證卷宗先後咨送到臣。

即經札委江寧藩司楊簧、督同署江寧府王用

賓先行訊供，詳辦蘇撫，旋藩司等審擬解勘

署理兩江總督林則徐奏摺　遵旨審明曹咸霈誣告幕友植黨案擬杖徒
道光十六年十一月二十四日

前來，臣親提原被逐加確審，據曹咸霈籍隸吳縣，
幼曾讀書，並未入學，捐職晉監，向在粵省等省游幕，
一向假借頂帶，冒稱由廩貢就職訓導，以圖光耀，
與史寶善等均不認識。道光十五年晉省，
曹咸霈因年老不能遠游，就近赴皖省圖館，
閑住多時，無人延請，聞知史寶善就幕安撫署
中，意欲託令薦館，又以素無來往，不便啟齒，慮及
江西南安府同知史麟善係其表親，史寶善與
史麟善為異籍同族，遂稱與史寶善係屬親戚，
作函託薦。史寶善因素不相識，且院署關防嚴
密，不能往見，託友魯陞往晤曹咸霈，告以不能
引薦，資助盤費錢八千文，勸其回籍另圖，從此

不知因問曹咸霈在館遲延年餘，未得館心，疑史寶義另薦他人分得修金，伊因恨不薦。嘗與同寓浙紹人王姓談及，王姓以若要託薦自須分修之言，因給曹咸霈印信以為質。又因姜洄遵幕友宋楷逵（遠）係前任雲南武定州林致人，責其子宋流熙、宋流烟曾在藩署及池州府就幕，均係因轄蘇州絕無照應，心懷不甘，起意冒控挾制。隨叙史寶義與宋楷逵結黨盤踞，囑託長官勒薦分修，並將素未識面之臬署幕友劉渭及先在藩署早已回籍之幕友唐頌賢牽為一黨。又誤聞宋流烟幕童作梅貴池州幕遂冰蘋均係宋楷逵勒薦，一併叙入詞內，並指

一八　署理兩江總督林則徐奏摺　遵旨審明曹咸霈誣告幕友植黨案擬杖徒

道光十六年十一月二十四日

未指達書約畀鄙其子目不識丁孟沅蘋等不諳
訟案各情自係稟詞胥役由原貢就既刑導控
任意攀扯臣奏奉
諭旨咨解來江復臣　飭委江寧司府先行查訊一面
咨行江蘇學政及司府各學教官逐查司冊無字
毋曹咸霈不但未為就既刑導並不曾補廩生
貢亦全無其事實係平空假捏隨飭該犯曹咸
霈據認捏冒屬實復據貢沅等稱李康著在
董作梅孟沅蘋均係自行訂延與史寶善宋指達
素未謀面康頌賢于本任被字之先早已回籍
無可質訊又與史寶善宋指達是否在館並幕有
年難保無彼此朕絡聲援互相汲引或實有勒

一八　署理兩江總督林則徐奏摺　遵旨審明曹咸霑誣告幕友植黨案擬杖徒
道光十六年十一月二十四日

薦幕修情事，必須徹底根究，而曹咸霑既敢肖
揑飾衛，以無據之詞妄控，更恐此外尚有求為挾
詐者，應切實究明，分別懲辦。當復親提屢被
牽涉加研詰，據史寶善、劉渭、危稱伊等自來館者
就幕，彼此謹飭自守，素無往來交接，均未引薦
一人至宗，諸達就館某湖，離省甚遠，更無聯絡
交往，實無薦友分修之事。又據宗諸達供稱：伊
曾任知州，自休致回籍之後，游幕館省，從不干
預分事，亦未推薦一人。其長子流甯，係前任安
徽藩司佟景文舊友之子，流寓于十年前青間
就館，比時尚在伊未到安省以前，並非自薦至
童作梅等，或係徑請而或素昧平生，更無勢薦

之事質之曹咸霈惟知孫莊侍言實無憑據自
認誣告其冒稱戚友委用自僱畢陋於遊幕之
初即已假借頂帶以圖光榮實無挾術求為情
事反覆究詰矢口不移並據當堂書寫親押假
冒供詞案無遁飾查例載假冒頂帶自稱戚友
止圖鄉里光榮無所求為者杖六十徒一年又
幕賓鑽營引薦盤踞衙門者照書役年
滿不退例杖一百又律載誣告人杖罪加所誣罪
三等各等語此案曹咸霈冒稱刑幕戚因向
游幕假借頂帶以圖光榮並非有所求為按例
罪止杖六十徒一年惟控告史寶善等盤踞
勒薦各情如果得實史寶善等應擬滿杖今

杭係子虛，自應照例加等問擬。曹咸霑合依杖一百

罪上加三等，杖八十，徒二年，到配折責安置。史

寶善、劉渭杭各依違照勸薦，令修余於折

毋庸議。宋楷遠亦各照違勸薦情弊，惟以休致人

員在外游幕，究屬非宜，應即勒令回籍，以免物

議。至曹咸霑所供，傳言史寶善薦館令修

之將倍人王姓，語已忘其名字，請免查提，以省拖

累。除錄供招咨部外，合將審明定擬緣由，繕具

奏伏乞

皇上聖鑒，敕部議覆施行。謹

奏。道光十六年十二月初十日奉

硃批：刑部議奏。欽此。

一八

署理兩江總督林則徐奏摺 遵旨審明曹咸霑誣告幕友植黨案擬杖徒

道光十六年十一月二十四日

十一月二十四日

署理兩江總督林則徐奏摺 **遵旨審明章芝亭誣告脫逃案分別定擬**

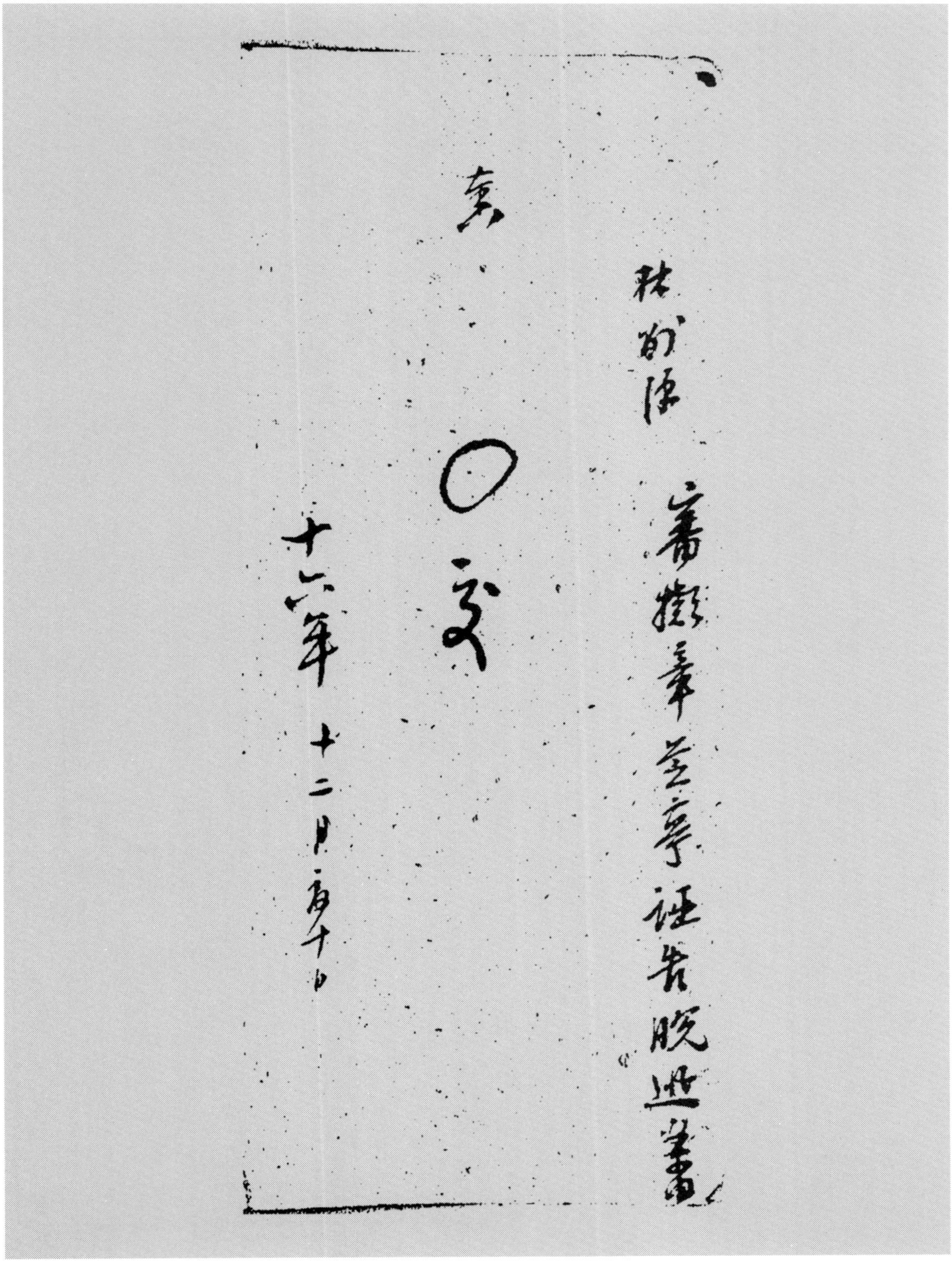
林則徐 審擬章芝亭誣告脫逃案
奏
○覽
十六年十二月初十日

一八　署理兩江總督林則徐奏摺　遵旨審明章芝亭誣告脱逃案分別定擬

道光十六年十一月二十四日

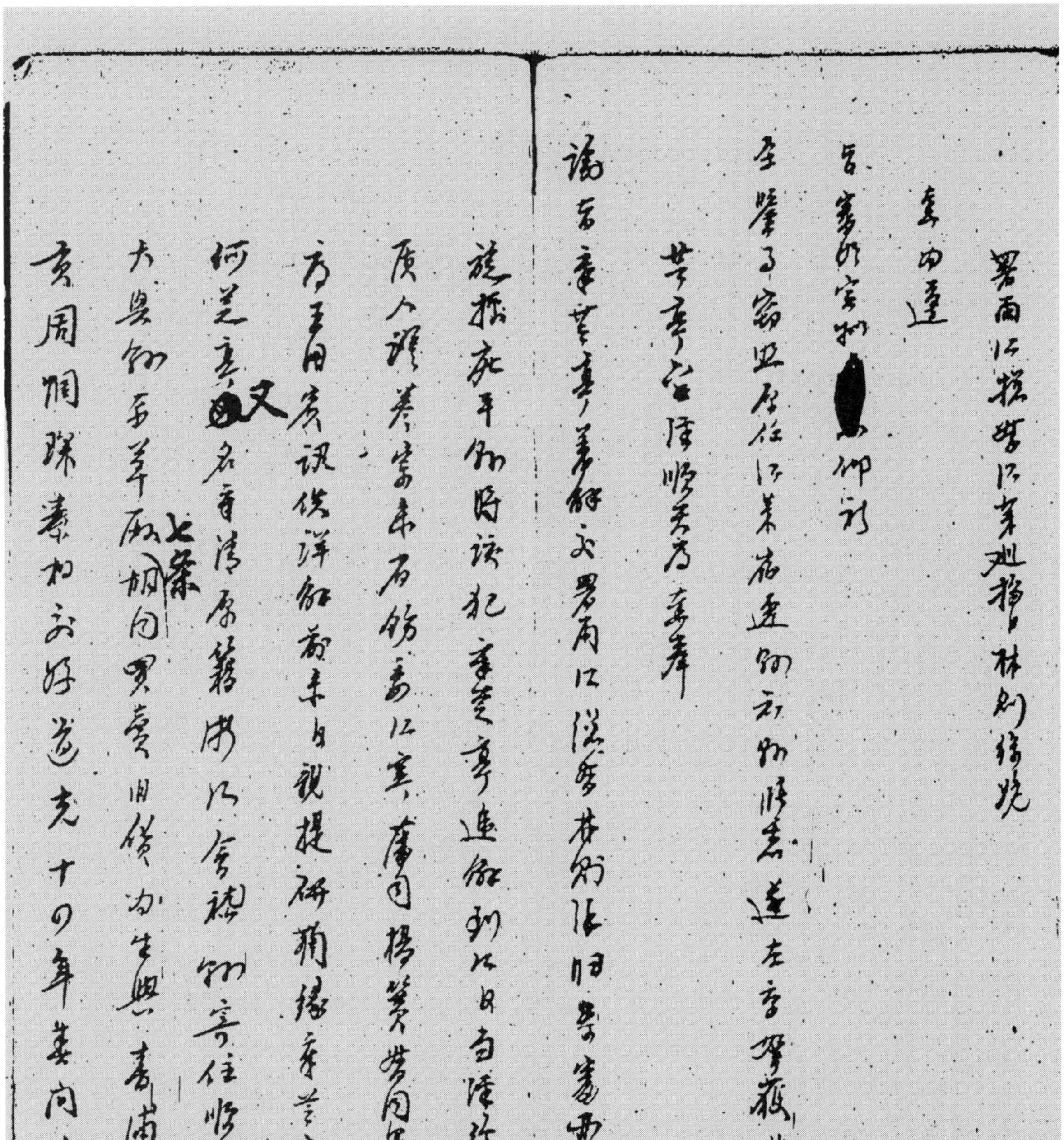

一八　署理兩江總督林則徐奏摺　遵旨審明章芝亭誣告脱逃案分别定擬

道光十六年十一月二十四日

賠革監張影因董玉趙訪叢等功拐騙銀兩
名遣有賀氏往向雪舍吵鬧疑係趙訪叢等主使即
以伊父張聰出名先控杭州府又控臬司批府查究
張影認幼周烟琛為義父往向商量周烟琛
主唆寫控並僅囑控勒措照難准理添控書沈
瀾芳等係勒除書說契及勒詐地保寺錢實就
詞稿交給張影送來周回誰伴送赴京呈控
又張影人地生疎寫信囑托章芝亭指引
進呈張影出京找見章芝亭將信函詞稿交閱
章芝亭即為照稿代謄呈詞指引張影赴投
督衙門呈遞旋送刑部訊供交坊取保章芝亭
又捏寫章清姓名保狀將張影保出旋章遞

一八　署理兩江總督林則徐奏摺　遵旨審明章芝亭誣告脱逃案分别定擬

道光十六年十一月二十四日

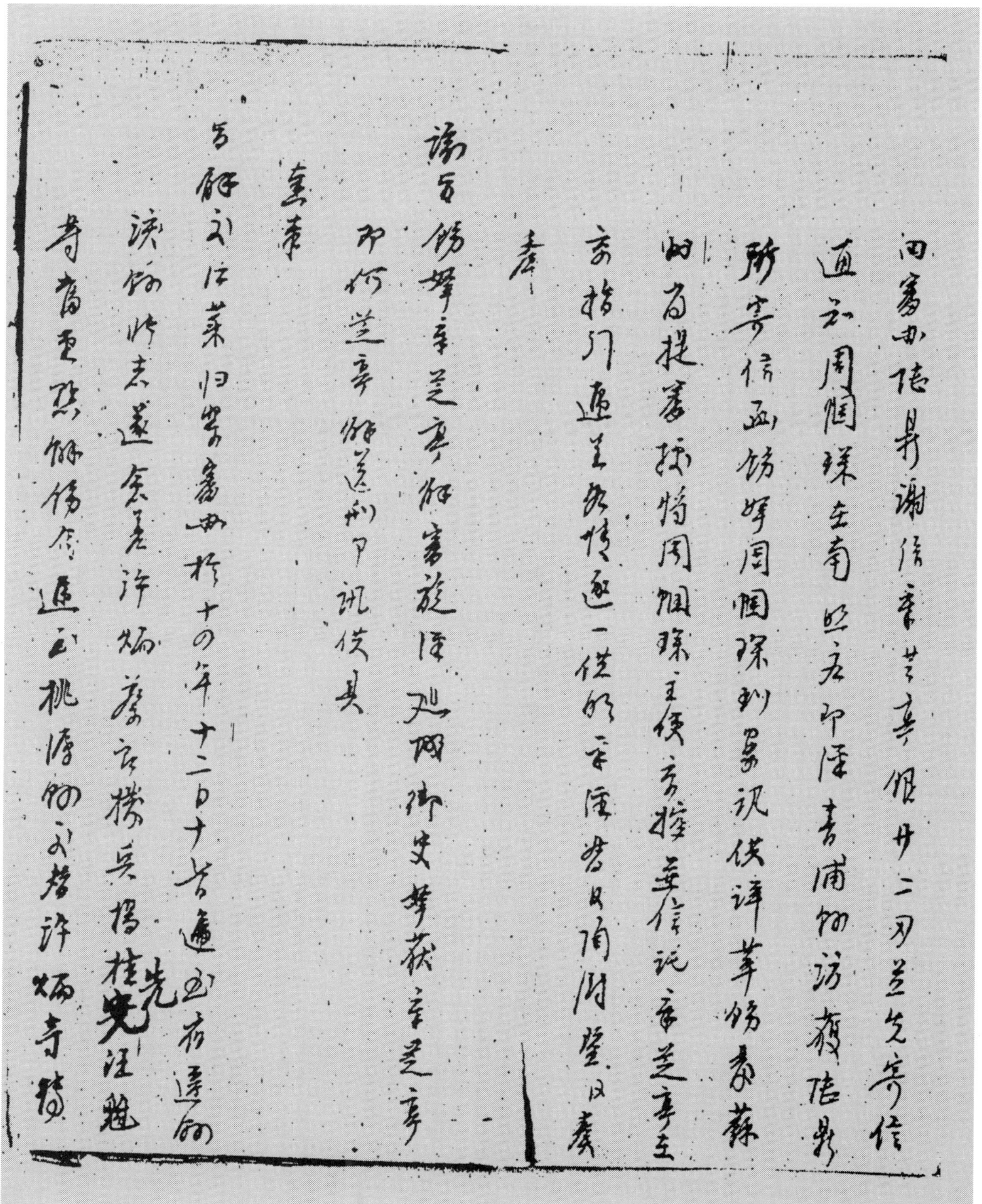

一八 署理兩江總督林則徐奏摺 遵旨審明章芝亭誣告脫逃案分別定擬

道光十六年十一月二十四日

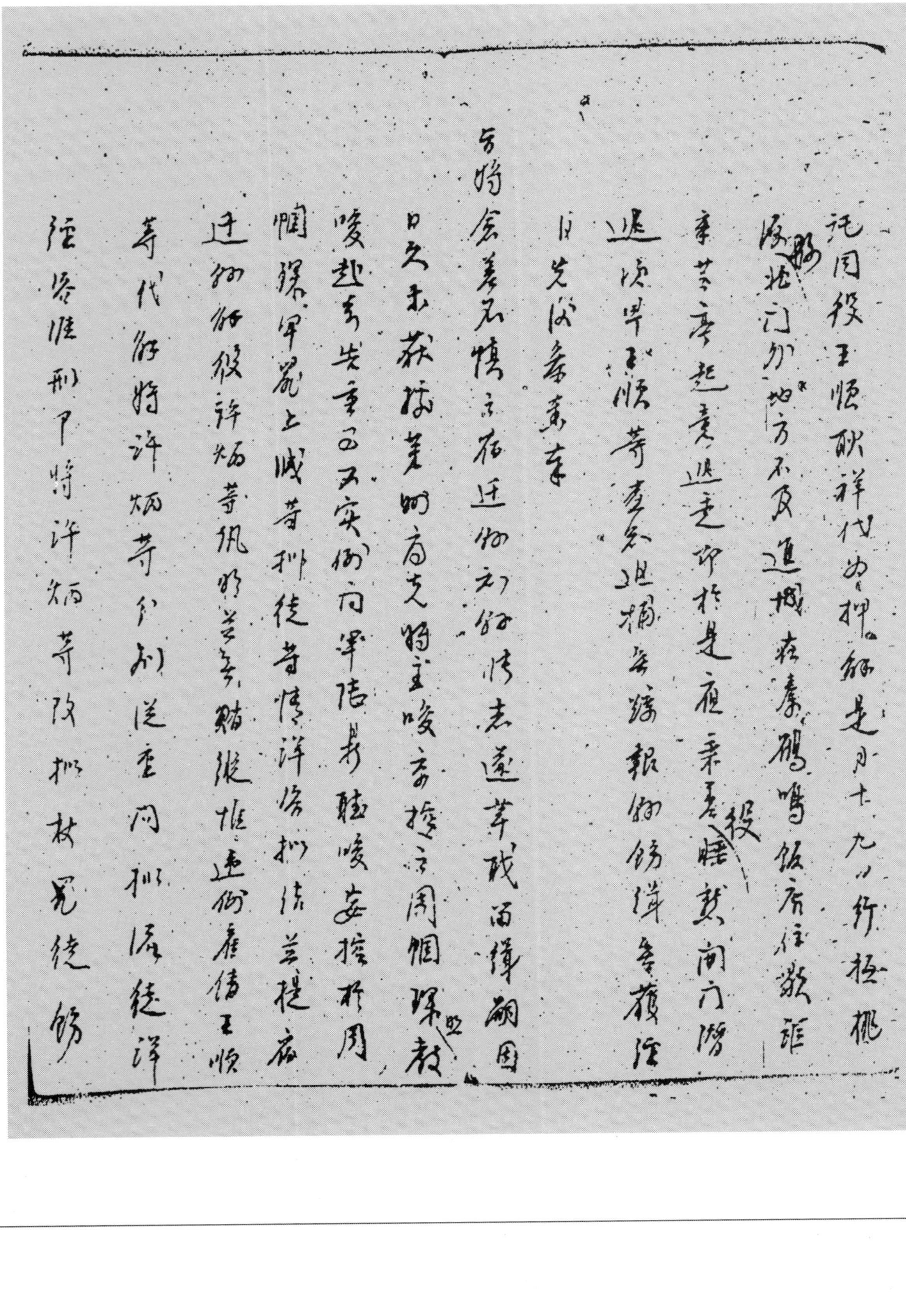

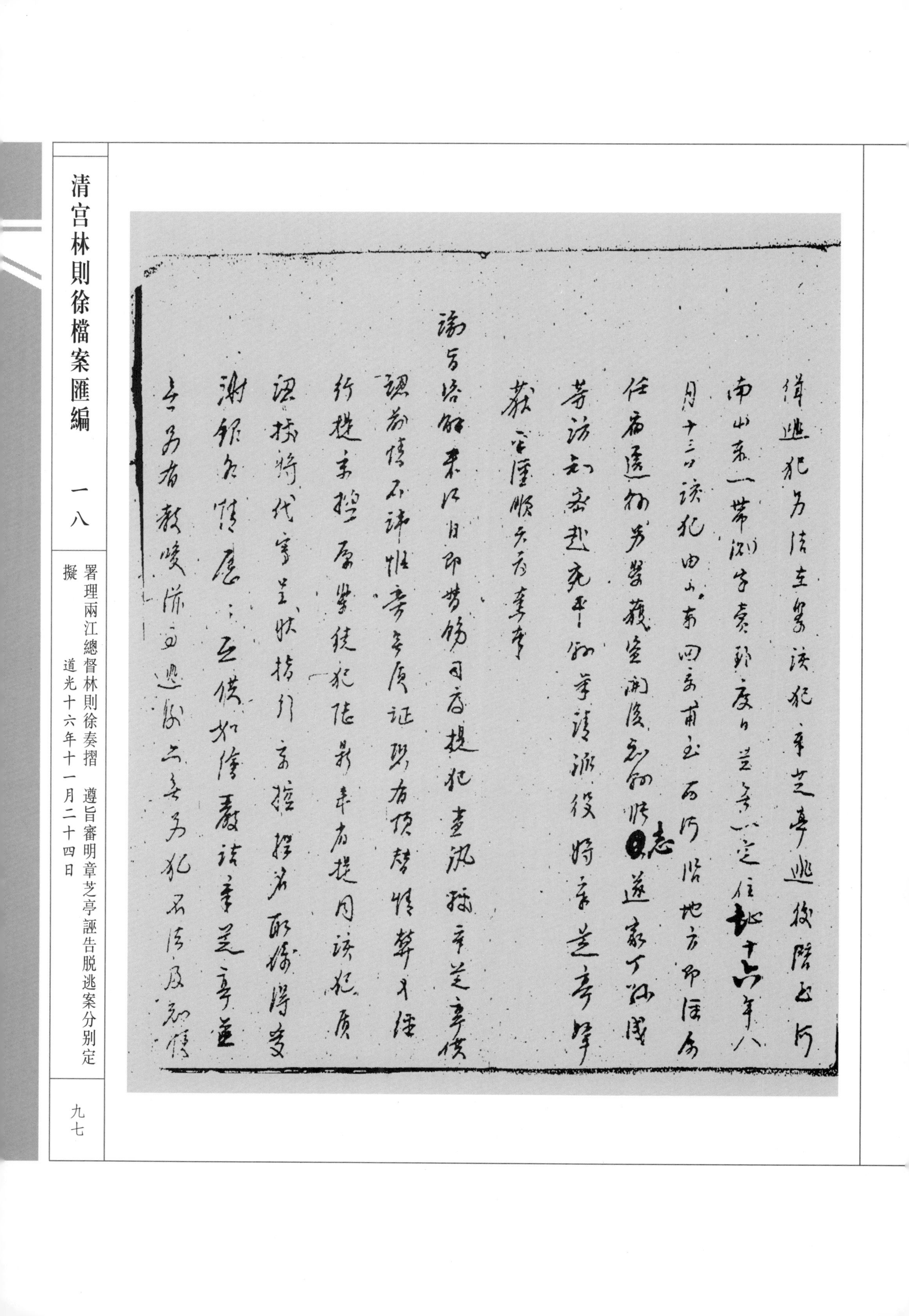

一八

擬　署理兩江總督林則徐奏摺　遵旨審明章芝亭誣告脫逃案分別定擬

道光十六年十一月二十四日

併逃犯另結並案該犯章芝亭逃後隨至河
南山東一帶[illegible]度日至[illegible]十六年八
月十三日該犯由山東回至[illegible]
[illegible]
[illegible]
[illegible]
[illegible]
[illegible]
[illegible]
[illegible]
[illegible]

客商之人原係傭役窮至姑蘇作幫辦訴不能冒
充通辦查例載代人捏寫本狀扛幫赴京告重事
不實者發近邊充軍又誣告人死罪未決者在逃被獲
如犯該軍流者加逃罪二等各等語此案章芝
亭即章瀆因受周姻珠囑託輒為代寫呈詞
指列多款誣告重罪復捏名呈遞僅得受銀兩實
屬扛幫訟棍迨奉
旨拏獲解審後中途脫逃更為玩法章芝亭除
得受謝儀二十二兩按枉法贓輕止擬杖不議
外應照捏寫本狀扛幫赴京告重事不實發極
邊充軍例上再加逃罪二等擬發極邊充軍
計原籍之地到配折責安置按役毋庸丁單

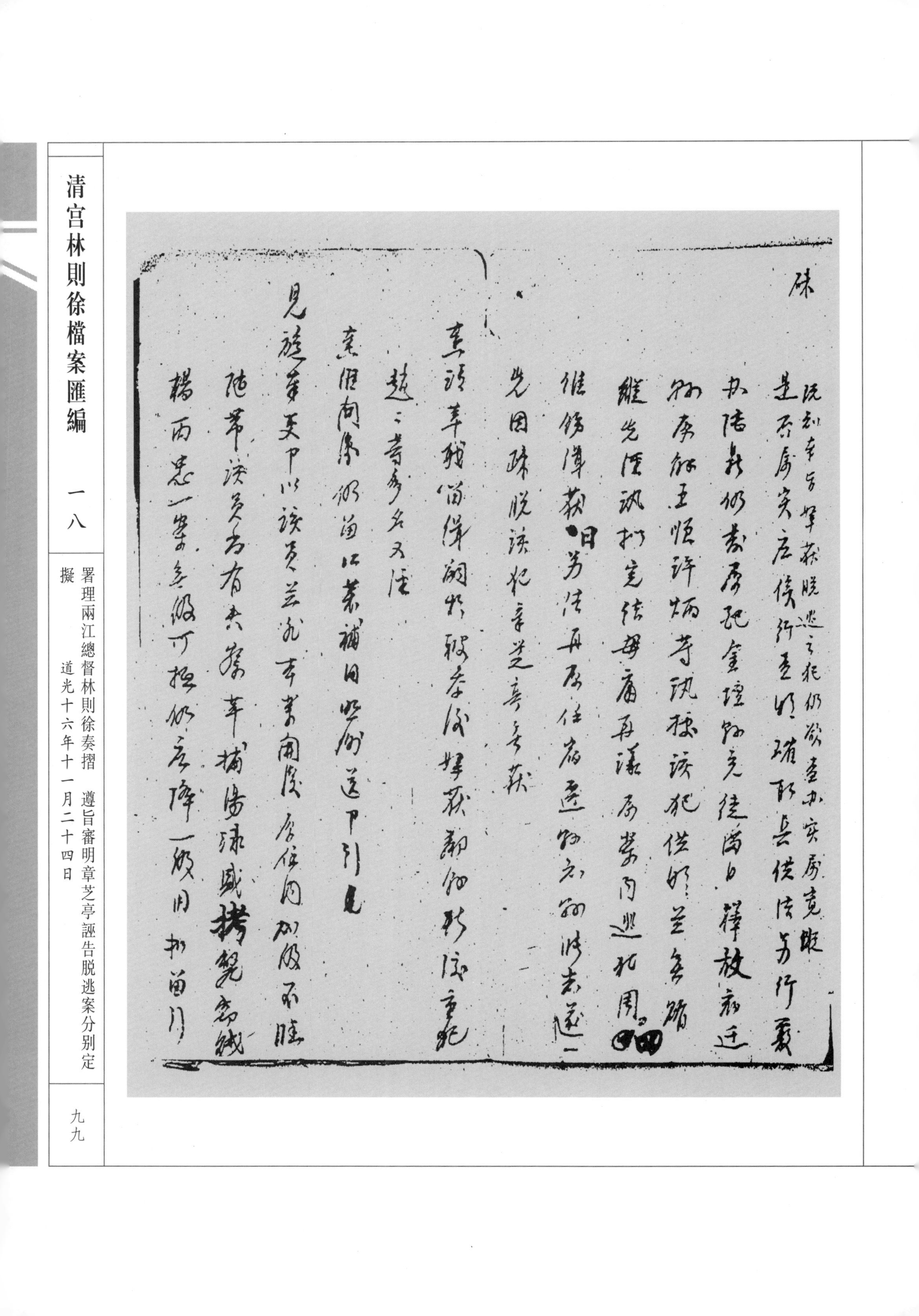

一八

署理兩江總督林則徐奏摺　遵旨審明章芝亭誣告脱逃案分别定擬

道光十六年十一月二十四日

署理兩江總督林則徐奏摺　遵旨審明章芝亭誣告脱逃案分别定擬

道光十六年十一月二十四日

見今據該犯將原告逃犯章芝亭先行緝獲，即

有原審官分別附於本案，將其原任因加

級之名照例將其隨帶者名隨案聲明請

旨敕部分別核覆。除錄供咨部外，所有遵旨定擬

緣由，謹會同護理江蘇撫臣陳鑾合詞恭摺具

奏，伏乞

皇上聖鑒，敕部議覆施行。謹

奏

道光十六年十二月初十日奉

硃批：該部議奏。欽此。

十一月廿四日

上諭 著照林則徐所請陞拔鼓勵拏獲邳州要犯出力各員弁

道光十六年十一月二十六日內閣奉

上諭林則徐奏請將拏獲要犯各員弁鼓勵等語江蘇邳州地方有匪徒吳當運等二十餘名擾害閭閻經該署督遵旨飭屬查拏將首犯立正刑誅其餘各犯分別問擬辦理尚為迅速所有訪拏出力各員弁自應量予恩施即用同知直隸州知州伍家榕海州營參將德本均著賞加升銜署海州知州加同知銜沭陽縣知縣王夢齡著送部引見海州營已拔千總駱光麃已拔把總趙開祥外委相振邦均著儘先升拔以示鼓勵餘著照所議辦理該部知道欽此

上諭　著將林則徐咨提之李瀰陽與楊成一併解交兩江總督質訊懲辦

道光十六年十一月二十六日内閣奉
上諭恩特亨額奏查訊捕役代藏器械供情一摺此
案楊泳即楊成現據該漕督查訊大概供情惟案
内鎮江幫水手李瀰陽等既有三命四傷重案業
經林則徐咨提質訊著俟李瀰陽等解到時即將
楊成一併解交兩江總督就近質訊明確照例懲辦
欽此

上諭　著照林則徐所參失察逃犯滋事各員弁交部議處勒緝

道光十六年十一月二十六日內閣奉
上諭林則徐等奏請將失察逃犯滋事之文武各員照例議處一摺此案兇棍吳當運擬流發配被趙維傑等劫奪脫逃後在海州等處地方開巢販私聚賭窩娼謀殺人命該地方文武各官未能即行覺察自應照例處分除前任海州知州謝肇瀛前任參將舒大緄業經身故外所有失察在海州龍苴地方開巢販私之海州營專汛前任把總江廷玉協防前任外委倪雲志兼轄之前署都司事勒休守備陳韶儀失察在宿遷堰頭地方開場聚賭之前任宿遷縣丁憂知縣李萬倉河標右營額外俞煥章失察在邳州磘灣地方窩娼之前署邳州

一八

上諭　著照林則徐所參失察逃犯滋事各員弁交部議處勒緝

道光十六年十一月二十六日

事試用知縣黃耀明河標石營把總綦有功失察在睢寧縣地方殺死田大童尻一案
之另案降調睢寧縣知縣劉與權失察在邳州碳
灣地方開窠販私之前署邳州黃耀明河標右營
專汛把總綦有功協防外委黃斯鐵兼轄遊擊馮
萬青失察在邳州黃林庄地方殺死宋三等四命尻一案之
案前署邳州黃耀明均著交部照例分別議處以
示懲儆至徐可宗一犯係睢南河營把總徐成宗
之堂弟經該署督等勒令該把總尋獲送官至今
未獲著即將該把總徐成宗暫行摘去頂帶責令
迅速拘解俟獲到徐可宗再予開復俾免縱延欽
此

署理兩江總督林則徐奏摺

遵旨審擬河南固始縣監生楊登科販鹽被搶案

審擬楊登科案摺

林則徐

奏○

十二月十四日

署理兩江總督林則徐奏摺　遵旨審擬河南固始縣監生楊登科販鹽被搶案　道光十六年十一月二十六日

署兩江總督江蘇巡撫臣林則徐跪

奏為遵

旨審明定擬恭摺奏祈

聖鑒事竊照河南固始縣監生楊登科以票鹽被搶贓耗

未蒙究辦與河南息縣民人陳義和同日赴都察

院衙門具控奏奉

諭旨此二案着交陶澍秉公審訊

按律定擬具奏欽此並准將原告張義和及

楊登科移送徐光祿咨解江寧值臣署理督篆

當經分別行提此二案被控人證卷宗劄委江

寧布政使楊簧督同署江寧府知府王用賓

先行訊供詳候勘辦去後茲臣復署督篆備標

一八 署理兩江總督林則徐奏摺 遵旨審擬河南固始縣監生楊登科販鹽被搶案

道光十六年十一月二十六日

該藩司等將張義和楊登科二案審擬前來，除

張義和一案訊明另摺具

奏外，臣親提研鞫。緣楊登科籍隸固始，向在河

南販賣糧食。道光十二年十二月間，該監生與素識顧

照朗合本在江南海州領買票鹽一千二百餘包，僱

裝胡全義船隻運往票註口岸息縣正陽兩處

行銷。十三年六月行抵安徽霍邱縣三河尖地方，

探聞息縣等處滯銷，欲赴原籍固始縣銷賣。因

距息縣尚遠，不及呈請改運，擬俟到籍呈明關會。

其時船泊河下阻風。七月十七日楊登科因欠該

處楊大順行內米肉錢文，無錢清還，說允以鹽抵

算。即於是日用小船裝鹽十包送往算帳。時有陳

署理兩江總督林則徐奏摺　遵旨審擬河南固始縣監生楊登科販鹽被搶案　道光十六年十一月二十六日

郎物匪徒滸來義侄見疑為私鹽即向先救病故
之霍郎物幽流李點與先救已故之潘三及在逃之
李大白石連仲吳三麻孜詹義苟步知邀約同往
攔截訛錢分用李點等先徒赶至河岸適楊登科
已將鹽包放岸上李點等喊稱私銷官鹽楊登科
訴述前情楊大順前聞信赶往勸令楊登科給
錢五千文均分各散楊登科報物緝究回船因恐匪
徒搶劫即於是日催覓同物之朱居明等二十餘人
在船防守是夜朱居明用竹帶鳥槍裝貯火藥防夜
不期火繩遺落藥斗以致火發自被燒傷並傷同
伴吳幗良即吳玉孜張奉有吳義孜陳懷四
人經楊登科延醫調治因朱居明等傷重送回並

署理兩江總督林則徐奏摺　遵旨審擬河南固始縣監生楊登科販鹽被搶案　道光十六年十一月二十六日

將防守之人辭窮朱屆明吳幗良先后因傷殞命未
經報驗。是月二十三日又有安省已故病故之匪犯余三
都李士標及安省現獲之王和余三洪探知楊登科
鹽船改運情由，余三都聲言官鹽越境即同販私，起
意糾約詐訛余三都復邀允現到之胡補孜即胡大有
及在逃之楊四畏等一共三十餘人，會齊偕往道楊登
科鹽船業已移泊固始境湯家嘴湯士彤門首
河下，余三都等分帶器械圍船，喊稱運鎖私鹽，必須
每人給錢十千方許開行。湯士彤趕至查問處說
事，將余三都邀至家內調處，並令佃戶余位將
楊登科喚至，勸令給錢五十千息事。楊登科
當時勉從，誆稱全錢許期初日措交。余三都等當

各散去楊登科隨央湯士彤雇人守護船鹽自赴
固始縣呈告經該縣驗訊諭令仍赴息縣等處行銷
飭差護送出境一面飭拿余三都等究辦余三都
等因知各散八月初二日余三洪因知楊登科船尚
未開起意糾人往搶當向王和商允慮及人少
又向已在病故之姚嵐江告知邀人幫搶余三洪
王和復邀允余三都等姚嵐江亦邀已在之鄭
汶斗在逃之陳虞瑞等一共四十八人於初三日同往
姚嵐江等帶鳥槍鐵銃其餘持械徒手不一姚嵐
江向船放槍嚇唬致傷船戶胡全義之戚婦湯
張氏胸膛余三洪等下船搶得鹽八百八十包運
至姚嵐江家當經余三洪姚嵐江王和陸續嚇

署理兩江總督林則徐奏摺 遵旨審擬河南固始縣監生楊登科販鹽被搶案 道光十六年十一月二十六日

逼集上舖户周家晋赵南禹顺等收买得钱俵分
而送经杨登科堂弟杨登沅报经固始彭令差
缉会勘详报杨登科当因汤士彤先曾劝给余
三都等钱文疑有串抢情弊复因闻有陈宣
等在场观看疑为帮抢之人一併牵告并将先
自被火烧伤身死之朱彦明等叙入汤姓船妇

被伤之下冀图速获赃犯此杨登科在霍邱被
李盟等诓诈及在固始被汤家嘴河下先后被
余三都余三洪等诓抢盐包之实情也嗣经霍邱
固始等县陆续获犯李盟等及余三洪等解由河
南转解安徽审明将李盟等诓诈一案拟以军杖
罪名另案咨准刑部议覆完结其余三洪等诓

搶鹽之一案續獲人犯姚嵐江等訊供與楊登科
原控不符等語安徽撫臣
奏以楊省辦理暨訊各犯供認先訊以搶不諱究
明余位陳宣潰士彤等實無串同設搶情事將
余三洪照依搶奪已行而但得財律擬斬立決
王和姚嵐江郭汶斗等均照豫省光州所屬及
安徽穎州府凶徒聚衆十人以上執持器械無論曾
否傷人不分首從擬軍例俱改發雲貴兩廣極邊烟
瘴充軍郭汶斗尚有夥搶張義和鹽船
之案應從重歸此案擬結胡補孜胡大有
聽從余三夥先向楊登科訛詐未經得贓不
應重律杖八十加枷號一個月枷滿折責發落周

家普等被姚嵐江等強逼買鹽，並非貪利代銷
衣與訊無串搶之案，信陳宣等及痛恨之湯士
彬等均免置議等因，經審勘
題
姚嵐江係出買鹽之周家普、周林、韓文恒等
先經盧鳳道拘名提追，尚未呈追齊全，其已
繳贓項業經楊登科囑令表弟顧正朗收領。
詎楊登科因於案逸犯尚多，不能全數追贓，不敷
原本，一時情急，又疑湯士彬、周家普等慫恿串
搶，之湯士彬已故，輒向其子湯汾追究，並因周
家普等繳贓未完，先經盧鳳道飭釋，以為道
差徇庇私放，心懷不甘，隨又自做呈詞，仍假
並行陳照普、蘇人閔昊述本甘與彬戶鄧幗

明先曾託借鹽賣鹽之韋人李學廣吳樹華
及韓維恒周秉鐸陳大全窩賣贓鹽且助搶
害逸犯潘秉義等與潘秉彝及黃耀同搶各
情違抗拒傳落院具奏
諭旨交審行提人卷前來審亦因被控船戶鄒幗明
等查提未到而韋列買贓之陳大全李學廣等
堅不承認且查原案內非但買贓人僅有周林
韓文恒名目並無周秉鐸韓維恒及李學廣吳
樹華陳大全之名提到周秉鐸等咸称被誣而
該原告楊登科則謂周林即周秉鐸韓文恒即
韓維恒彼此各執又經從提鄒幗明等逃匿一
面行取安省盤禁搶犯余三洪李悰白等確供核質

前據安徽臬司提犯余三洪等訊明李學廣、吳樹
（周林二名亦係該犯姚嵐江供出，究竟韓文恒）
華等實未買鹽，其買賊之韓文恒是否即韓
維恒，周林即周秉鐸，亦據該犯余三洪等不能確
指，此外周家善等與陳大全均係逼嚇買鹽斤
等情，應復加研鞫，如所控湯汾、黃耀、潘秉彝
等主窩串搶一節，嚴審湯汾等極口呼冤，僉稱
如果窩搶，何以楊登科早不指告姚嵐江等，又不
供吐，直待京控始行牽入，並控胡補孜，堅稱實止聽
從余三都先向楊登科訛詐，未經得贓，以致參赴
同於其時語所之楊登科不能買鹽狡對原案犯供
相去湯汾等之名，其為該原告牽砌誣控無疑
又如所控李學廣、吳樹華、周秉鐸、韓維恒、陳大

全窩買贓鹽一節除經本省審詰犯供並無李
學廣、吳樹華二名買贓係廣無韋被搶外訊
據監生陳大全堅稱實未收買贓鹽係被靈邱
地保田灼咳使韋搶又據監生周秉鐸供稱該
生又名周鈴與楊登科所控之周林音同字異
楊登科原詞內声明周林即徳和永和住居馮家
井地方明係另有其人乃現在京控又稱即周秉鐸
實係平空株累又據貢生韓維恒供稱該生又
名韓懷珍和無文恒別字該生族伯韓文恒亦
未買鹽其該檢查全卷原無周林即周秉鐸
韓文恒即韓維恒名目是周林韓文恒確係另
有其人又如所控陳照[illegible]等串同船户鄧幗以訛

於鹽包一節不特陳照普蘇人聞吳述本甘堅稱
實無其事即質之該原告亦不能指出證據且據楊
登科同夥表弟顧照朗供稱當時伊與楊登科
夥販票鹽一千二百包僱船戶胡全義裝載又楊
登科獨運票鹽幾千包僱船戶鄒幗明裝運當時船
至安省停泊先因陡發山水鄒幗明船遭沖壞
以致沉鹽千餘包係伊目擊並非被誆迨責甘證
訊楊登科仍執控詞查所告與本案無涉且船戶
鄒幗明尚未到案控情虛實無憑質定又如所控
廬鳳道差許飈等縱放周家普等及扣差廠犯
各情查周家普等徽贓未齊由道飭釋有卷可
稽據控差役田標等營私舞弊當向該

署理兩江總督林則徐奏摺　遵旨審擬河南固始縣監生楊登科販鹽被搶案

道光十六年十一月二十六日

原告廖學敦詰楊登科一味固執其有意狡展
林男賠贓已可概見查於封之案究係原在於犯人
名下追贓給主如有知情買賍則向買賍人著追
此案買受於塩店鋪户人等皆係匪徒逼脅所致
安省將今周家晉等挾塩賠繳錢文已屬体恤失
主懲儆誤買豈容因此逞刁任情羅織業經再四
究明眾供已無遁飾未便因原告尚在狡執拖延
滯累店户此案擬結查此案監生楊登科行運
塩船到霍邱固始地方被匪徒李興等及余三
漢等節次訛搶塩斤皖豫兩省先後獲犯審明問
擬斬決充軍分別治
題办從已無罪從乃楊登科以匪犯未經盡獲原贓

賍該等复輒復羅織多人聯詞京控現經質証
明白正帮借情切与安省原書先異恨牽控情
節殊多失實本应律坐萬楊登科究因行匪
雲楚被誣被拒犯賍不能全获以致情急混控
核与挾詐妄控告者不同情有可原应請寬免置
議楊汾黄難潘秉魁周家普等究系牽拖實賍
情事应毋庸議陳照普呉述本等雖訊無勾通
船户鄒幗明誆借係已賣人惟鄒幗明尚未到案应
將陳照普等遞回原籍係管並飭固始賈邸
等勒查提鄒幗明到案再行傳同楊登科等
審明应實分別另行究結貫賍之周林韓文恒
審係另有其人並飭審印飭查提訊追現科之鹽

周秉鐸貢生楊准恆賄託李[?]果亦據楊登科
堅稱即係周林楊文恆情詞允執陳大全雖據供指
田灼唆揑買鹽推案犯余三洪等既聲陳大全所買
鹽斤之價是否另買楊之陳大全尤人及與周秉鐸
楊文恆一併傳同霍耶郎分别偽提同井田灼等究
質查龔正犯供其名之李秀廣吳樹亮應予省釋
原案亦徒罪鹽鍋尚未徒然之郭悔成並照原案遞回
出有無年呈據給領原案因擬徒之楊登科跟即擬敦
詐已就院余三郎訛詐未使得鹽究何照原擬杖枷歸
于原案覆審盧風道善許戲計其僅放周家
並自霍耶郎役亦無庇犯情事均與庸議余三洪
應俟原館請領處原籍地方收審後歸案（已）另犯案

產照例封變備抵如追欵隱匿於港東義陳廣明
一並請旨飭部行緝務獲另結其楊登科先被羅卯
自迴流李占甘訛詐一案已據飭省審擬詳部在
結如廣再次共五固始縣被匪於今三次共件拾一
案業經具
題尚未准部議應俟將審明定擬緣由專摺具
奏伏乞
皇上聖鑒敕部仍照定者原
題會同議覆施行再此案原告楊登科于報搶贓於
擬結之後即行上京控無如不予親提審與越訴不
同合併聲陳明謹
奏

一八　署理兩江總督林則徐奏摺　遵旨審擬河南固始縣監生楊登科販鹽被搶案

道光十六年十一月二十六日

十一月二十六日

硃批：刑部議奏。欽此

道光十六年十二月十四日奉到

署理兩江總督林則徐奏摺

遵旨審擬河南息縣民人張義和京控販鹽搶劫案

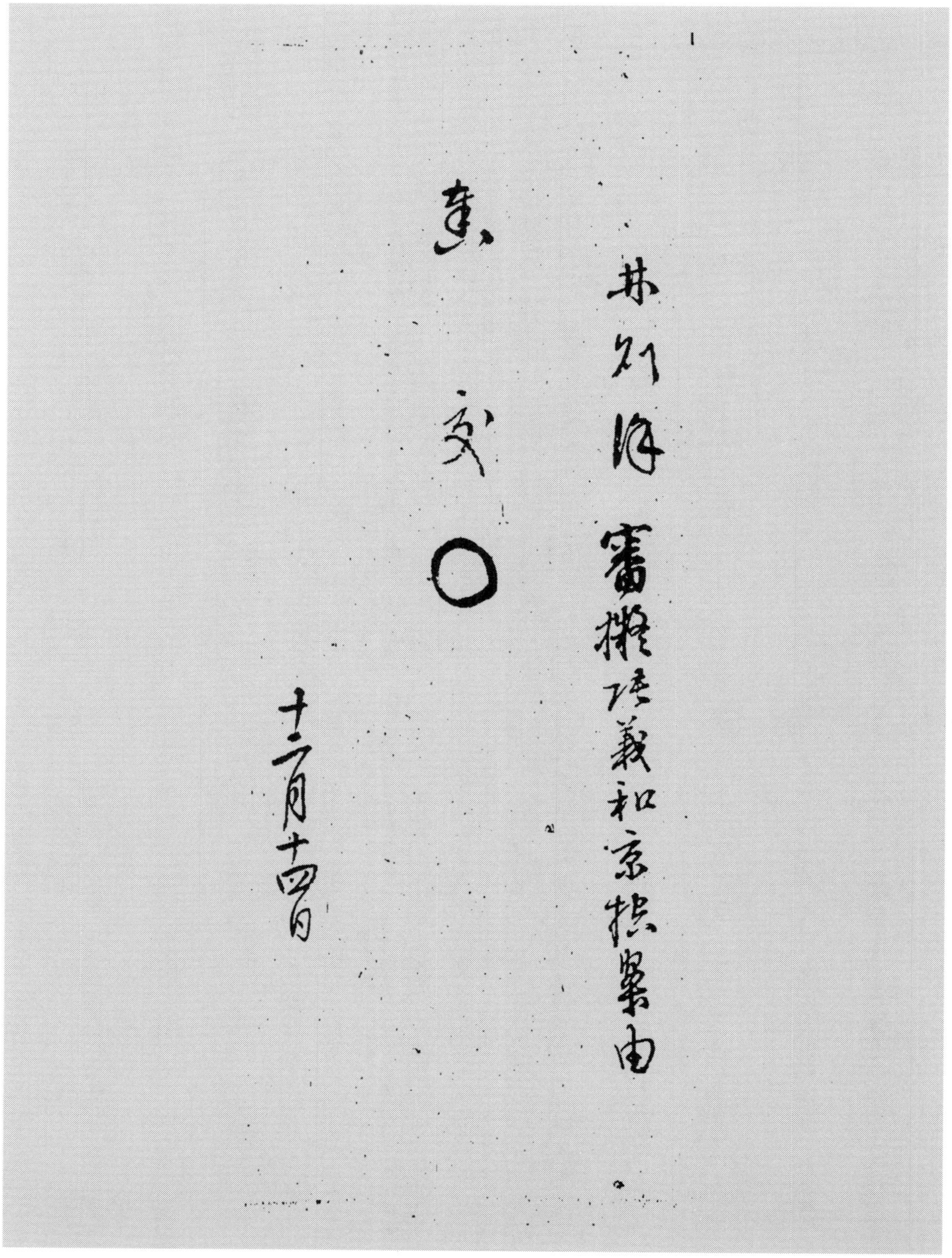

林則徐 審擬張義和京控案由

奏 ○

十二月十四日

一八

署理两江总督林则徐奏摺 遵旨审拟河南息县民人张义和京控贩盐抢劫案

道光十六年十一月二十六日

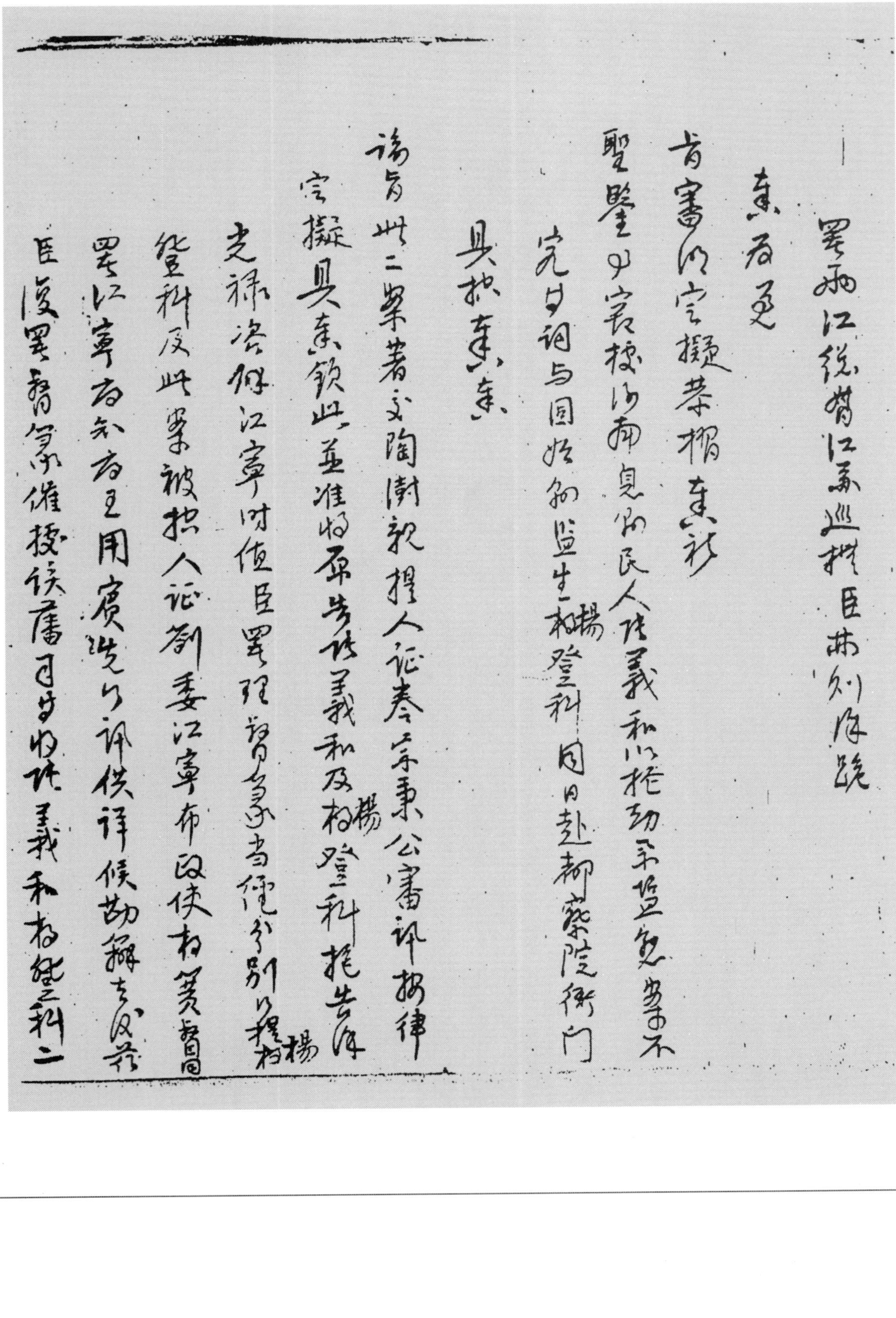
署两江总督江苏巡抚臣林则徐跪
奏为遵
旨审明定拟恭摺奏祈
圣鉴事。窃据河南息县民人张义和以抢劫私盐冤案不
究其词与同姓知监生杨登科同日赴都察院衙门
具控奏奉
谕旨：此二案著交陶澍亲提人证秉公审讯按律
定拟具奏。钦此。並准将原告张义和及杨登科按告解
先禄洛俟江宁时值臣署理督篆，当饬分别提杨
登科及此案被控人证到委江宁布政使杨簧督同
署江宁府知府王用宾等人讯供详候勘办去后。兹
臣复署督篆，催据该府司将张义和杨登科二

審解前來，除將楊維邦一案訊明另摺具
奏外，臣親提研鞫。緣張義和籍隸光州息縣，向在于壽
州正陽關買得私鹽一百五十二包，僱船運回零星銷賣。
先是安省已獲匪犯田克俊即田八、柏玉盤即白玉盤、
王俊即汶斗等，及胃克六庄村地保孫之綱、獻汶在逃
之王寀探知固始縣南關常見鹽船經過，疑是夾私，田克
俊起意糾搶，與孫獻汶商允，允寫旋去，夥同夥二十三
人各帶器械，在于河岸守候。道光十三年十二月十六日，張
義和船至霍邱所屬河下田克俊瞥見，即與王俊
等乘坐划船趕赴張義和船上，搶得鹽包棄河，搶取衣
物、錢文回至孫獻汶家俵分，孫獻汶分鹽十五包，係
鹽同衣物分賣與過路不識姓名人，得錢文散給張義和

署理兩江總督林則徐奏摺　遵旨審擬河南息縣民人張義和京控販鹽搶劫案

道光十六年十一月二十六日

報經霍邱縣訪獲犯審內首犯田克俊即田八依
強盜已行得財律擬斬立決王俊馬尚羅陵吳郭汝
斗楊玉鰲即白玉鰲劉大眼均依梟何為首者往販
衆十人以上之軍例俱改發雲貴兩廣極邊烟瘴充
軍聲明田克俊柏玉鰲劉大眼及目之保窩姪
夥謀之劉獻汶先後監斃郭汶斗尚且夥搶柏鹽
科紅鹽之歸彼案擬結外犯拒姪但估逃焙逸犯
王金椽張義日另結俟奉刑部覆擬核覆先是該
事主張義和以訪回拒匪王金椽係因妒劉善役
李琴之徒鹽交張老喬賣裝往固境丁庄久鹽行
變賣甘情抵經周妒劉錫善於錦率提訊張老
喬丁廷久及張老喬店夥朱二書訊據張老喬所供

一八 署理兩江總督林則徐奏摺 遵旨審擬河南息縣民人張義和京控販鹽搶劫案

道光十六年十一月二十六日

蕭恒丁廷元與各供亦在正陽關買鹽三千斤運回銷
售不知王堂樣與如何搶鹽並與買姪之事吊查丁
廷元與買鹽字據姓係相符將張義和蕭恒丁廷元朱二
與解歸霍邱縣訊辦節經霍邱縣提訊張義和與
丁廷元供詞各執因張義和蕭恒丁廷元朱二先後患病
分別保放張義和又以被搶之鹽控訴獻設供什和睢
甘窩姪俘被裝出丁廷元家銷售細藪搶犯朱二自
廷元張蕭恒甘認認押追費因羔收錦串脫甘
情控經如皋司批飭府提訊後經因將飭查張
蕭恒朱二甘原籍亳州于飭霍審訊之後蕭未
到因丁廷元經霍邱縣訊以與保釋因謀殺伊子
丁廷年自死收葉男辦未便將審出在案嗣張義

和因姪世著為心仍不甘即以叔錦章炳通霍丙和
丁役串放朱二曾在廬鳳道控告詳由臣衙門批行
提審旋經由道訊將張義和船隻實係田在俊起意
拼同王俊甘挖等時因另案獲匪多名安徽撫臣
奏明將田在俊甘俊提省審辦並將挖案按擬詳咨
飭司傳義和上控之案因人証不齊致未完結張義和
縱以原姪朱綜臣起心疑霍丙和扣差舞弊吞
姪並因在道審訊時朝獻沒混供同族和雕甘及
傳侍恨其寫呈經道詳解証扳誣釋主謂臣訊未
確隨就歷次批詞裝點門丁差役勒索錢文自作
呈詞投往都察院奏奉
諭旨交審以提人奏黃書訊供悉亦情因指控

要犯王堂様甚驟難弋獲請將展限若責逸犯弋獲
提犯人證未便久羈復提爰鞫恐該原告既控丁役需
索縱犯多情未必盡虛且恐丁廷之等實有窩庇串脫
之事再三究詰據於堂奉即於錦章堅供朱二等係
由固始縣赴霍邱縣將伊保釋並無賄串縱放丁廷
之與該老義同村自買私鹽在知縣賣為便希餬
弟朱發所不知時義和如何疑為清脫一再指告伊
與霍邱縣丁役並不認識伊何賄通舞弊即控犯
王堂様亦係固始縣差役只求質究等語質之張義
和據稱初控該老義丁廷之在霍縣鹽盡委係私獻汝
因案供出當時指證伊聞控犯王堂様原是固差
李瑟之徒日景心疑同霍邱縣書差不獲底勾串一併

一八　署理兩江總督林則徐奏摺　遵旨審擬河南息縣民人張義和京控販鹽搶劫案

道光十六年十一月二十六日

寧告出稱門丁書差索錢勝與否是圖准砌入此告詞
瞿甘窩囤鹽斤亦係指犯劉獻詞供報以致控及伊實不
係指出劉瞿甘窩鹽恐証諒其性方矜朱二喬是悞
認於匪蹤崇遂一頭收不敢狡執反覆不移案無疑
義此案張義和買運私鹽舟出霍邱被匪田克
俊等黨夥搶奪經出者獲審明確將犯向擬斬
決之軍咨奉刑部核覆完結並無牽延情弊
張義和因初控窩販之丁立久朱二喬疑為書差貽
放並因姪未全過案犯劉獻詞供報劉瞿甘窩姪
旋即訪釋意為不予追究心懷不甘裝上京控致
種捏砌質明供情均與出者原審無異此控
殊屬失實查定律內第張義和乃運販小民被搶

一八　署理兩江總督林則徐奏摺　遵旨審擬河南息縣民人張義和京控販鹽搶劫案

道光十六年十一月二十六日

姪未復提嚴訊，以致情急翻控，且將案即按實供明，核
與呈內所告情節迥不相同，應請寬免置議。原案
於犯田克俊日久傳提，係應如庸役私押之例完結，
循通隨犯霍聊物丁役亦無需索舞弊情積
善之社保，均實無窩縱。署王長齡王青並無串
脫。捏保劉玉亦無窩藏情事，均應如庸役原案定
擬。犯姪名請俟傷犯籍地方官查追給領，如致欺
隱。逸犯王曾株查亦同劉美華傷候緩獲日
另結。案已審明，未到逸犯提仍有拖累，民人等審明
定擬緣由，理合恭摺具
奏。伏乞
皇上聖鑒。謹

一八 署理兩江總督林則徐奏摺 遵旨審擬河南息縣民人張義和京控販鹽搶劫案 道光十六年十一月二十六日

奏
道光十六年十二月十四日奉
硃批刑部議奏欽此
十一月二十六日

署理兩江總督林則徐奏摺
奏報交卸督篆起程入覲日期

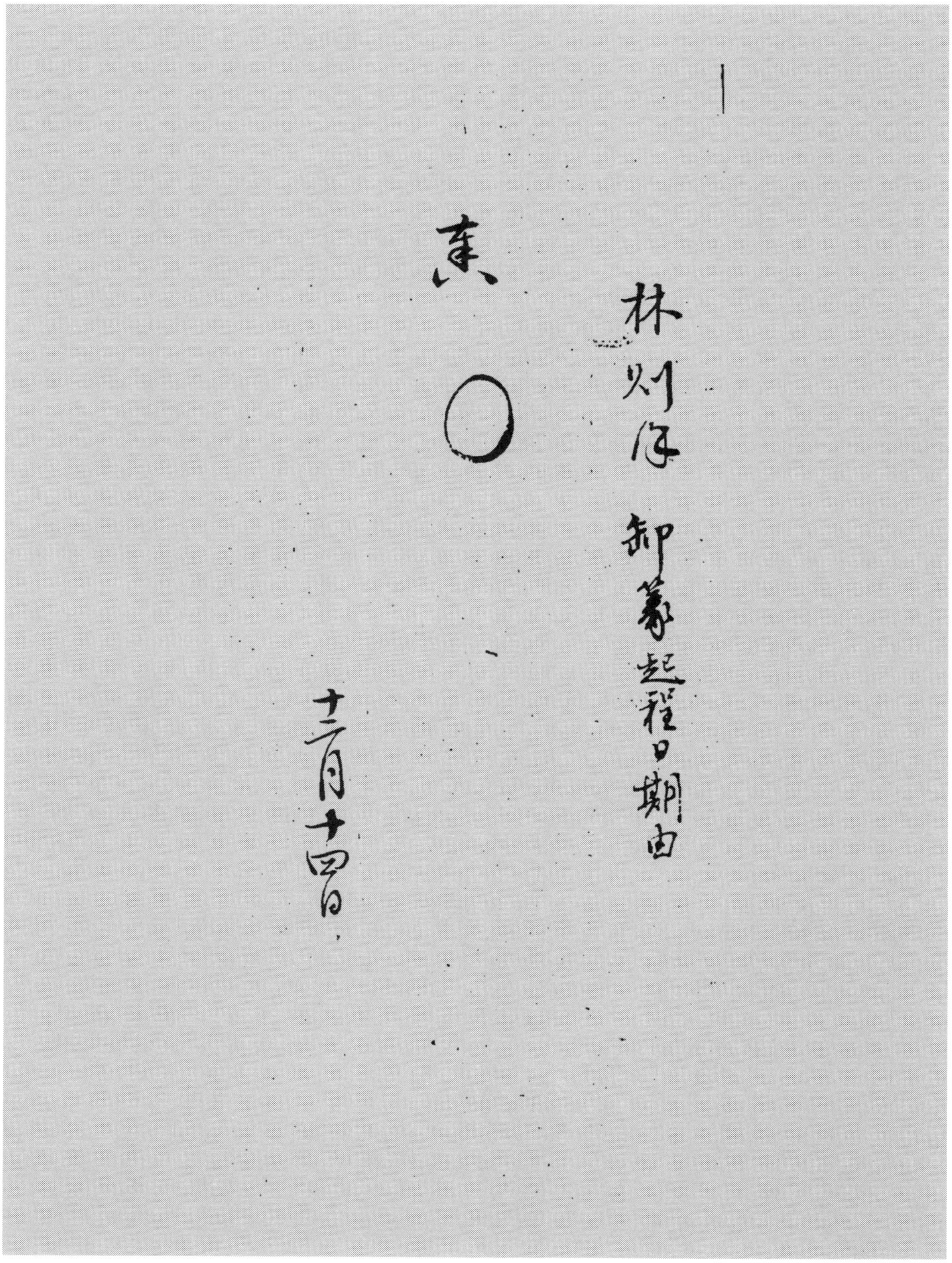
奏
林則徐　卸篆起程日期由
十二月十四日

一八　署理兩江總督林則徐奏摺　奏報交卸督篆起程入覲日期

道光十六年十一月二十六日

署兩江總督江蘇巡撫臣林則徐跪

奏爲恭報微臣交卸督篆並遵

旨入

覲起程日期恭摺奏祈

聖鑒事。竊臣仰荷

天恩署理兩江總督兼兩淮鹽政篆務，于本年九月接

印後即由蘇省前赴江寧省城接任後，旋又出

赴清江督防秋汛，催儧回空，並遵

旨查辦匪棍吳壹（筆）連等二十餘犯，在清江審辦完案

批回請

覲一摺

恩准臣進京

署理兩江總督林則徐奏摺　奏報交卸督篆起程入覲日期

道光十六年十一月二十六日

陛見聞

命之下，感幸難名。因督篆尚未交卸，尚于回空之暇，要

案辦結之後，仍返江寧省城。茲督臣陶澍甫由湖南

原籍回江，臣即于十一月二十七日擬委署江寧府知府

王用賓齎捧中軍副將沙廷之將兩江總督關防

及兩淮鹽政印信暨書籍文卷，咨項費送陶澍接

受。伏念臣才識庸愚，在江蘇巡撫任五年之間，屢

無報稱，乃復兩次署理督篆，倍以隕越為虞，幸承

聖主訓諭周詳，俾得敬謹遵循，諸務幸得順悅，慎復蒙

俞旨准臣瞻覲

天顏，積愫下快，除情朴躍，現已交卸篆務，即可收拾行

裝，謹擬于十二月初一日由江寧起身趨詣

闕廷跪聆
聖訓除將交卸總督篆務日期另疏
題報外理合恭摺具
奏伏乞
皇上聖鑒謹
奏
道光十六年十一月十六日奉
硃批知道了欽此

十一月二十六日

大學士管理户部事務潘世恩等題本

林則徐題銷江寧等屬道光八年份常平倉穀盈餘銀數宜分別辦理

依議

一八 大學士管理户部事務潘世恩等題本 林則徐題銷江寧等屬道光八年份常平倉穀盈餘銀數宜分別辦理 道光十六年十一月二十七日

大學士管理户部事務臣潘世恩等謹

題爲報銷事户科抄出江蘇巡撫林則徐題江寧等屬道光捌年分常平倉穀報銷一案道光拾陸年陸月拾玖日題玖月初伍日奉

旨該部察核具奏欽此欽遵於本日抄出到部

該臣等查得江蘇巡撫林則徐將江寧等府州屬道光捌年常平倉額貯穀石動存各數並糶價盈餘銀兩分晰管收除在造具四柱清册具

題前來查册開

一江寧等六府州屬常平倉項下共額貯穀捌拾萬捌千石零舊管上屆奏銷册報存倉穀拾壹

大學士管理户部事務潘世恩等題本　林則徐題銷江寧等屬道光八年份常平倉穀盈餘銀數宜分别辦理
道光十六年十一月二十七日

萬陸千玖百叁拾伍石伍斗壹升陸合壹勺壹抄又額外睢寧縣出借口糧漕米改徵小麥抵穀壹千玖百捌拾石貳斗叁升叁合等語　查前項額貯舊管常平倉穀並額外存倉穀石臣部核與上屆奏銷冊報實存數目相符應毋庸議

一新收六合縣買補三次清查案内武念祖缺穀並山陽等州縣墊買因遞口糧沭陽縣徵完道光柒年出借秫秫抵穀及海州沭陽贛榆等州縣官捐大麥抵穀共伍千柒百柒拾石叁斗陸升等語　查前項新收穀石臣部按冊核算數目相符應毋庸議

一開除動給道光捌年各屬因遞安置單流人

一八　大學士管理户部事務潘世恩等題本　林則徐題銷江寧等屬道光八年份常平倉穀盈餘銀數宜分别辦理　道光十六年十一月二十七日

犯口糧安插雲南土司巡檢龍恩家口龍歘等
口糧出借米麥豆抵穀共陸千伍石伍升玖合
等語　查前項動給該年各屬囚遞口糧米麥
豆抵穀伍千捌百叁石柒斗陸升陸合肆勺臣
部核與該年囚糧冊造支給數目不符應令即
飭查明聲覆以憑核銷又動支安置軍流人犯
口糧米麥抵穀壹百貳拾肆石陸升陸合叁勺
查該年報銷尚未到部無憑查核應俟到部後
再行核銷其撥給上元縣安插雲南土裔龍歘
等口糧米抵穀柒拾柒石貳斗貳升陸合叁勺
核與該撫咨報原案數目不符應令同歷年臣
部行查未覆各款專案查明聲覆再行核辦

大學士管理户部事務潘世恩等題本　林則徐題銷江寧等屬道光八年份常平倉穀盈餘銀數宜分別辦理　道光十六年十一月二十七日

一實在存倉穀拾壹萬陸千柒百石捌斗壹升柒合壹勺壹抄按定額計缺穀陸拾玖萬壹千貳百玖拾玖石壹斗捌升貳合捌勺玖抄除各屬應徵節年出易民欠及報入二三次清查墊完民欠各案内應買搭放賑濟平糶漂淌動缺虧缺出借未完並上元縣撥給安排雲南土甯龍獻等荆州杭州各將軍家口回京口糧借撥道倉幫丁月糧江寧省倉淮安大軍倉穵缺兵糧等項共穀陸拾萬捌千陸百肆拾石伍升叁合捌勺玖抄内除桃源蕭縣碭山贛榆等四州縣溢額穀貳萬玖千叁百柒拾肆石肆斗柒升伍勺外計上元等三十一州縣尚缺穀拾壹萬

貳千叁拾叁石伍斗玖升玖合伍勺等語 查
前項實存常平倉穀按冊核算數目相符應令
該撫轉飭加謹收貯毋致浥爛如有動用隨時
報部仍於下屆奏銷冊內分晰報部查核至桃
源等縣溢額穀貳萬玖千叁百柒拾肆石肆斗
柒升伍勺均係應歸原貯之款應令該撫查照
原案分別應追應買如數收還以歸實貯所有
冊報江寧等州縣撥放賑濟出易民欠並報入
各次清查及已入參案各款共動缺穀貳拾玖
萬肆千叁百伍拾貳石叁斗貳升玖合伍抄內
豁免註銷穀玖萬肆千伍百捌拾伍石叁斗貳
升柒合肆勺肆抄臣部核與拾年伍月內該撫

一八　大學士管理户部事務潘世恩等題本　林則徐題銷江寧等屬道光八年份常平倉穀盈餘銀數宜分别辦理　道光十六年十一月二十七日

奏銷動給買補數目相符仍令俟買補齊全之
日將用過銀兩即行造冊報核銷其餘實該追完
應買穀拾玖萬玖千柒百陸拾柒石壹合陸勺
壹抄即飭查明嚴追接數買補還倉以歸實貯
所有海州豐縣沛縣贛榆等州縣嘉慶貳拾伍
年出借未完穀貳萬壹千捌百拾叁石壹斗肆
升貳合肆勺又豐縣道光叁年出易未完穀肆
千貳百玖拾柒石伍斗捌升壹合肆勺又海州
道光肆年出易未完穀壹千捌百拾叁石叁斗
叁升叁合叁勺又沭陽縣道光柒年出易未完
穀捌百叁拾柒石肆斗伍升據稱沛縣未完穀
石因連年被災緩至道光捌年秋後啟徵緣該

一八　大學士管理户部事務潘世恩等題本　林則徐題銷江寧等屬道光八年份常平倉穀盈餘銀數宜分别辦理　道光十六年十一月二十七日

年又復被災例應遞緩其豐縣海州贑榆等州
縣出易未完穀石亦因連年被災未據徵完捌
年秋後又復被災例應遞緩沭陽縣出易未完
穀石因捌年秋被水災應緩至道光玖年秋後
啟徵等因所有沛縣出易未完穀石應令該撫
俟届限啟徵之日按數徵還至豐縣海州贑榆
沭陽等州縣出易未完穀石亦俟届限之日即
行查明完欠統於下届册内分晰登報如逾限
不完照例開參送議其海州道光柒年出易平
糶未完穀肆百陸拾石捌斗玖升肆合貳勺亦
即按限買補一併登報核辦又嘉慶元年起至
貳拾貳年止鹽城等州縣共借易穀陸萬伍百

一八 大學士管理户部事務潘世恩等題本 林則徐題銷江寧等屬道光八年份常平倉穀盈餘銀數宜分別辦理 道光十六年十一月二十七日

肆拾柒石柒斗貳升伍合肆勺速飭詳確查明
完欠細數據實題報核銷並將上元等州縣各
年借撥江寧省倉淮安大軍倉支缺兵糧及道
庫支放幫丁月糧等項應還米折穀拾萬捌千
叁百拾捌石叁斗壹升陸合貳勺作速照數催
提還款毋再延宕至撥給上元縣安禪雲南土
商龍獻等口糧米折穀捌百叁拾肆石叁斗壹
升貳合柒勺肆抄因前款開除數目不符行令
飭查應俟該撫聲報到部再行動項買補又年
寧等縣應買節年糶缺借易霉濕及搭放賑濟
平糶並撥給荊州杭州病故將軍家口回京口
糧等項動缺米折穀拾壹萬伍千叁百陸拾肆

一八 大學士管理户部事務潘世恩等題本 林則徐題銷江寧等屬道光八年份常平倉穀盈餘銀數宜分別辦理

道光十六年十一月二十七日

石玖斗陸升玖合貳勺並應買缺額穀拾壹萬貳千叁拾叁石伍斗玖升玖合伍勺屢經臣部於歷屆奏銷案内題令分別籌款買補乃該省延至十數載之久並未及時採買其各州縣平糶穀石又不將每石糶價若干及糶變銀兩如何存貯之處專咨造報殊屬延玩應請

旨飭交該撫將各年蠲緩借易霉濕撥賑平糶等項動缺穀石迅速奏明立限動項買補歸倉以期緩急有恃所用價值銀兩即行隨案題報請銷毋任延宕

一額外附入倉穀奏銷造報銅山等五州縣徵存乾隆伍拾年夏災借給口糧漕米改徵小麥

祇穀壹萬肆千伍拾貳石壹斗捌升玖合內銅
山縣嘉慶陸年協撥蕭縣搭放展賑應買穀肆
千壹百叁拾陸石捌斗陸升贛榆縣報入二次
清查虧缺折價應買穀肆千玖百玖拾伍石肆
斗肆升壹合陸勺又墊完民欠案免註銷應買
穀捌百肆拾伍石壹斗柒升捌合肆勺蕭縣海
州報入三次清查虧缺另行追補穀貳千玖拾
肆石肆斗柒升陸合又睢寧縣道光柒年出易
未完穀壹千玖拾捌石又凌放捌年囚遞口糧
穀貳拾壹石肆斗壹升陸合貳勺實該睢寧縣
存倉小麥祇穀捌百陸拾石捌斗壹升陸合捌
勺等語　查前項實存附貯穀捌百陸拾石

一八　大學士管理户部事務潘世恩等題本　林則徐題銷江寧等屬道光八年份常平倉穀盈餘銀數宜分別辦理
道光十六年十一月二十七日

捌斗壹升陸合捌勺應令該撫轉飭同額貯穀
石一併加謹收貯毋致浥爛如有動用隨時報
部仍附於下屆奏銷冊內造報查核至贛榆等
州縣動缺報入二三次清查及墊完民欠各款
動缺穀柒千玖百叁拾伍石玖升陸合内豁免
註銷穀捌百肆拾伍石壹斗柒升捌合肆勺臣
部核與奏請動給買補數目相符應令同銅山
縣嘉慶陸年協撥蕭縣展賑應買麥抵穀肆千
壹百叁拾陸石捌斗陸升飭俟買補齊全之日
即行造報核銷其餘實該贛榆等州縣應行追
補共穀柒千捌拾玖石玖斗壹升柒合陸勺亦
即查明着追買補還倉並將睢寧縣道光柒年

出易未完穀壹千玖拾捌石按限如數徵還於
下屆冊內查明已未徵完分晰造報查核至湊
放八年因遞口糧穀貳拾壹石肆斗壹升陸合
貳勺查因糧報銷冊內並無此項款目共如何
動用之處應令即飭查明聲覆以憑查核
一各屬減存行月等米及買補平糶倉穀糶價
盈餘項下舊管存銀伍百貳兩伍錢伍分叁釐
實在存庫留備添補不敷之用等語　應令
該撫將前項銀兩加謹收貯遇有動用隨時報
部統於下屆倉穀奏銷案內造報查核
一疏稱此案報銷清查辦竣即應彙案詳題旋
因司署料房失慎卷宗被焚飭令補造又緣開

報未協輒將行查以致稽遲應請遲免查

議等語　查此案報銷例應次年六月

底造報所稱辦理清查及司署卷宗被焚

均係道光肆年以前之事此案例年倉穀

報銷該撫並不嚴飭該藩司迅速造報率

引舊案稽遲緣由將應議職名聲請邀免

殊屬不合應令該撫速飭查取各屬造報遲

延職名送部核議其道光玖年以後報銷即

飭趕緊勒限按年造冊題報毋再延宕再此

案於道光拾陸年玖月初五日科抄到部兹

於拾壹月貳拾柒日辦理具

題合併聲明臣等未敢擅便謹

一八

大學士管理户部事務潘世恩等題本 林則徐題銷江寧等屬道光八年份常平倉穀盈餘銀數宜分别辦理

道光十六年十一月二十七日

題請

旨

臣潘世恩

臣宗室奕顥 差

臣宗室禧恩

一八　大學士管理户部事務潘世恩等題本　林則徐題銷江寧等屬道光八年份常平倉穀盈餘銀數宜分别辦理

道光十六年十一月二十七日

[illegible]臣王鼎假

禮部尚書署户部尚書臣吳椿

[illegible]臣文慶

左侍郎臣龔守正[illegible]

[illegible]臣賽尚阿

右侍郎兼管錢法堂事務臣程恩澤

江南清吏司郎中臣承慶

郎中臣鳳保

郎中臣王鳴鳳

額外郎中臣龍致和

員外郎臣興存

員外郎臣阿克丹

員外郎臣福昌阿

員外郎臣法良

員外郎臣湯鵬

員外郎臣朱材哲

額外員外郎臣吳若準

額外員外郎臣韓篤培

主事臣松年

主事臣唐方煦

額外主事臣趙東昕

額外主事臣顏錫惠

額外主事臣趙煦

額外主事臣中和

額外主事臣張錫謙

額外主事臣胡增瑞

額外主事臣林廷禧

額外主事臣阿英

上諭 蔣金幗所告案著交林則徐嚴審定擬具奏

道光十六年十一月二十九日奉
旨此案著交林則徐親提人證卷宗秉公嚴審按律
定擬具奏原告蔣金幗該部照例解往備質欽此

上諭　著照林則徐所請准寧池太廣道徐廣縉與江西糧道王兆琛對調

道光十六年十二月初六日内閣奉

上諭林則徐奏道員迴避原籍請揀員對調一摺安徽寧池太廣道徐廣縉祖籍安徽例應迴避著准其調補江西糧道所遺之缺即以王兆琛對調該部知道欽此

上諭 著照林則徐所請以王紹復調補江寧縣知縣

道光十六年十二月初六日内閣奉
上諭林則徐等奏請調補省會要缺知縣一摺著照
所請江寧縣知縣員缺准其以王紹復調補該部
知道欽此

上諭　林則徐查明寶蘇局無違禁情形著稽察借款津貼並海島等弊

道光十六年十二月初七日内閣奉

上諭：前據給事中鮑文淳奏江浙等省錢法敝壞，當降旨著該督撫等嚴密查察，認真究辦。茲據林則徐等查明江蘇寶蘇局驗收之時，由藩臬兩司及委員人等抽提摔擲，並無破碎，其尚無攙和沙土偷竊銅斤私鑄小錢，似屬可信（原作「借」，旁改「信」）。惟該鑪頭等前於道光元年借款津貼，有發商生息之項，難保不藉端舞弊。至附近海口島嶼一帶，雖查無私鑄及夾板商船携帶違禁他物進口之事，其海洋島嶼及人跡罕到之處，小民趨利若騖（原作「鶩」，旁改「騖」），亦難保無私行鼓鑄等弊。著該督撫等督飭所屬認真稽察，有犯必懲，以絕弊源。倘有得賄徇庇，著即從嚴參辦。餘著

照所議辦理欽此

上諭 著照林則徐所請以蕭蔭恩調補江陰縣知縣

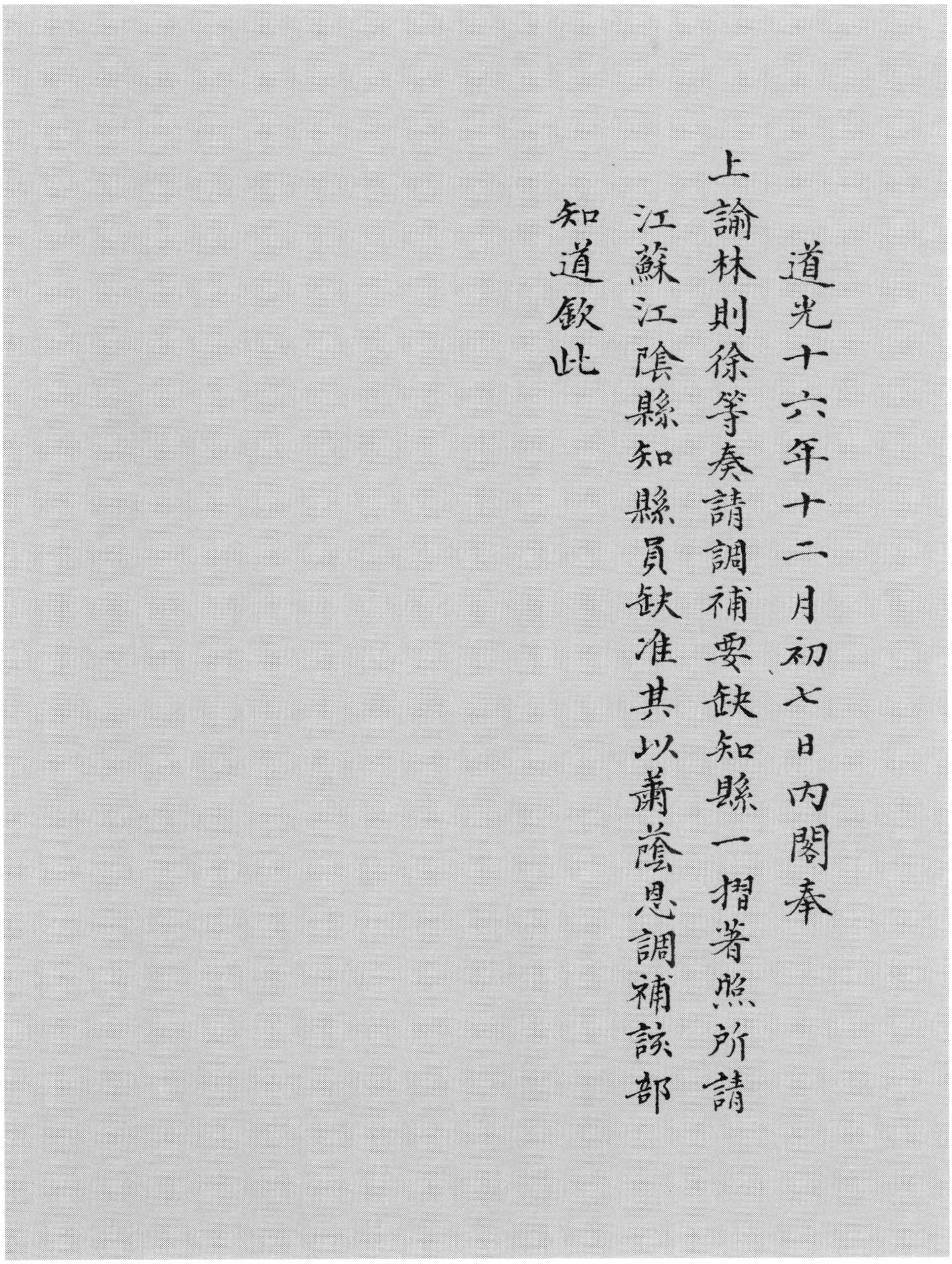

道光十六年十二月初七日內閣奉

上諭林則徐等奏請調補要缺知縣一摺著照所請

江蘇江陰縣知縣員缺准其以蕭蔭恩調補該部

知道欽此

上諭 林則徐奏顧毓奇周恭壽欠解兵米著摘頂勒限解清

道光十六年十二月初七日內閣奉

上諭林則徐等奏請將欠解兵米之知縣摘去頂帶勒限嚴追一摺江寧省倉本年應撥蘇屬漕糧及撥解南米係放旗營綠營兵米要需不容稍有延緩據該署督等查明前任江蘇吳江縣現署青浦縣知縣顧毓奇欠解漕米一千四十六石零震澤縣知縣周恭壽欠解漕米九百五十一石零並短交道光十一年截漕米九百三十石屢次行催久未解到實屬玩誤顧毓奇周恭壽均著先行摘去頂帶勒限一月內掃數解清如再逾限不完即行撤任叅辦以示懲儆欽此

上諭 林則徐奏江蘇挑辦河隄等工民欠銀糧著概行豁免

道光十六年十二月十九日内閣奉

上諭上年

皇太后六旬萬壽前經降旨普免道光十年以前民欠銀糧令各該將軍府尹督撫等查明具奏據林則徐等將江蘇省挑辦河隄等工實在民欠借款攤徵銀兩查明請旨當交户部覈覆茲據查明自嘉慶年間起至道光七年止江寧淮安揚州徐州海州五府州屬借款攤徵計三十二案未完銀七十三萬二千八百八十三兩零蘇州松江常州三府屬借款攤徵計五案未完銀八萬六千九百三兩零共銀八十一萬九千七百八十七兩零均實欠在民著加恩概行豁免該督等即刊刻謄黄遍行

曉諭嚴禁吏胥影射需索等弊務期實惠及民用
副朕推恩布闓至意餘著照所議飭行該督等查
明聲覆分別覈辦欽此

江蘇學政聲名及藩臬道府考語請俟林則徐回任再行辦理

護理江蘇巡撫魏元烺奏片

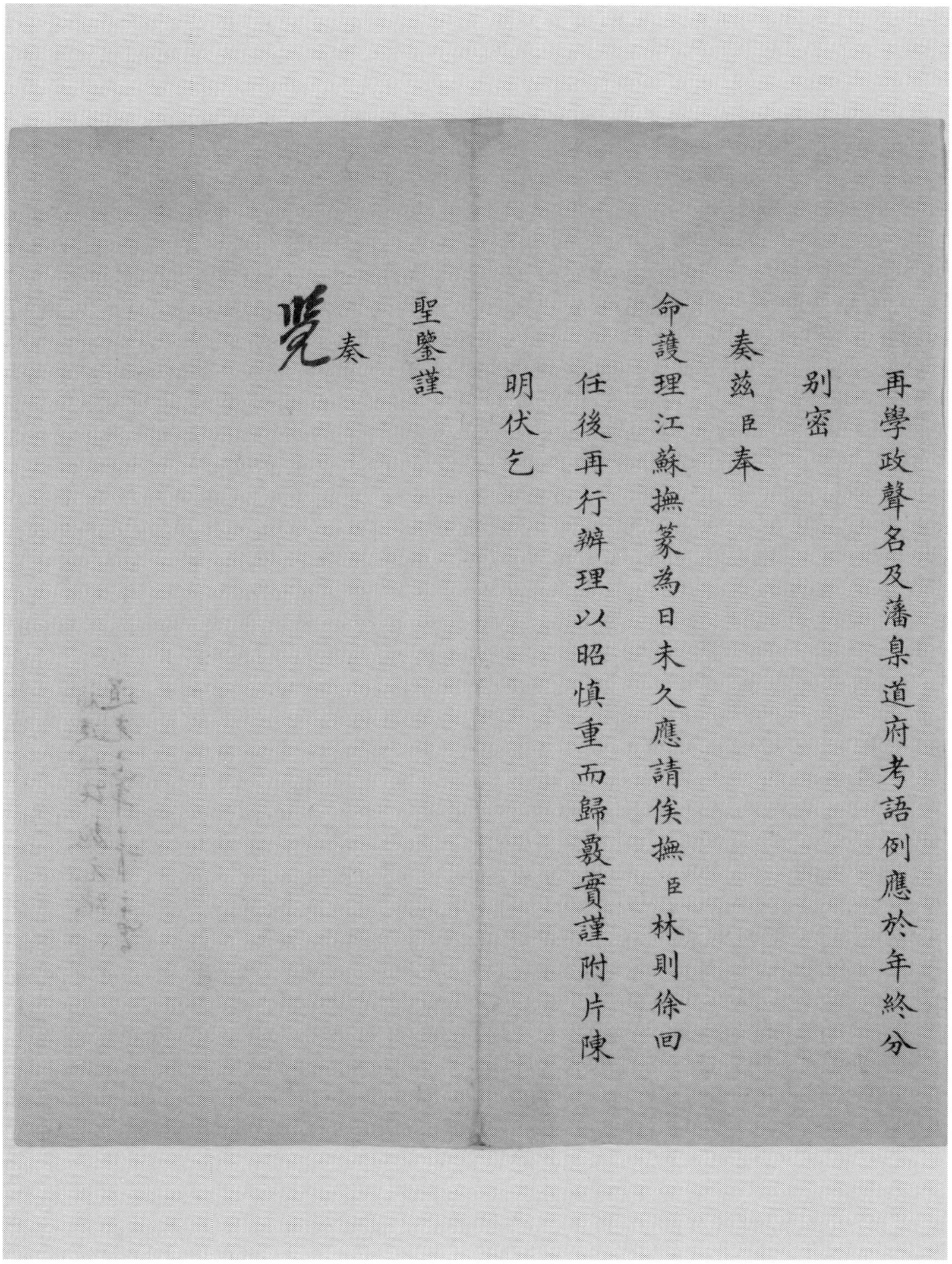

再學政聲名及藩臬道府考語例應於年終分
別密
奏茲臣奉
命護理江蘇撫篆為日未久應請俟撫臣林則徐回
任後再行辦理以昭慎重而歸覈實謹附片陳
明伏乞
聖鑒謹
奏
覽

上諭　著林則徐補授湖廣總督陳鑾調補江蘇巡撫裕泰調補江西巡撫

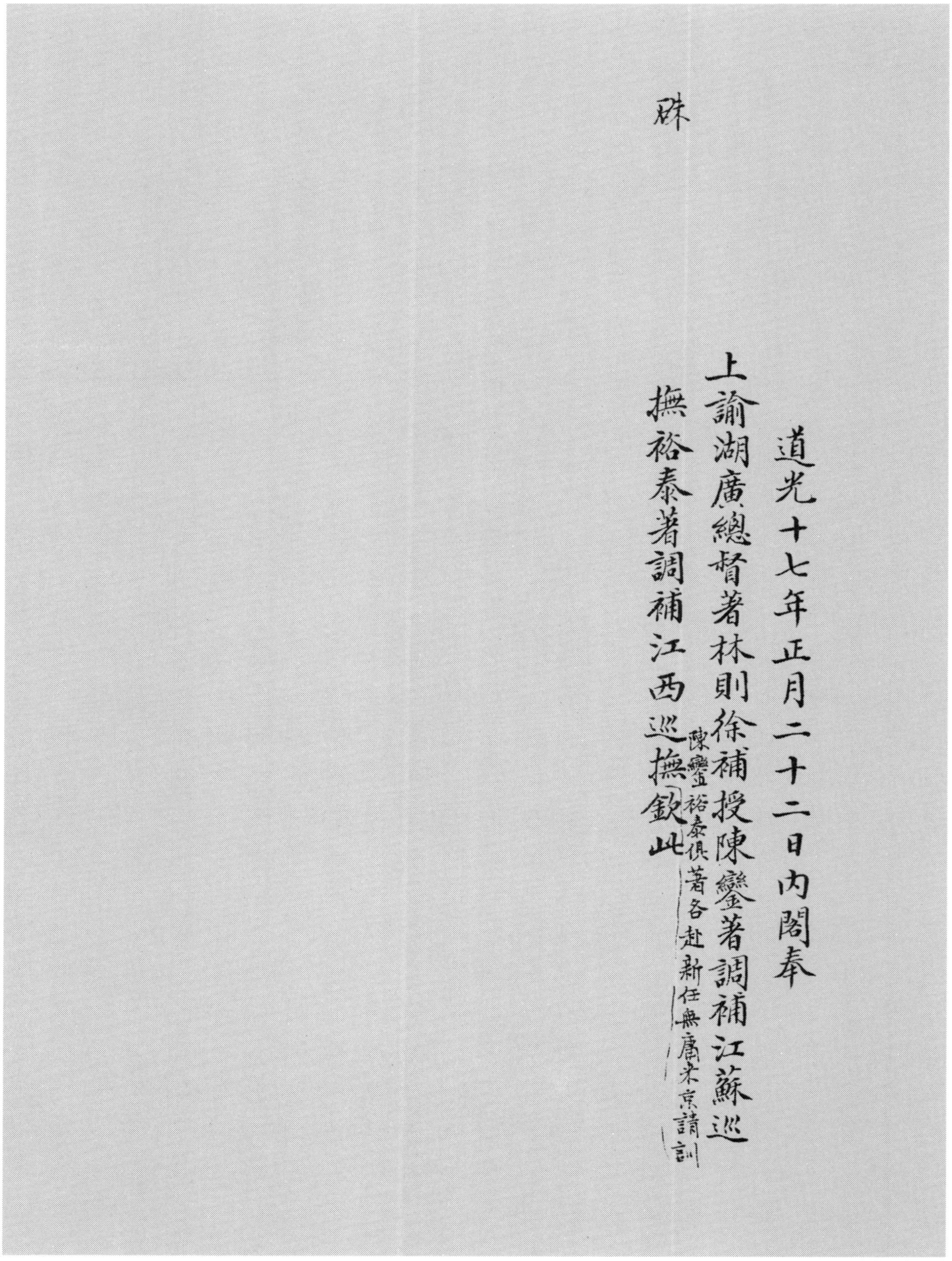

道光十七年正月二十二日内閣奉

上諭湖廣總督著林則徐補授陳鑾著調補江蘇巡撫裕泰著調補江西巡撫陳鑾裕泰俱著各赴新任無庸來京請訓欽此

硃

大學士管理户部事務潘世恩等題本　**林則徐題上海陞科蕩田丹徒轉則沙田應查照章程報部**（尾缺）

議

題

大學士管理户部事務潘世恩等題本　林則徐題上海陞科蕩田丹徒轉則沙田應查照章程報部
道光十七年正月三十日

太子太保大學士管理户部事務臣潘世恩等謹
題為請覈陞科事户科抄出陞任江蘇巡撫林則徐題
江蘇上海丹徒二縣報陞田蕩陞增銀米一案
道光拾陸年柒月拾壹日題玖月貳拾肆日奉
旨該部察核具奏欽此欽遵於本日抄出到部
該臣等查得則徐疏稱據署蘇州
布政使裕謙詳稱所有各屬道光拾伍年分陞
科田地前經通飭查報今據上海縣業户周祠
呈報陞科田蕩折准熟田壹百伍拾壹畝陸釐
壹毫該處係無漕之區請照折糧陞科共應徵
折色銀貳拾兩柒錢貳分捌釐遇閏增編銀叁

分肆釐又據丹徒縣業户戴鳴佩呈報户屬十一區伏元啚充糧老額泥灘轉則沙潮田柒拾捌畝柒分陞釐除原科錢糧已經入額外計應陞增地丁銀玖兩叁錢貳分伍釐本色米麥壹拾壹石肆斗叁合陸勺遇閏加徵銀壹錢肆分壹釐加徵米肆合柒勺通共陞增銀叁拾兩伍分叁釐本色米麥壹拾壹石肆斗叁合陸勺遇閏增徵銀壹錢柒分伍釐米肆合柒勺均據該管道府縣層層覆勘加結詳請入額陞賦前來相應轉造陞轉銀米款冊同屬冊結一併詳送具題并請將送到司屬冊結咨部并聲明陞轉田地泥灘由各該縣確切勘明詳經該管道府

逐加覆核並無違礙水利避重就輕以多報少越佔情事均經專案造具陞轉銀米司冊先後詳准入額造報彚詳請題在案現於道光拾伍年奏銷冊內分別入額造報等情臣覆核無異除冊結送部查核外理合循例具題等因前來

查江蘇上海縣業户周祠報陞田蕩折准熟田壹百伍拾壹畝陸釐壹毫據稱該處係無漕之區請照折糧陞科共應徵折色銀貳拾兩柒錢貳分捌釐遇閏增編銀叁分肆釐等語查前項新田既非漕田即係新漲蘆洲自應查照道光捌年奏定章程召佃徵租何以混入民田徑請陞科實與奏定章程不符應令查照章程

徵租報部又丹徒縣業户戴鳴佩呈報完糧老
頽泥灘轉則沙湖田柒拾捌畝柒分陸釐除原
徵科銀捌錢肆釐本色米麥陸斗壹升肆合捌
勺遇閏加徵銀壹分伍釐加徵米叁勺應陞增
地丁銀玖兩叁錢貳分伍釐本色米麥壹拾壹
石肆斗叁合陸勺遇閏加徵銀壹錢肆分壹釐
加徵米肆合柒勺應如所題准其從道光拾伍
年地丁奏銷冊内入額陞科惟查前項老頽泥
灘該業户係何年承買於何時報部疏冊内均
未聲叙礙難查核應令該撫即飭詳細查明專
咨報部以憑核結再此案科抄於道光拾陸年
玖月貳拾肆日到部兹於拾柒年正月叁拾日

辦理具

題合併聲明臣等未敢擅便謹

題請

旨

臣潘世恩

臣宗室奕顥

臣宗室禧恩

上諭　著林則徐飭屬整頓鹽務堵緝鄰私以裕國課

軍機大臣　字寄
湖廣總督林　道光十七年二月十九日奉
上諭本日據訥爾經額奏稱上年楚省行銷淮鹽共
計銷引七十三萬有奇較之銷數最暢之十四年
分尚多六千餘引且自辛卯綱每引加斤計算已
逾額銷之數實屬大有起色林則徐到任以後自
必稽覈舊章因勢利導仍當嚴飭各屬設法銷疏
不可因甫有起色稍形踈懈至楚省行銷淮南鹽
引本屬一氣相通各該省大吏經朕委任必應熟
籌情勢於劃清界限之中仍有並行不悖之意方
稱辦理妥善林則徐曾兩署兩江總督印務於鹽
務素所熟悉其楚省應銷淮南鹽引早應成竹在

胸現當接任之初尤宜盡心籌畫不分畛域督飭
文武員弁巡商實力整頓堵緝鄰私搜查夾帶庶
官引日形疏暢而國課益見充盈矣將此諭令知
之欽此遵
旨寄信前來

上諭　著林則徐等整頓湖南營伍

軍機大臣　字寄

湖廣總督林　湖南巡撫訥　湖南提督薛

道光十七年二月二十六日奉

上諭本日據給事中鄭世任奏湖南營伍廢弛請飭整頓一摺據稱該省撫標左右兩營及長沙協左右兩營馬步守兵平時雖按期操演而技藝未能優嫻且澆薄成風不耐勞苦往往酗酒恣肆吸食鴉片並不恪守營規其中老弱殘廢之兵遇有差操倩人頂替其缺額者既未能招募如數充補而各將領衙署復以兵丁服役恬不為怪至各鄉村塘汛碉堡傾圮煙墩坍塌平時並無守汛之兵即有在汛者俱係罷軟無能之卒見有匪徒並不盤

詰難望其捡拏盜賊保護行旅等語湖南省城兵
額不少如果該省文武大員勤加整頓何至營規
廢弛兵額虛浮著林則徐訥爾經額薛陛等嚴飭
各將弁嗣後認真操演汰羸弱之卒除頂冒之風
補缺額之兵嚴服役之禁其塘汛地方擇兵丁技
勇精強者駐守巡緝如仍前疎懈即將該將弁據
實嚴參庶幾兵成勁旅餉不虛糜而一兵收一兵
之用矣將此各諭令知之欽此遵
旨寄信前來

湖廣總督林則徐奏摺　奏報抵楚接篆日期

道光十七年三月初六日

湖廣總督林則徐奏摺　奏報抵楚接篆日期

奏

林則徐　接任日期摺

交

〇

三月二十四日

湖廣總督林則徐奏摺　奏報抵楚接篆日期
道光十七年三月初六日

湖廣總督臣林則徐跪
奏爲恭報微臣抵楚接篆日期叩謝
天恩仰祈
聖鑒事竊臣前由江蘇巡撫入覲
天顔疊蒙
聖主垂慈
召見多次跪聆
訓諭欽
面命之周詳慶懌
訏謨矢服膺而遵守下懷循省感悚交深乃復仰荷
恩綸擢任兩湖總督渥沐
鴻施之下逮深虞隕負之難勝榮滋懼

命以還

程斯僖至而自

陸驛之役騰應辭數節按程少抵湖北省城准撫臣周之

琦將湖廣總督關防委員齎送前來臣即于三月

初五日望

闕叩頭祗領任事所有北南兩省地方政務以及營制邊

防在在均關緊要臣惟有竭誠盡力逐一認真經理不

敢稍涉因循以冀仰答

高厚生成于萬一至臣經過直隸河南一帶漸見麥苗出

土望雨正殷迨入豫省之信陽州將入楚境則二麥均

甚芃茂雨澤俱已優霑此時惟盼暢晴可卜有年

告稔民情恬謐堪以仰慰

湖廣總督林則徐奏摺　奏報抵楚接篆日期
道光十七年三月初六日

聖懷除將到任日期另疏
題報外理合繕摺具
奏伏乞
皇上聖鑒謹
奏
道光十七年三月二十四日奉
硃批公勤誠實始終如一此外無可再諭識之欽此
三月初六日

一八　湖廣總督林則徐奏片　遵旨隨時察看湖北藩司臬司湖南綏靖鎮總兵能否勝任

道光十七年三月初六日

林則徐片

再，臣承准軍機大臣字寄，道光十七年二月二十三日奉

上諭：湖北布政使張岳崧昨經來京陛見，詢以地方公事，奏對尚

屬明晰，惟年逾六旬，於該省一切公務能否經理得宜，精

力是否能照料周匝；湖北按察使程矞采雖由刑部司員出

身，於刑名事件是否諳練，辦理無誤；著該督到任後隨時隨

事留心察看，據實具奏，毋稍遷就。將此諭令知之。欽此。仰見

皇上慎之又慎簡任臣僚之至意，跪誦之下，欽悚難名。伏查

藩司張岳崧從前與臣同在翰林，知其品學俱優，衆皆推重。

道光十一年臣在江蘇，見其於常鎮道任內辦查賑務，以

公正嚴明，該處積弊。此次該司由楚進京，與臣在途相遇，詢

以楚省政務，所言均為詳晰。惟年逾六旬，精力易衰，

湖廣總督林則徐奏片 遵旨隨時察看湖北藩司臬司湖南綏靖鎮總兵能否勝任

道光十七年三月初六日

候藩司爲錢穀總滙若不能照料周匝亦係匪輕俟該司
回楚即安臣隨在留心察其精神果否周到公務果否
宜容當據實具
奏至臬司程銓曾任蘇州府知府臣在蘇稔悉伊爲委其
審辦案件亦認真現在辦理刑名果否諳練臣甫經
到楚尚須細加察看再行奏
聞御批諭旨臣遵辦再湖南綏靖鎮總兵明海道至武昌省謁
臣接見兩次該鎮歷任閩省營將二十餘年於營務尚
見諳練惟現年高已六十六歲此時精力似尚未衰而歷久能
否始終如一仍須察看查現署綏靖鎮之副將穆克登保囊
簡放限未滿該處綏靖地方緊要亟需着老之人當經令
明海星馳赴任仍俟其到任後時加查察並函致湖南撫

湖廣總督林則徐奏片　遵旨隨時察看湖北藩司臬司湖南綏靖鎮總兵能否勝任

道光十七年三月初六日

臣向係任頗就近細查合併附片陳明伏祈

聖鑒謹

奏

道光十七年三月二十四日奉

硃批知道了欽此

湖廣總督林則徐奏片

遵旨籌畫堵緝鄰私並設法疏銷存鹽

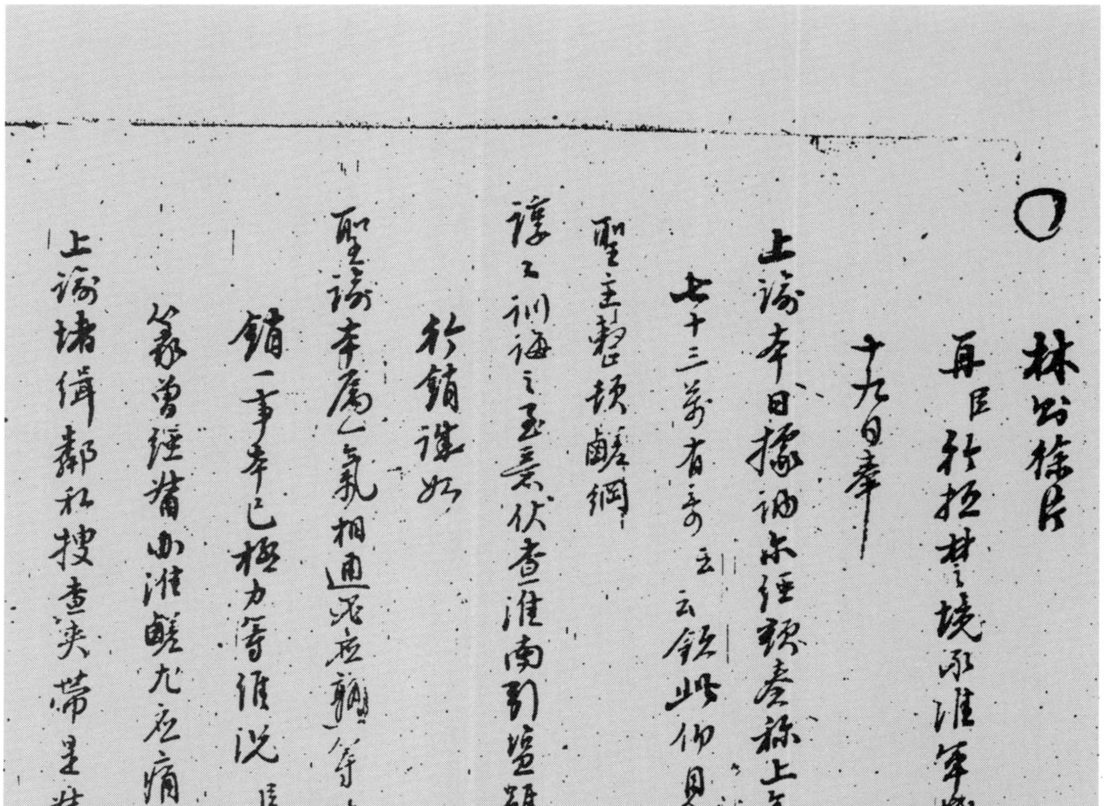

林公條片

再，臣於拜摺後接准軍機大臣字寄，道光十七年十一月

十九日奉

上諭：本日據陶澍奏稱上年楚省行銷淮鹽共計餘引

七十三萬有奇云云。欽此。仰見

聖主整頓鹺綱

諄諄訓誨之至意。伏查淮南引鹽雖由揚商納課，而實賴於楚之商

行銷。謹如

聖諭本屬一氣相通，必應聯屬等情，擬前楚臣陶澍亦經籌顧於楚

銷一事本已極力籌維，況臣兩次署理兩湖，署理兩江，楚

緣曾經楚由淮鹺，尤應痛癢相關，曷敢稍分畛域。伏讀

上諭堵緝鄰私，搜查夾帶，是暢銷之緊要關鍵，已無

指示無遺蓋楚省鄰私來路最廣次則鹽由川江直下連
檣急溜行駛如飛宜昌荊州固已充斥為患而粵東粵
西兩省私鹽灌入湘江亦皆滿載重船乘流而達寶慶
衡州受害為甚襄陽鄖陽安陸等府則與豫陝接壤蘆鹽潞鹽
處處可通至應山隨州孝感黃陂麻城黃梅等縣又與
淮北票鹽地界犬牙相錯此鄰私侵灌之大概也其夾帶
之弊緣淮南場鹽運至儀徵向例改捆子包上船裝載
由長江泝流至楚路遠日長或託名於滷耗而包內暗加
斤兩或藉口於拋散而包外私帶腳鹽大抵船戶商
廝串通弊混捆工人役受囑放砠鹽斤既有浮多即亟圖
設法偷賣此江船夾帶之大概也臣此次由豫省信陽州
一帶取道赴楚留心察看該處數州縣皆食淮北票鹽

色白味美顆粒亦大每斤市價僅錢三十文而緊連之應山
等縣即係湖北岸應食淮南綱鹽其鹽由漢口陸運而
往價值不止加倍而色味遠遜票鹽民間趨避情形遂致
之缺下呈即鄰私侵灌之一端似此數排出川粵蘆潞各
私皆可想見現查楚岸存鹽有四千餘萬引其開江未
經到岸者尚不在此數之內設法疏銷實為急務惟有
恪遵
聖諭將堵緝鄰私搜查夾帶二事實力嚴辦務使令行禁止
鄰絕風清斷不敢稍任疎懈除再悉心籌畫隨時具奏
外合將奉到
諭旨欽遵辦理緣由先行附片覆
奏伏祈

聖鑒謹

奏

道光十七年三月二十四日奉

硃批務須一力認真辦理勉之欽此

湖廣總督林則徐等奏摺

請以施南府知府金石聲與襄陽府知府阿爾琫阿對調

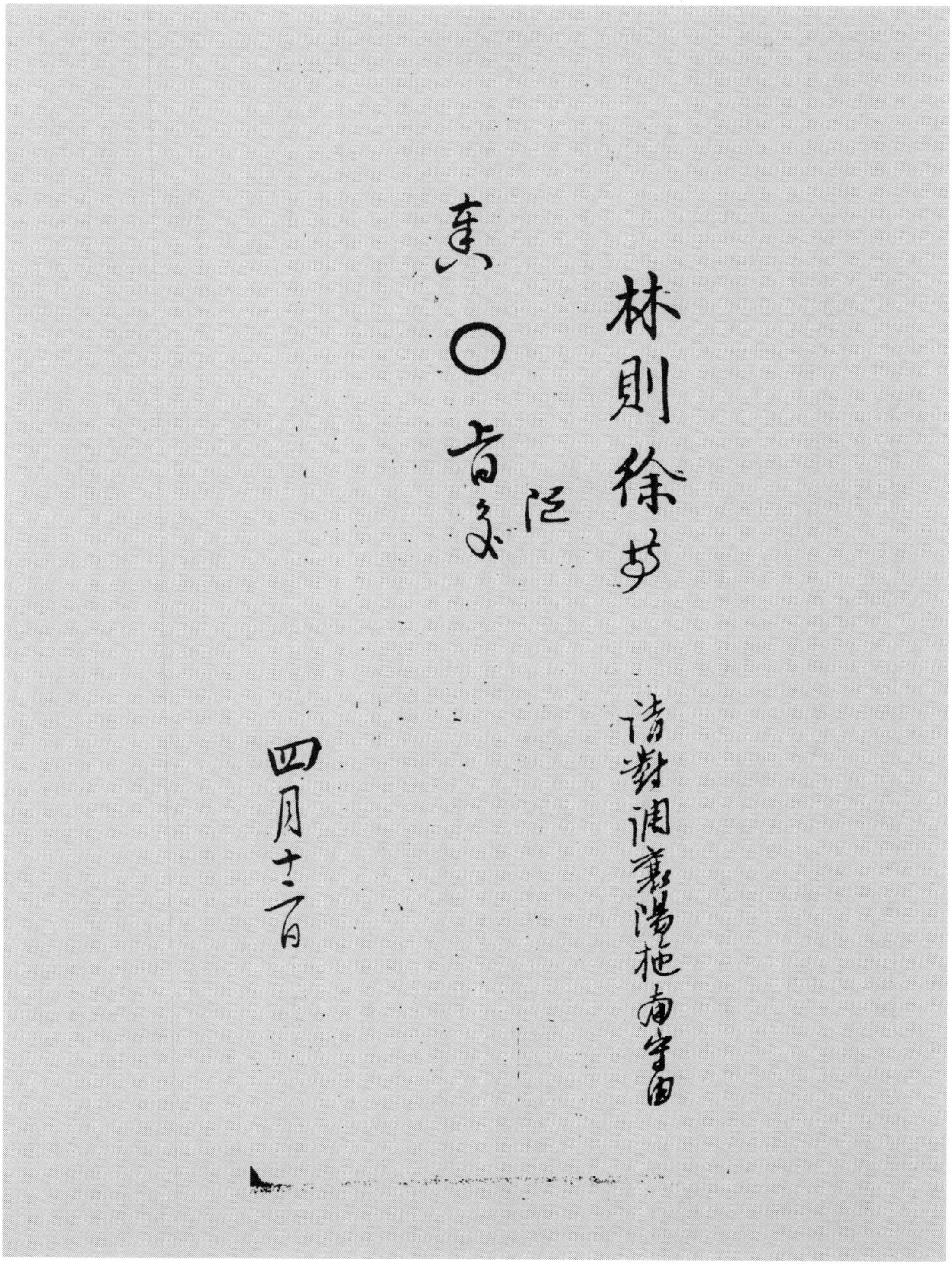

林則徐奏

請對調襄陽施南守由

朱○另有旨

四月十二日

湖廣總督林則徐等奏摺　請以施南府知府金石聲與襄陽府知府阿爾琫阿對調

道光十七年三月二十三日

湖廣總督臣林則徐
湖北巡撫臣周之琦　跪
奏為知府人地未宜恭摺
奏請酌量對調以資治理仰祈
聖鑒事竊照湖北襄陽府地方民情強悍毗連豫省為匪徒
彙出沒之區兼有老龍石隄瀕襄河上游防護搶修
均關緊要必須精明強幹之員方能勝任現任襄陽府知
府阿爾琫阿年四十三歲廂黃旗滿洲監生由兵部員外郎
京察一等奉
旨補授今職于道光十二年五月到任臣周之琦平時悉
訪察該府循分供職辦理一切公事尚知奮勉並無
貽誤惟襄陽衝要之地其難倚于化郡守徒循分之
員所能勝任以致查有施南府知府金石聲年四十八

一八　湖廣總督林則徐等奏摺　請以施南府知府金石聲與襄陽府知府阿爾琫阿對調

道光十七年三月二十三日

步浙江進士由庶吉士散館選授安徽東流縣知縣升
補六安州知州道光十六年正月欽奉
上諭湖北施南府知府員缺著金石聲補授欽此該員前在皖
省歷任繁劇臣林則徐於署兩江總督任內知其卓
著循聲飭令遄赴審理詞訟尤為得力臣周之琦亦
于其升省後細加察看該員幹練精明通達吏治以
之調補襄陽府知府實屬人地相宜所遺施南府
知府民極淳樸即以[illegible][illegible]調補可期稱任查襄
陽府施南府均係[illegible][illegible]二要缺以繁調繁與例相符不
符惟現在情形襄陽實較施南更為緊要據藩臬兩司
詳請
具詳前來合無仰懇

皇上天恩，俯准將施南府知府金石聲調補襄陽府知
府，所遺施南府知府即以阿爾琫阿調補，實于地方兩有
裨益。如蒙
俞允，該員等均以繁缺互相對調，毋庸送部引
見。合併陳明，謹會同恭摺具
奏。伏乞
皇上聖鑒訓示。謹
奏。

道光十七年四月十二日奉

硃批　　　欽此

三月二十三日

湖廣總督林則徐等奏摺

重犯在監自縊請將當陽縣典史知縣分別革職議處

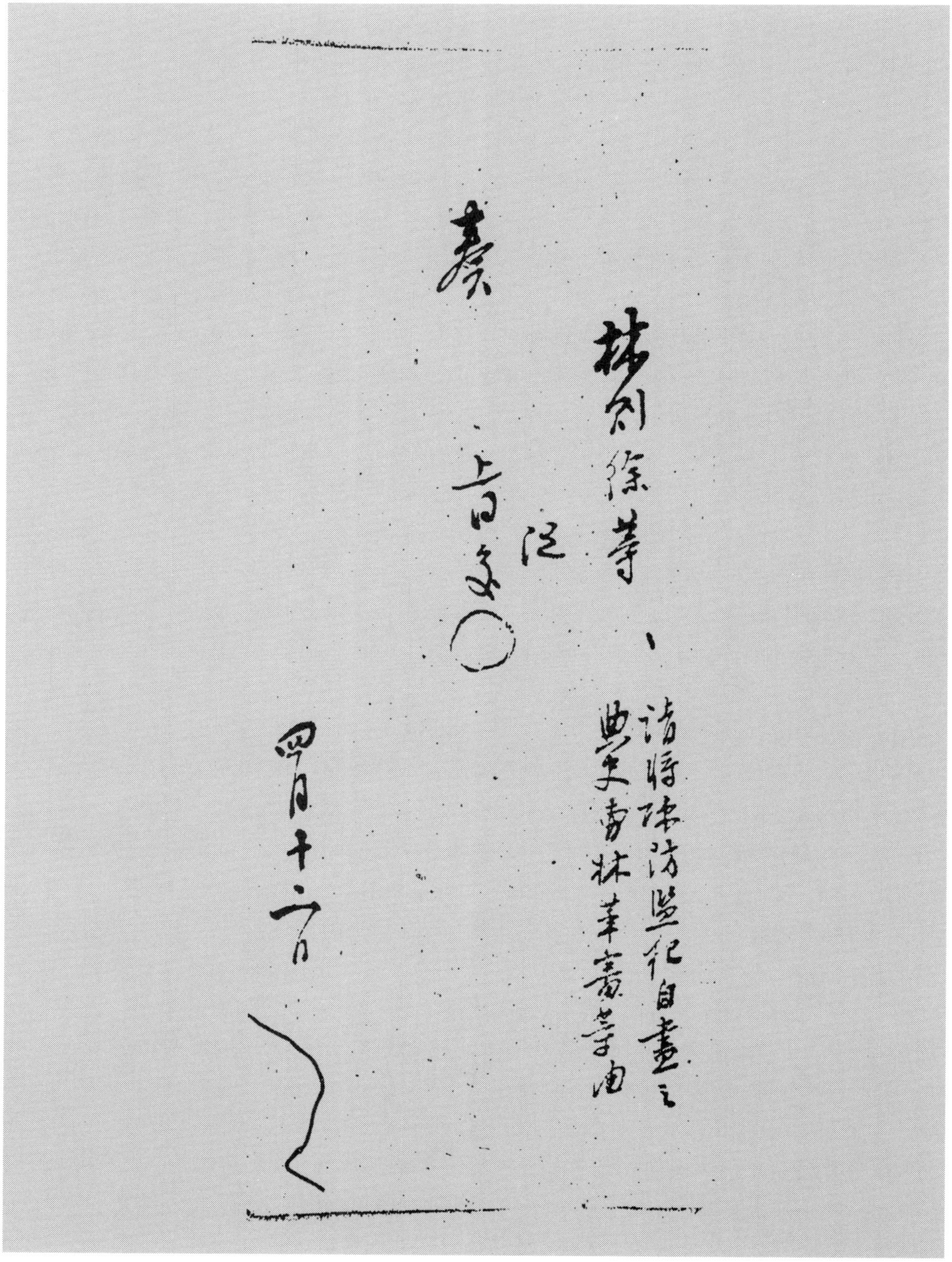

一八 湖廣總督林則徐等奏摺 重犯在監自縊請將當陽縣典史知縣分別革職議處 道光十七年三月二十三日

湖廣總督臣林則徐
湖北巡撫臣周之琦跪
奏為特參玩視監獄致重犯在監自縊之典史知縣
請
旨分別革職議處以儆玩忽仰祈
聖鑒事竊據署當陽縣知縣劉鴻庚詳稱荊門州
札發當陽縣知縣王朝桐等稟稱該縣於道光十七
年正月二十六日赴縣屬吳鎮地方勘驗
隨據該典史曹林運報監禁命犯李士茂因患
病醫治未愈於二月初六日用褲帶自縊身死經
該州飭委該署知縣往當陽縣監所驗明李士茂
屍身實係自縊身死並傳詢情形前來臣等查
李士茂係共毆李士才身死案內共毆人致死下

一八 湖廣總督林則徐等奏摺 重犯在監自縊請將當陽縣典史知縣分別革職議處

道光十七年三月二十三日

手詳命傷重律擬絞監候

題准部覆應入本年秋審之犯該管獄官並不

加意防範以致在監自縊身死實屬不能辭咎可

比照該犯手帶鎖鐐仍得自縊稽查疏忽要照

禁卒人等有私鬆刑具及凌虐致死情弊以憑

澈底根究并據該管道府揭由藩臬兩司請參前

來相應據實參

奏請

旨將當陽縣典史曹林革職以便提同刑禁人等來省

嚴審其兼有獄官當陽縣知縣王鼎祥於李士

成自縊時雖經公出惟不能先事防範殊實難

辭應請

旨交部議處合詞恭摺具
奏伏乞
皇上聖鑒訓示再當陽縣典史缺應歸部選湖北省現
有應補人員另遴員請補合併陳明謹
奏
道光十七年四月十二日奉
硃批 欽此
三月二十三日

湖廣總督林則徐題本 奉旨兼兵部尚書銜謝恩

一八　湖廣總督林則徐題本　奉旨兼兵部尚書銜謝恩
道光十七年三月二十八日

兵部尚書兼都察院右副都御史總督湖廣等處地方軍務兼理糧餉臣林則徐謹

題爲恭謝

天恩仰祈

聖鑒事竊臣接准吏部咨林則徐由江蘇巡撫陞任

湖廣總督應否兼兵部尚書銜之處恭候

欽定道光拾柒年正月貳拾陸日奉

旨照例兼銜欽此欽遵移咨到臣臣隨恭設香案望

闕叩頭謝

恩伏念臣猥以庸材仰叨

殊遇由江蘇巡撫陞任湖廣總督

鴻慈優渥正切冰兢乃蒙

異命重頒頭銜

晉錫

恩有加而無已感與悚以俱深臣惟有服膺

聖訓自矢潔清策勵群寮共歸整肅以冀仰酬

高厚於萬一所有微臣感激下忱除在京業經恭摺

奏謝外茲准部咨理合恭疏

題謝

天恩伏乞

皇上聖鑒謹具

題

聞

一八 湖廣總督林則徐題本 奉旨兼兵部尚書銜謝恩

道光十七年三月二十八日

兵部尚書兼都察院右都御史總督湖廣等處地方軍務兼理糧餉臣林則徐謹

題為恭謝

天恩仰祈

聖鑒事竊臣接准吏部咨林則徐由江蘇巡撫陞任

湖廣總督應否兼兵部尚書銜之處恭候

欽定道光拾柒年正月貳拾陸日奉

旨照例兼銜欽此欽遵移咨到臣臣隨恭設香案望

闕叩頭謝

恩伏念臣猥以庸材仰叨

殊遇由江蘇巡撫陞任湖廣總督

鴻慈優渥正切冰兢乃蒙
異命重頒頭銜
晉錫
恩有加而無已感與悚以俱深臣惟有服膺
聖訓自矢潔清策勵羣寮共歸整肅以冀仰酬
高厚於萬一所有微臣感激下忱除在京業經恭摺
奏謝外茲准部咨理合恭疏
題謝謹具
題
聞

湖廣總督林則徐題本

題參德安營右哨把總孟世雄等疏防軍犯被搶屆滿逸犯未獲（首缺）

總尋在雲夢縣地方被搶拒傷兵役
該前署縣會營勘驗訊供通詳批飭
光祥參兹例限屆滿犯仍未獲移行開報疏
防各職名詳參前來除仍飭勒緝各犯務獲解
報并文職疏防職名另詳呈請巡撫
題參外所有疏防限滿無獲武職專汛係德安營
右哨把總孟世雄貼防係德安營右哨外委何
正起疏防未滿例限離署無獲兼轄係前護理
德安營參將事中軍守備杜永齡相應據文開
報伏候查覈
題參一再失事地方離縣城柒里並未安設兵丁撥
舖專汛與兼轄不同城此案應以道光拾陸年

湖廣總督林則徐題本　題參德安營右哨把總孟世雄等疏防軍犯被搶届滿逸犯未獲

道光十七年三月二十八日

柒月初伍日失事計限起扣至拾壹月初伍日
滿肆個月疏防例限又兼轄杜永齡已於柒月
拾壹日卸事接緝兼轄例無處分合併聲明等
情呈詳到兼署總督湖北巡撫臣周之琦移交
到臣該臣看得安陸縣遞解軍犯劉德尊在鍾
祥縣地方被搶拒傷兵役一案先經該前署縣
會營勘驗訊供通詳批飭緝究詳參去後茲據
署湖北按察使事荆宜施道梁寶常以例限屆
滿犯仍未獲移行開報疏防職名詳參前來除
仍飭勒緝各犯務獲解報并文職疏防職名聽
撫臣
題參外所有疏防限滿無獲武職專汛係德安營

一八 湖廣總督林則徐題本 題參德安營右哨把總孟世雄等疎防軍犯被搶屆滿逸犯未獲

道光十七年三月二十八日

右哨把總孟世雄貽防係德安營右哨外委何
正起疎防未滿例限離署孤獲兼轄係前護理
德安營參將事中軍守備杜永齡相應據詳揩
參再失事地方離縣城柒里並未安設兵丁數
鋪專汛與兼轄不同城此案應以道光拾陸年
柒月初伍日失事計限起扣至拾壹月初伍日
滿肆個月疎防例限又兼轄杜永齡已於柒月
拾壹日卸事接署兼轄例無處分合併陳明臣
謹會同湖北巡撫臣周之琦署湖北提督臣珠
備杭阿合詞恭疏具
題伏乞
皇上聖鑒勅部議覆施行臣謹具

一八 湖廣總督林則徐題本 題參德安營右哨把總孟世雄等疎防軍犯被搶届滿逸犯未獲

道光十七年三月二十八日

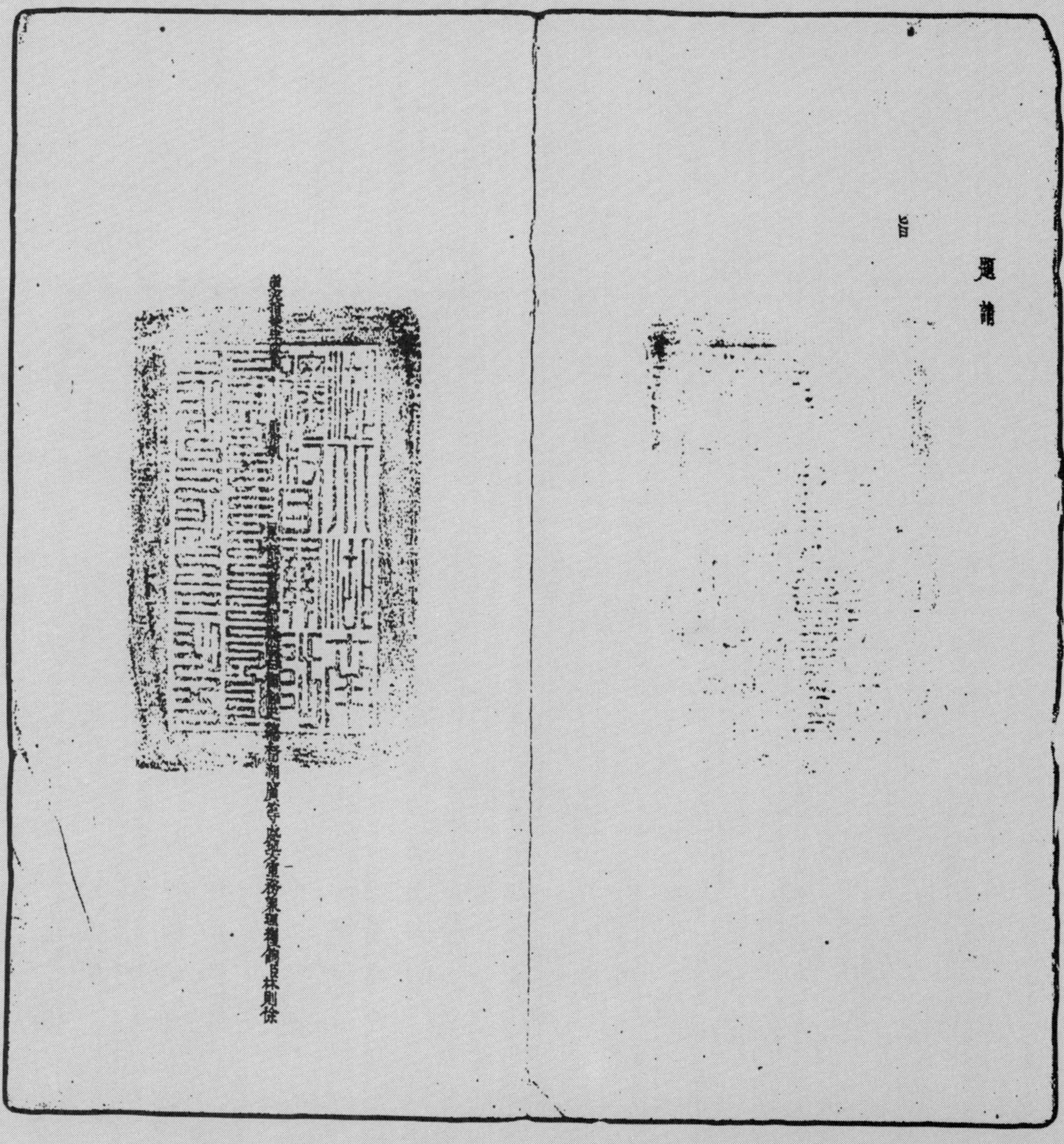

一八

湖廣總督林則徐題本　題參德安營右哨把總孟世雄等疏防軍犯被搶屆滿逸犯未獲

道光十七年三月二十八日

兵部尚書兼都察院右都御史總督湖廣等處地方軍務兼理糧餉臣林則徐謹

題爲報明事。該臣看得安陸縣遞解軍犯劉壽等

在雲夢縣地方被搶拒傷兵役一案，先經該前

署縣會營勘驗訊供，通詳批飭緝究，詳參去後。

兹據署湖北按察使事荆宜施道桀實常以例

限屆滿，犯仍未獲，移行開報疏防職名，請參前

來。所有疏防武職，專汛係德安營右哨把總孟

世雄，貼防係德安營右哨外委何正起，疏防未

滿例限，離署無從兼轄；係前護理德安營參將

事中軍守備杜永齡，相應指參。臣謹會

題請

旨。

湖廣總督林則徐題本

報銷湖南各營道光十五年份賞過兵丁紅白銀數

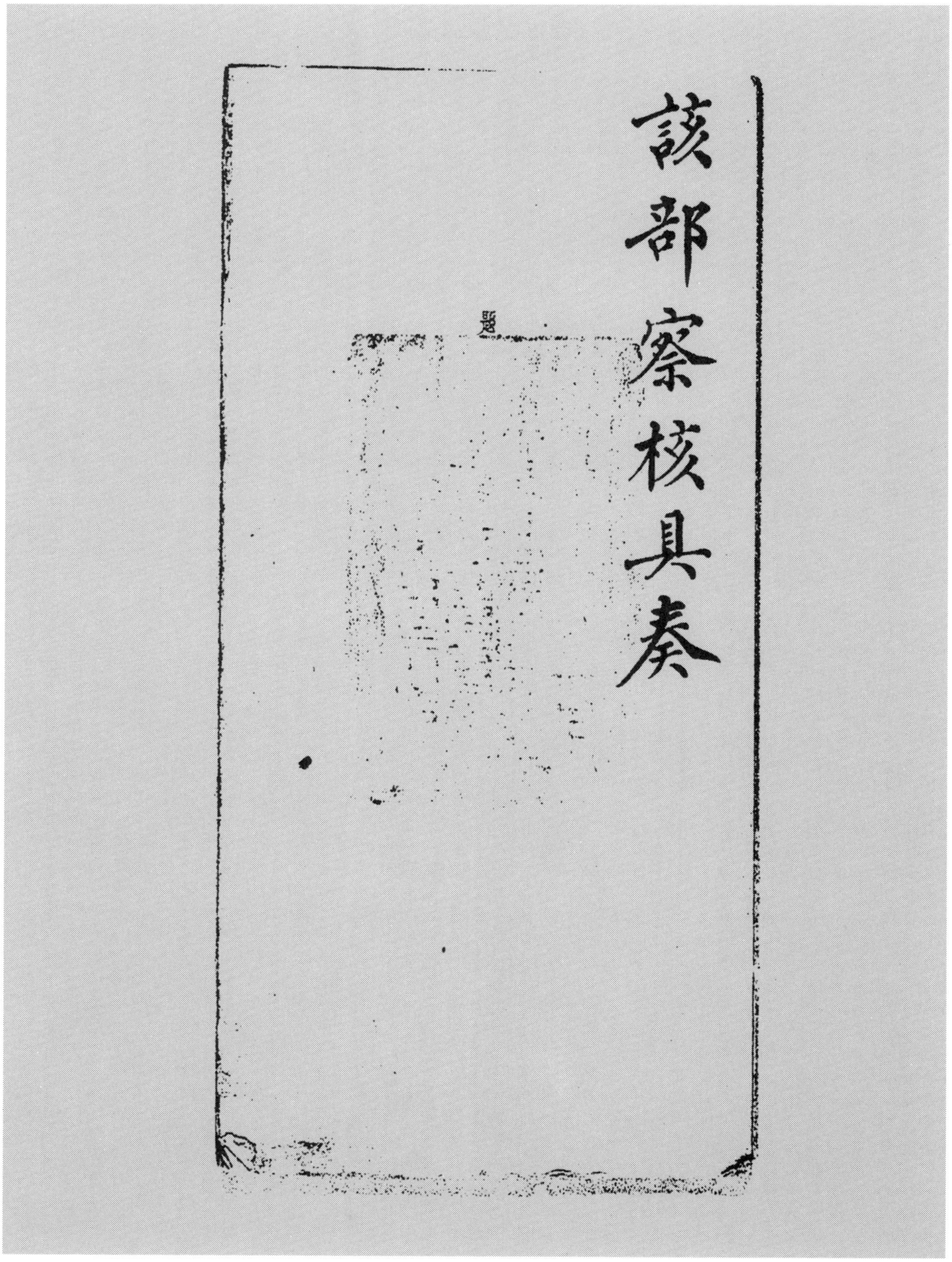
題
該部察核具奏

一八　湖廣總督林則徐題本　報銷湖南各營道光十五年份賞過兵丁紅白銀數　道光十七年三月二十八日

兵部尚書兼都察院右都御史總督湖廣等處地方軍務兼理糧餉臣林則徐謹

題為遵

旨等事該臣看得湖南省綠營兵丁紅白事故每年約

需賞銀陸千數百餘兩於乾隆肆拾陸年捌月

拾伍日奉

上諭各省營伍賞卹兵丁紅白銀兩自肆拾柒年為始

俱着於正項內支給造冊報部覈銷欽此又准戶部

咨湖南省各營恩賞銀兩嗣後每紅事壹名例

支銀貳兩減為壹兩肆錢每白事壹名例支銀

肆兩減為貳兩捌錢自道光捌年夏季為始照

所減之數支給等因行司遵照在案茲據湖南

布政使龔綬詳稱准據湖南撫標提標鎮筸永

一八　湖廣總督林則徐題本　報銷湖南各營道光十五年份賞過兵丁紅白銀數　道光十七年三月二十八日

州綏靖長沙衡州寶慶沅州靖州永順永綏常德乾州岳州城守澧州臨武宜章桂陽保靖九谿武岡綏寧長安洞庭永定辰州古丈坪河溪岳州水師嶺東等叁拾壹標鎮協營造具報銷清冊到司覆查舊管項下道光拾肆年分實存剩銀貳千肆百玖拾陸兩陸錢新收道光拾肆年地丁銀叁千兩又收道光拾伍年地丁銀叁千兩以上共收銀捌千肆百玖拾陸兩陸錢內除道光拾伍年分通共賞過各營紅白事故弁兵銀伍千捌百叁拾陸兩陸錢應請照數開銷外實存銀貳千陸百陸拾兩遵奉部行留爲下年充賞之用理合彙造總冊同各營細冊一併

湖廣總督林則徐題本　報銷湖南各營道光十五年份賞過兵丁紅白銀數

道光十七年三月二十八日

詳請察覈具

題等情呈詳到兼署總督湖北巡撫臣周之琦移

交到臣臣覆覈無異除冊送部外謹會同湖南

巡撫臣訥爾經額湖南提督臣薛陞合詞恭疏

具

題伏乞

皇上聖鑒勅部覈銷施行臣謹具

題請

旨

一八

湖廣總督林則徐題本　報銷湖南各營道光十五年份賞過兵丁紅白銀數

道光十七年三月二十八日

道光拾柒年[illegible]湖廣等處地方軍務兼理糧餉臣林則徐

兵部尚書兼都察院右都御史總督湖廣等處地方軍務兼理糧餉臣林則徐謹

題爲遵

旨等事該臣看得湖南省綠營兵丁紅白事故每年約

需賞銀陸千數百餘兩於乾隆肆拾陸年捌月

拾伍日奉

上諭各省營伍賞卹兵丁紅白銀兩自肆拾柒年爲始

俱著於正項內支給造冊報部覈銷欽此又准戶部

咨湖南省各營惠賞銀兩嗣後每紅事壹名例

支銀貳兩減爲壹兩肆錢每白事壹名例支銀

肆兩減爲貳兩捌錢自道光捌年夏季爲始照
所減之數支給等因行司遵照在案茲據湖南
布政使龔綬詳稱湖南撫標等叁拾壹標鎮協
營道光拾伍年分通共賞過各營紅白事故弁
兵銀伍千捌百叁拾陸兩陸錢應請照數開銷
理合彙造總冊同各營細冊一併詳請察覈具
題等情呈詳到兼署總督湖北巡撫臣周之琦移
交到臣臣覆覈無異除冊送部外謹會
題請
旨

湖廣總督林則徐題本

報銷湖南各營道光十五年份動用公費銀數

該部察核具奏

題

一八 湖廣總督林則徐題本 報銷湖南各營道光十五年份動用公費銀數

道光十七年三月二十八日

兵部尚書兼都察院右都御史總督湖廣等處地方軍務兼理糧餉臣林則徐謹

題爲奏明請

旨事。該臣看得案准戶部咨開：議奏江蘇等省營中公

費仍歸各省司按照舊定例款分年報銷一摺，

嘉慶肆年叁月貳拾伍日奉

旨：依議。欽此。計原奏一紙內開：戶部謹

奏爲奏明請

旨事。查各省綠營自乾隆肆拾陸年酌定武職養廉名

糧，改歸實數，於各省額定例銷款項係按照各

省營分大小及地方情形酌中定擬，是以多寡

原不能一律。歷久遵行，歸於臣部各省司按年

彙銷。嗣於伍拾玖年經前管部務之和珅等題

一八　湖廣總督林則徐題本　報銷湖南各營道光十五年份動用公費銀數　道光十七年三月二十八日

諸各省畫一報銷今查其題本文內聲敘者即
安徽省向與江蘇同屬江南已不能畫一以外
尚有直隸福建山東廣東四川江西河南陝甘
等省又以情形互異不能一體歸併是名爲畫
一實屬參差即其餘據稱可以通融畫一之江
蘇浙江湖南湖北山西貴州雲南廣西等省行
令各該督撫查照部定款目畫一報銷又經各
省先後冊報情形實各有不同仍未能一律照
辦復經題請飭令歸併往返駁詰以致各省似
此等案至肆伍年之久轉不能隨案覈結殊難
辦理伏查關銷既有定限舊規本屬詳明似此
多事更張轉致案歸延宕且細查所定條款須

一八 湖廣總督林則徐題本 報銷湖南各營道光十五年份動用公費銀數

道光十七年三月二十八日

碎苛雜各省亦斷難遵辦臣等公同商酌應請
各省嗣後仍按照營分大小水陸情形及兵丁
多寡舊定例款期限分年報銷由臣部各省司
隨案覈結庶不致彼此牽制案牘久懸矣伏候
命下臣部行文各該督撫欽遵辦理謹
奏請
旨等因行司移行各營欽遵查照辦理在案茲據湖南
布政使龔綬詳稱准據湖南撫標提標鎮筸永
州綏靖長沙衡州寶慶沅州靖州永順永綏常
德乾州岳州城守澧州臨武宜章桂陽保靖九
谿武岡綏寧長安洞庭永定辰州古丈坪河溪
岳州水師嶺東等叁拾叁標鎮協營各將道光

湖廣總督林則徐題本　報銷湖南各營道光十五年份動用公費銀數

道光十七年三月二十八日

拾伍年分動用公費銀兩遵照部行查照舊定例款造具請銷清冊移送到司覆查南省各營公費銀兩道光拾肆年分舊管無項新收一收道光拾肆年分地丁銀壹萬伍百叁拾肆兩玖錢伍分又收道光拾伍年分地丁銀叁千伍百壹拾壹兩陸錢伍分共銀壹萬肆千肆拾陸兩陸錢開除共請銷銀壹萬肆千伍百叁拾玖兩叁錢貳分肆釐實不敷銀肆百玖拾貳兩柒錢貳分肆釐所開銀數按冊覈算均屬相符其各營冊造不敷銀兩均據聲稱係營中通融墊用請俟公費有餘之年再請補銷相應彙造司總清冊同各營細冊一併詳請會覈

題銷等情呈詳到兼署總督湖北巡撫臣周之琦

移交到臣臣覆覈無異除冊分送戶兵工三部

覈辦外謹會同湖南巡撫臣訥爾經額湖南提

督臣薛陞合詞恭疏具

題伏乞

皇上聖鑒勅部覈銷施行臣謹具

題請

旨

一八 湖廣總督林則徐題本 報銷湖南各營道光十五年份動用公費銀數

道光十七年三月二十八日

兵部尚書兼都察院右都御史總督湖廣等處地方軍務兼理糧餉臣林則徐謹
題爲奏明請
旨事該臣看得准戶部咨議奏江蘇等省營中公費
嗣後仍按照營分大小水陸情形及兵丁多寡
舊定例款銀數期限分年報銷等因行司移行
各營欽遵查照辦理在案茲據湖南布政使龔
綬詳稱查湖南各營公費銀兩道光拾肆年分
舊管無項新收道光拾肆年分地丁銀壹萬伍
百叁拾肆兩玖錢伍分又收道光拾伍年分地
丁銀叁千伍百壹拾壹兩陸錢伍分共銀壹萬

道光拾柒年叁月　日　兵部尚書兼都察院右都御史總督湖廣等處地方軍務兼理糧餉臣林則徐

一八 湖廣總督林則徐題本 報銷湖南各營道光十五年份動用公費銀數

道光十七年三月二十八日

肆千肆拾陸兩陸錢開除共請銷銀壹萬肆千
伍百叁拾玖兩叁錢貳分肆釐實不敷銀肆百
玖拾貳兩柒錢貳分肆釐所開銀數按冊覈算
均屬相符相應彙造司總清冊同各營細冊一
併詳請會覈
題銷等情呈詳到兼署總督湖北巡撫臣周之琦
移交到臣臣覆覈無異除冊分送戶兵工叁部
覈辦外謹會
題請
旨

湖廣總督林則徐題本　題參署沅州協千總王以林等疎防命案限滿兇犯未獲

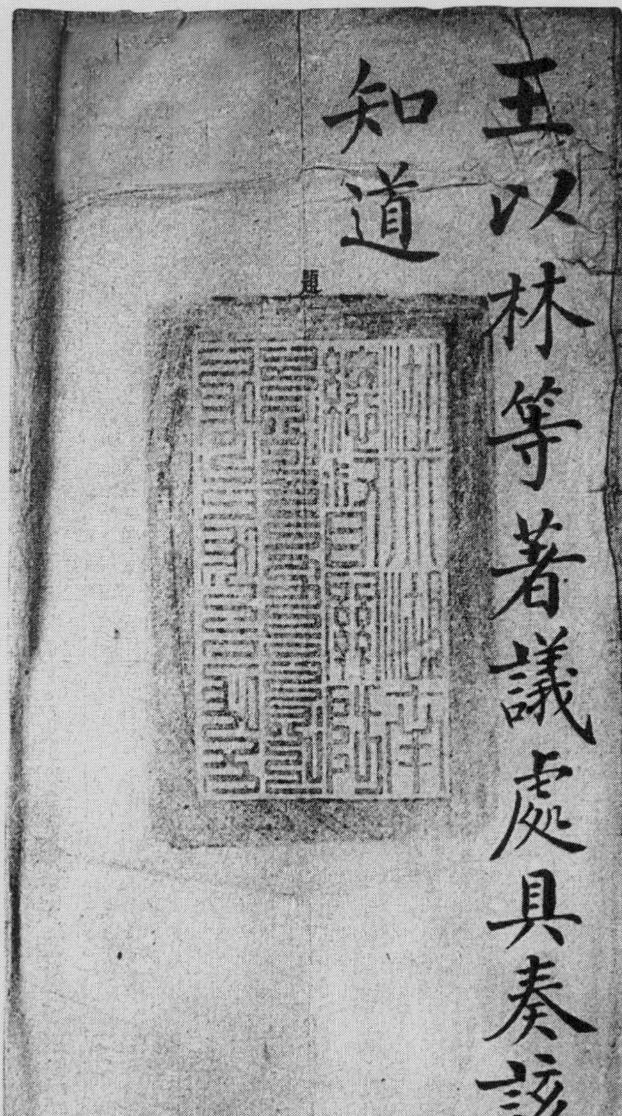

一八　湖廣總督林則徐題本　題參署沅州協千總王以林等疎防命案限滿兇犯未獲

道光十七年三月二十八日

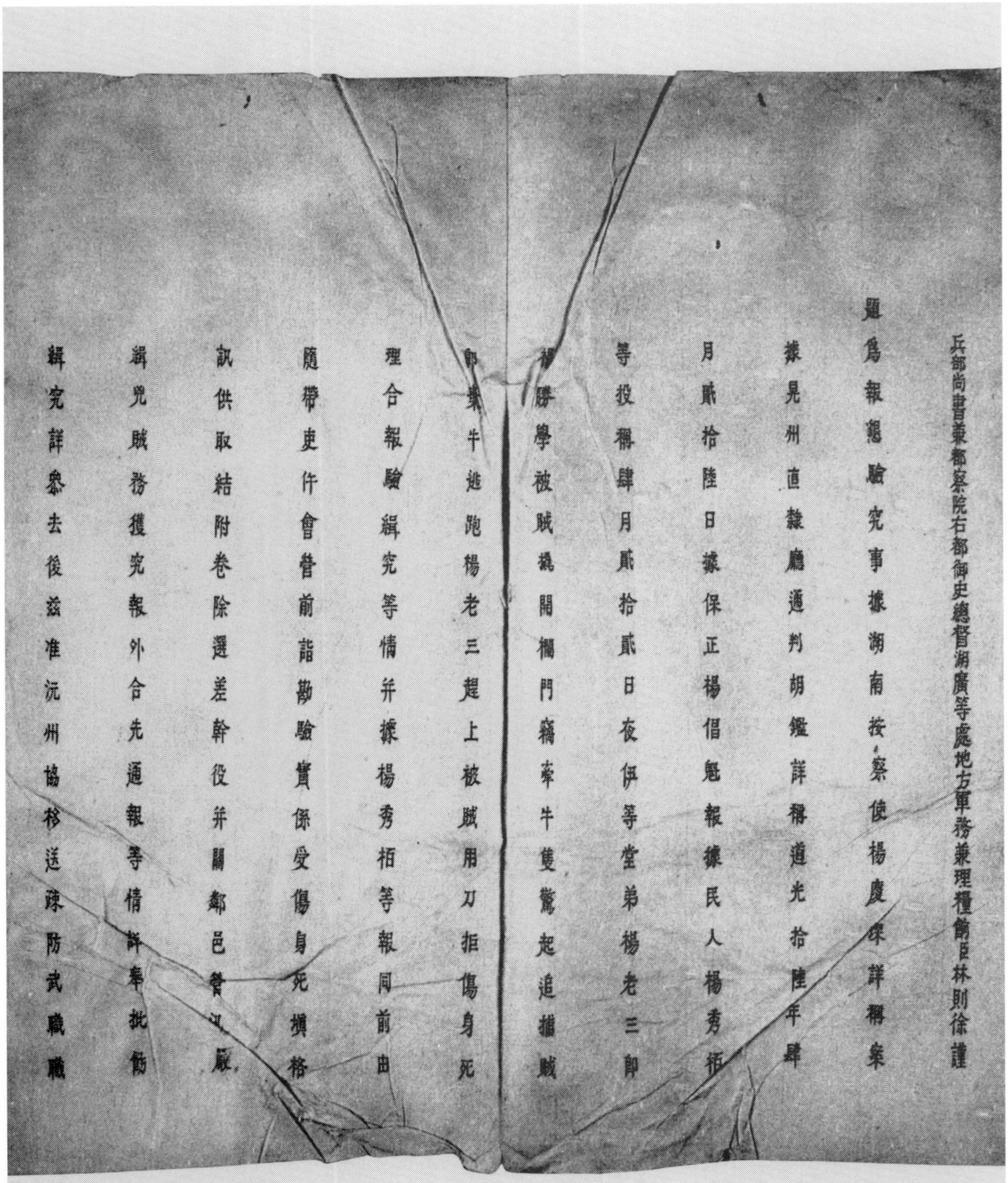
兵部尚書兼都察院右都御史總督湖廣等處地方軍務兼理糧餉臣林則徐謹
題爲報勘驗究事據湖南按察使楊慶琛詳稱案
據晃州直隸廳通判胡鑑詳稱道光拾陸年肆
月貳拾陸日據保正楊倡魁報據民人楊秀柘
等投稱肆月貳拾貳日夜伊等堂弟楊老三即
楊勝學被賊撬開欄門竊牽牛隻驚起追捕賊
卽棄牛逃跑楊老三趕上被賊用刀拒傷身死
理合報驗緝究等情并據楊秀柘等報同前由
隨帶吏仵會營前詣勘驗實係受傷身死塡格
訊供取結附卷除選差幹役并關鄰邑營汛嚴
緝兇賊務獲究報外合先通報等情詳奉批飭
緝究詳參去後茲准沅州協移送疎防武職職

一八 湖廣總督林則徐題本 題參署沅州協千總王以林等疏防命案限滿兇犯未獲

道光十七年三月二十八日

名請參前來除移飭勒緝兇賊務獲解報外查
此案應以道光拾陸年肆月貳拾貳失事之日
起扣至拾月貳拾貳日陸個月武職疏防限滿
所有疏防武職專汛係署沅州協千總事右哨
四司把總王以林兼轄係署沅州協守備事前
哨千總龍家玲統轄係前署沅州協副將事已
故侯補參將額勒和布相應開列詳請會叅
題參再額勒和布於道光拾陸年陸月初貳日卸
事計督緝壹個月零拾日係署事不復回任之
員應請照例議結前護理副將任大貴現署副
將萬飛鷹均係接督緝之員例無處分又失事
地方離縣城壹百叁拾里並未安設墩臺塘汛

一八　湖廣總督林則徐題本　題參署沅州協千總王以林等疏防命案限滿兇犯未獲

道光十七年三月二十八日

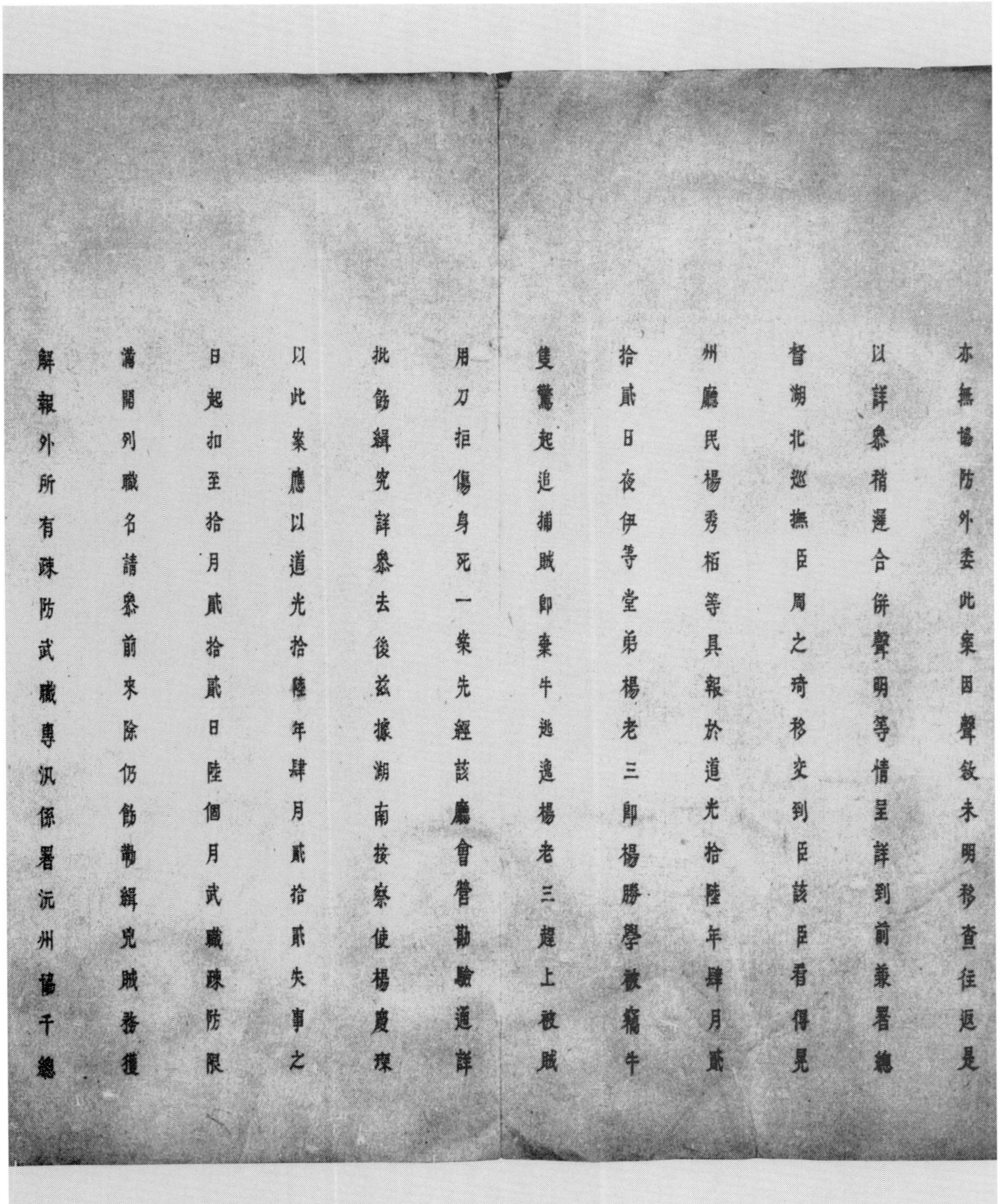
亦無協防外委此案因聲敘未明移查往返是
以詳參稍遲合併聲明等情呈詳到前兼署總
督湖北巡撫臣周之琦移交到臣該臣看得晃
州廳民楊秀栢等具報於道光拾陸年肆月貳
拾貳日夜伊等堂弟楊老三即楊勝學被竊牛
隻驚起追捕賊即棄牛逃遁楊老三趕上被賊
用刀拒傷身死一案先經該廳會營勘驗通詳
批飭緝究詳參去後茲據湖南按察使楊慶琛
以此案應以道光拾陸年肆月貳拾貳失事之
日起扣至拾月貳拾貳日陸個月武職疏防限
滿開列職名請參前來除仍飭勒緝兇賊務獲
解報外所有疏防武職專汛係署沅州協千總

湖廣總督林則徐題本　題參署沅州協千總王以林等疎防命案限滿兇犯未獲

道光十七年三月二十八日

事右哨四司把總王以林兼轄係署沅州協守
備事前哨千總龍家玲兼轄係前署沅州協副
將事已故候補參將額勒和布相應據詳指參
再額勒和布於道光拾陸年陸月初貳日卸事
計督緝壹個月零拾日係署事不復回任之員
應請照例議結前護理副將任大貴現署副將
萬飛鵬均係接督緝之員例無處分又失事地
方離縣城壹百叁拾里並未安設墩臺塘汛亦
無協防外委此案因聲敘未明移查往返是以
聞參稍遲合併陳明臣謹會同湖南巡撫臣訥
爾經額湖南提督臣薛陞合詞恭疏具
題伏乞

一八　湖廣總督林則徐題本　題參署沅州協千總王以林等疎防命案限滿兇犯未獲

道光十七年三月二十八日

皇上聖鑒敕部議覆施行臣謹具

題請

旨

道光拾柒年叁月[illegible]湖廣等處地方軍務兼理糧餉臣林則徐

一八　湖廣總督林則徐題本　題參署沅州協千總王以林等疏防命案限滿兇犯未獲

道光十七年三月二十八日

兵部尚書兼都察院右都御史總督湖廣等處地方軍務兼理糧餉臣林則徐謹
題為報懇驗究事該臣看得晃州廳民楊秀栢等
具報於道光拾陸年肆月貳拾貳日夜伊等堂
弟楊老三即楊勝學被竊牛隻驚起追捕賊即
棄牛逃遁楊老三趕上被賊拒傷身死一案先
經該廳會營勘驗通詳批飭緝究詳參去後茲
據湖南按察使楊慶琛以武職疏防限滿開列
職名請參前來所有疏防武職專汛係署沅州
協千總事右哨四司把總王以林兼轄係署沅
州協守備事前哨千總龍家玠統轄係前署沅
州協副將事已故候補參將額勒和布相應指
參臣謹會
題請
旨

湖廣總督林則徐奏摺 **永綏協副將穆騰額違例呈請開缺回旗勒令休致**

林則徐

請將副將穆騰額勒休等由

奏

四月二十一日

一八　湖廣總督林則徐奏摺　永綏協副將穆騰額違例呈請開缺回旗勒令休致

道光十七年四月初五日

湖廣總督臣林則徐跪

奏為應行甄別之副將違例取巧呈請開缺回旗之員請

旨勒休並扣差使以肅營伍事竊臣具任後正在逐查各營

應屆甄別之員行文調驗准湖南提督臣薛附咨稱

永綏協副將穆騰額現年六十六歲例應甄別並

據該員呈請開缺回旗仍在世襲佐領當差據情咨

請核辦前來臣查例載副將六十三歲甄別留任

者三年後再行甄別一次如年力已衰題請勒休

又軍政之年不准告病乞休以杜規避如於未經考

驗之先遽請告病乞休者即勒令休致各等語今副

將穆騰額年屆六十六歲應行甄別自當祗候調

驗且值軍政年分乃率請開缺回旗明因年力已

一八 湖廣總督林則徐奏摺 永綏協副將穆騰額違例呈請開缺回旗勒令休致

道光十七年四月初五日

衰自稱難免勒休，故為此冒昧違例，由旗員呈請
差使，在于回旗之後，懇恩具呈。如係勒休之員，尚在差次
鑒繕，往出師打仗受傷者方准
奏請。該員尚未懇恩，乃因告病，由兵丁佐領揀發來楚，
輒思由伊呈請，仍在兵丁佐領當差，尤屬朦混取巧。當
此整飭營務之際，未便稍事姑容。相應請
旨，將永綏協副將穆騰額勒令休致，以示營伍。至請
豫和(?)差使，以杜效尤，除徑(?)咨部付[illegible]，臣謹會同
湖南提督臣羅思舉
奏。伏乞
皇上聖鑒，訓示。再，湖南永綏協副將員缺，係題調之缺，容
臣照例揀員會(?)核辦理。謹

一八 湖廣總督林則徐奏摺 永綏協副將穆騰額違例呈請開缺回旗勒令休致 道光十七年四月初五日

奏

道光十七年四月廿五日奉

硃批 欽此

四月初七日

湖廣總督林則徐奏摺　**兩湖候補守備人員擁滯請變通以雲騎尉借補千總**

林則徐

請以雲騎尉借補千總由

奏

四月二十一日

湖廣總督林則徐奏摺　兩湖候補守備人員擁滯請變通以雲騎尉借補千總

道光十七年四月初五日

湖廣總督臣林則徐跪

奏為兩湖候補守備之世職人數過於擁擠擬請酌量變通借補千總以疏積滞而勵人材恭摺

奏祈

聖鑒事竊臣仰蒙

恩命總督兩湖營伍係其專責抵任後即統查現任候補人員嚴定考驗藉收得人之効茲查北南兩省世襲雲騎尉一項在各標營効力者共有百四十三員之多其到標年分自嘉慶五六年至今未得補缺者尚復不少似已擁擠情形實為他省所罕有除驗係年力就衰弓馬生疎者隨時革退外推其擁滞之由緣湖北省守

備一項係題缺甚多省分，世職人員例須候題守

備之干。從前輪用補缺者，雖係四缺得一，而守

則八缺方補一員；補推缺者，雖係七缺得一，而

守則十四缺方補一員。計自道光元年至今，

僅輪補世職七員。湖南省守備係有題缺省

分，應題缺出，係輪用現任之員，係題補一缺。計

自道光元年至今，亦僅輪補世職七員，以現在

未補之員較歷年已補之數，不啻加懸什倍，守

屬輪補無期。其中到標在先者，候補將及四

十年尚未得缺，以守例十八歲隨營扣至四十年

之久，其人已在六旬左右，況收標時多在七八

歲，迨至輪補得缺，已屆應行甄別之年，得為

定例所拘使壯歲之時不得越階上進似非所

以仰體

聖主推恩難廕策勵人材之至意伏查雲騎尉與

恩騎尉同一世職而兩省候補千總之恩騎尉現僅

二員即學習未滿者統計亦不出十員是世職候補

千總一項甚爲疏通儻拔補千總後定章程

以恩騎尉與營把總効力武舉捐納等項六缺

一輪千總額缺既多既輪補較易其捐納千總

項湖北只有兩名湖南並無其人而輪補章程

捐班亦係六缺得一是捐班得缺本屬太易

每遇捐班無人武舉馬兵懸不堪拔補者即

應過班與其寥寥數人亦佔一班額缺似不如

一八　湖廣總督林則徐奏摺　兩湖候補守備人員擁滯請變通以雲騎尉借補千總

道光十七年四月初五日

量予雲騎尉降等借補俾免候缺無期查文
職人員本有銜大小缺准其借補之例似可仿照
辦理合無仰懇
聖恩俯念兩湖雲騎尉世職人數過多量為變通
准以候補守備頂借補千總如遇轄內千總遇班
之時即以此項人員挨次考補仍俟輪屆應補
守備之時調還本班此一轉移間於轄班補
缺並無妨礙而雲騎尉世職得以及時自効不
至淹滯多年則其膂力方剛於營務可收實
効臣為疏通冗滯振作人材起見如蒙
俞允俟部覆到日即行計缺輪補謹繕摺具
奏伏祈

皇上聖鑒敕部議覆施行謹

奏

道光十七年四月二十日奉

硃批兵部議奏欽此

四月初五日

湖廣總督林則徐奏摺　**永順協營軍械年久朽壞請動項興修**

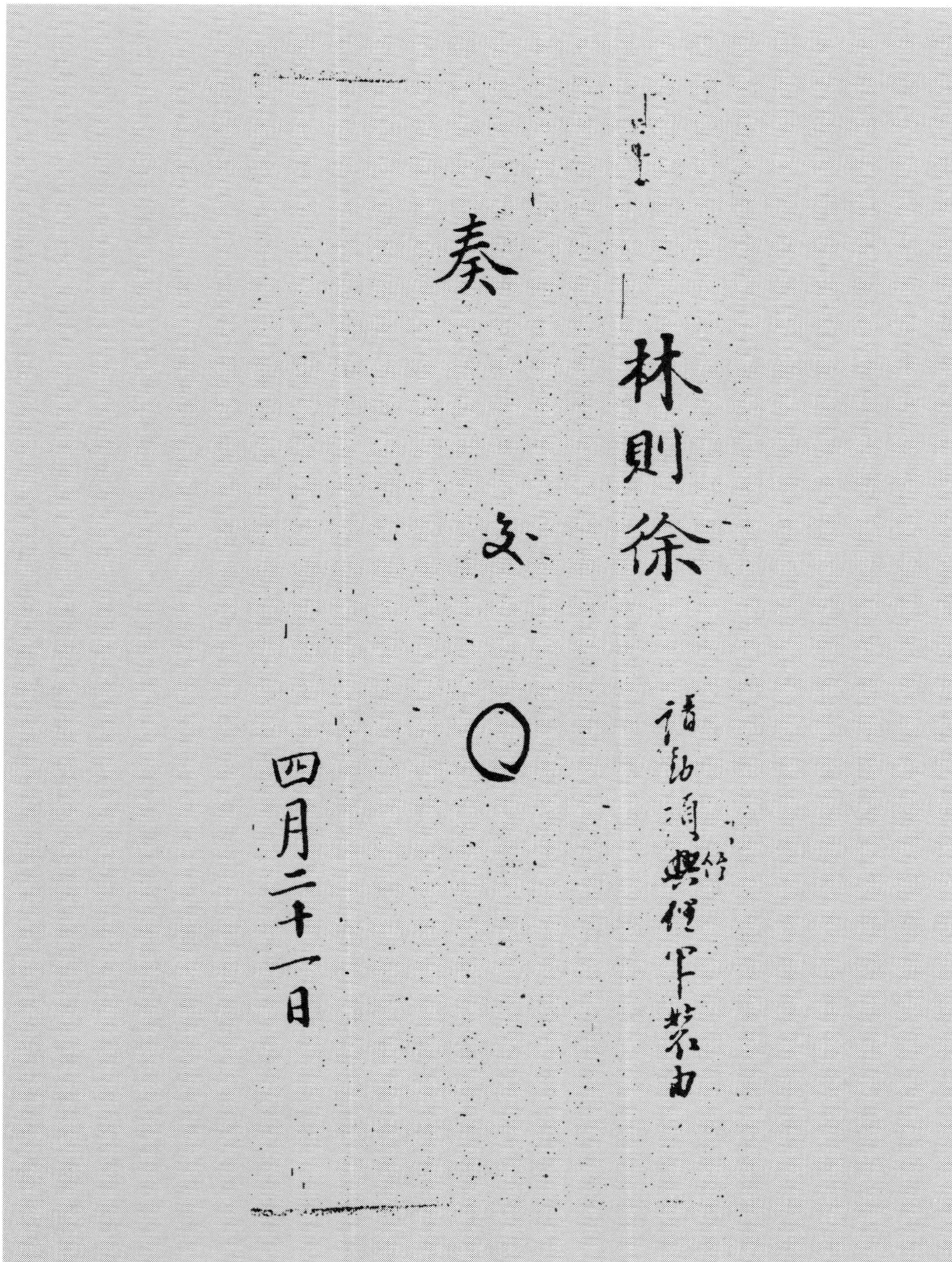

林則徐

奏

四月二十一日

湖廣總督臣林則徐跪

奏為勘明軍裝器械年久朽壞應行動項興修恭摺奏祈

聖鑒事。竊據湖南永順協副將尚安具詳，該營軍裝器械內黃色蟒緞紅邊綠心大旗十二面桿全，蟒緞紅邊綠心小旗六十面桿，黃字紅緞督陣旗十二面桿，黃乳飛方式紅緞大旗二面桿，黃乳飛一方式紅緞小旗十面桿，黃字方式紅緞督陣旗二面桿，腰刀六百二十四口，鳥鎗四百三十一桿，大小藥角九簏，袋全藤牌四十面，牌刀四十口，鎗手皮葫蘆四百三十一個，砲手皮葫蘆十六個，帳房七十三頂，戰箭七千五百七十枝，歸帽五百零一頂，俱因年久朽壞炸裂，不堪應用，急須修製。經前督臣訥爾經額批司飭委署永順府知府楊鐘源勘驗該營軍

一八 湖廣總督林則徐奏摺 永順協營軍械年久朽壞請動項興修

道光十七年四月初五日

械均係乾隆嘉慶年間陸續修製迄今已歷數
十年之久朽壞破裂實屬不堪應用按例撙節確
估除舊料變價抵用外實需工料銀一千三百八十兩一
分九釐八毫取造冊結並加結申齎到司查核與
例相符請在司庫節省民壯器械款內動支給領
興修工竣造冊報銷等情詳請具
奏前來臣查前准部咨軍裝器械仍照常例隨時估辦
銀數在千兩以上
奏明辦理今永順協軍械歷年久遠委員勘驗實
係朽壞破裂估需銀兩亦屬確實無浮自應准其
修辦以實軍儲除將齎到估工冊結循例具
題外所有動項修理軍械緣由理合會同湖南巡撫臣

訥爾經額湖南提督臣薛陞恭摺具

奏伏乞

皇上聖鑒勅部核覆施行謹

奏

道光十七年四月二十二日奉

硃批該部議奏欽此

四月初五日

湖廣總督林則徐奏摺 **遵旨審明湖北宣恩縣民白文舉京控命案分別定擬**

奏

林則徐

審擬白文舉京控案由

交○

四月二十日

一八

湖廣總督林則徐奏摺　遵旨審明湖北宣恩縣民白文舉京控命案分别定擬

道光十七年四月初五日

湖廣總督臣林則徐跪

奏為遵

旨督同審明定擬恭摺奏祈

聖鑒事竊照湖北宣恩縣民白文舉以匪風鳴

謀佔墳地糾衆強葬毆傷伊兄白文犀斃

命等情赴步軍統領衙門具控奏奉

諭旨此案著交訥爾經額督同臬司程銓親提人

證卷宗秉公嚴審按律定擬具奏原告白文

舉該部照例解往備質欽此並准將原告白文

舉遞解到楚當經前督臣訥爾經額行司委

提人卷至省飭委署武昌府知府成善署漢

陽府通判周存義審辦訥爾經額旋即卸事臣到

任後，備移該府等訊明，由司詳解前來。臣隨提
犯證，督同署藩司丁木、任臬司程銓，暨署臬
司鹽道常亟一，親鞫，緣閔淳登籍隸恩施縣，與
宣恩縣民白文舉之兄白文鳳素識無嫌。白
文舉有山地一分，坐落旋隆洞地方右邊，係宣恩所
轄；左邊地名茅坡，係閔淳[illegible]一堂弟閔淳武山地，乃恩施所
轄。二姓均有印契界址毘連。其山頂另有平地一塊，
謂之頂平，左右兩邊皆可望見。道光十三年，白文
舉父故，即葬於旋隆洞頂平地內。十四年二月，
恩施縣民楊大理等因傳聞旋隆洞地方
先年有迴瀧觀廟基一塊，誤疑白文舉佔葬，
控經前署宣恩縣李士高飭差汪洋傳訊白文

舉亦赴歸具訴，旋因外貿未往投案。嗣白文舉與楊大理之子楊洪明路遇，即以其父不應混控之言向斥，楊洪明不服，互相爭角而散。十五年九月，有曾充施南府書吏之匡鳳鳴，因繼妻葉氏身故，乏地葬埋，向葉氏前夫之子閔淳武買得茅坡山地。十月初三日，匡鳳鳴遣子匡邦瀧、匡邦佑並邀閔淳登、閔淳武、閔德理、閔淳文、閔淳高、譚升、譚泰孝、楊大理、楊洪明抬柩上至山頂埋葬。白文舉因其父先葬山頂，慮被侵佔，即赴歸具控。其兄白文鳳、白文風，弟白文玉、白文祥隨母白徐氏至山理論，閔淳武出不服，兩相爭毆。白徐氏、白文祥均被匡邦瀧毆傷，白文玉

被譚升、匡邦佑毆傷，白文鳳被閔淳武、閔淳高
譚孝毆傷。維時白文鳳與閔淳文、閔淳理爭
毆，被閔淳文用鉄鋤背毆傷其左肩甲、脊背、
脊膂，閔淳理用木扁挑毆傷其左後肋、左臂、
左腿肚，各跑避。白文鳳抓住楊大理胸衣喊罵，
楊大理拳毆其胸膛，白文鳳仍不放手，楊洸明順
拾柴棍打傷白文鳳左耳根、項頸、右臂膊，倒地磕
傷腦後、右耳根，各散。白文舉赴縣呈報。初五
日，匡鳳鳴帶同匡邦佑並閔淳登往墳墖土困
山内常有野獸，匡鳳鳴攜帶竹鋘防身。白文鳳
當瞥見，復往拚鬧，閔淳登趕攏拉鬧，白文鳳疑
誒斥罵，並扭住閔淳登胸衣欲毆，匡鳳鳴連

放空銃冀圖嚇散白文鳳仍不鬆手閙準登情急
用力掙脫詎白文鳳站立巖旁失足跌落巖下
磕傷偏右顋門並受殞命白係氏投保具報經
該署縣李士高勘驗通詳仍飭差汪洋緝犯該
役汪洋兩次得受白徐氏菲鞋飯食錢四千文白
文舉因白文鳳偏右顋門傷痕甚重匡鳳鳴放
銃向嚇疑匡鳳鳴主毆串商刑書藍朝洸捏詳
先後上控批飭施南府提審經接署縣馬德昭
集證解府飭委恩施縣王令會同審辦節
覈兩造山契均未載有頂平字樣經宣恩
縣勘明白姓地在山北匡姓地在山南其頂平
則在山峰之上並非迴繞觀廟基白匡兩姓之

墳相距丈餘，訊據附近老民僉稱頂平向名寨
門，鮮有人跡，屬官荒，繪具圖說，移會恩施縣
令訊通詳。白文舉因閔淳登供係杖柱掙脫，致
伊兄白文鳳落巖跌斃，恐不能擬抵，起意京控，
冀以匡鳳鳴佔葬糾毆、楊洸聞等搶錢文、各
差役汪洋索詐等情，自作呈詞赴步軍統領衙
門具控，奏奉
諭旨飭交前督臣訥爾經額督同臬司種銓審辦。訥
爾經額未及提審卸事，旋臣提齊人卷，督同審
悉前情。臣以匡鳳鳴與爭葬官荒，兩次羣毆，恐
有謀佔糾鬭情事，復向嚴詰。據匡鳳鳴堅供，實
因所買山地與頂平毘連，誤為有主，將棺抬葬

被阻爭毆復因赴墳培土関淳登被白文鳳揪扭
掙脱以致白文鳳落崖跌斃均屬衅起倉猝並
無預謀糾毆所買之地有関姓印契可驗亦非
謀佔只求詳審質之関淳登等及原告白文岸
亦無異詞案無遁飾查律載鬬殺人者不問
手足他物金刃並絞監候又例載内外大小衙
門蠹役恐嚇索詐貧民者計贓一兩至五兩杖
一百枷號一個月又火器傷人發雲貴兩廣烟瘴
少輕地方充軍各等語此案白文岸之兄白文
鳳因匡鳳鳴並於伊父墳塚附近地内埋葬妻
柩向論爭鬧被匡鳳鳴倩往葬墳之関淳文等
用鉄鋤木扁挑並拳毆左肩甲等處十傷内

僅鐵器三傷皆紅，餘俱紅色，均屬輕淺，且越二日尚能復往擠鬧，其傷非深重可知。迨後闞淳登揪扭闞淳登用力掙脫，致失跌落巖，磕傷偏右顋門骨損，當即殞命。其為跌復致死無疑。查闞淳登雖非有心推落，惟因被扭掙脫致跌，已有爭鬬情形，應仍照鬬殺問擬。闞淳登合依鬬毆殺人者，不問手足、他物、金刃，並絞律，擬絞監候，秋後處決。匡鳳鳴買地安葬妻棺，未經查明界址，並非有心侵佔，亦無主毆情事。惟於白文鳳向闞淳登扭毆時，輒施放竹銃，未便因其未往傷人遽予寬縱。惟律例並無施放火器未傷人作何治罪專條，匡鳳鳴應於火器傷人罪

上量減一等杖一百徒三年仍革去書吏解役折
責安置匡邦戳用木扁挑毆傷白徐氏左前肋
等處並毆傷白文詳脊背匡邦依譚科各用木扁
挑毆傷白文玉兩腿頂頸等處閔淳武閔淳高
譚秀孝各用木扁挑毆傷白文鳳頂頸等處閔
淳文用鐵鋤背毆傷白文璽左肩甲等處閔淳理
用木扁挑毆傷白文鳳左後肋等處楊大理拳毆
白文凰胸膛楊洪明周紫棍毆傷白文鳳左耳根
等處該犯等爭毆犯等在先各不相謀應各科各罪均
合依以手足他物毆人成傷者笞四十律笞四十
各折責發落白文舉所告楊洪明搧搶錢
物及親差汪詳索詐錢十四千文雖未盡

責等均出有因且其兄已死非命應與訊無
干證之刑書汪朝洪均免置議差役汪洋雖無
索詐情事惟先後得受白係氏草鞋飯食等錢
四千文應即照大小衙門蠹役恐嚇索詐貧民
者計贓一兩至五兩杖一百加枷號一個月例
杖一百加枷號一箇月枷滿折責發落仍革
役照例刺字白係氏等傷已平復白文岸旋陰
同山地與閔姓賣給匡鳳鳴茅坡山地畏連各
契內俱未載有該平字樣本皆不應葬墳
惟白文岸父葬在先閔姓並未爭執歷年
較久姑免起遷其匡鳳鳴妻柩係在後所葬並
致爭毆釀命已據匡鳳鳴當堂具結情願起遷應

飭恩施縣即行押遷毋任逗延仍傳齊兩造將二姓
旋陰洞茅坡各地明晰分界各管各業其頂平山
地永作官荒不准白文舉家再行添葬亦不准
開墾以杜爭端所有失察私藏竹銃職名
查明另行咨送議處除備造全案供招送部外
所有審擬緣由理合恭摺具
奏伏乞
皇上睿鑒敕部覈覆施行再白文舉曾赴前督臣
巡撫巡道衙門各控均批施南府親提審辦
覈與該民人赴京具結相符合併陳明謹
奏
道光十七年四月二十五日

湖廣總督林則徐奏摺 遵旨審明湖北宜恩縣民白文舉京控命案分別定擬

道光十七年四月初五日

硃批 刑部議奏欽此

四月初五日

上諭　著照林則徐所請以金石聲調補襄陽知府阿爾琫阿調補施南知府

道光十七年四月十二日内閣奉
上諭林則徐等奏知府人地未宜酌量對調一摺金
石聲著准其調補湖北襄陽府知府所遺施南府
知府員缺即以阿爾琫阿調補仍著該督等隨時
察看阿爾琫阿於繁要之缺能否始終勝任據實
具奏該部知道欽此

上諭　著陶澍飭屬經理兩淮鹽課之林則徐籌辦湖廣分銷事務

軍機大臣　字寄

兩江總督陶　道光十七年四月十三日奉

上諭本日據陶澍奏淮鹺實在情形一摺兩淮鹽務

最為繁重一切催徵催運各事宜該督責無旁貸

已故運司劉萬程竭慮急公本屬職分所當為現

因病發輕生該督正當督飭新任運司陸蔭奎認

真經理期於課額無虧方為不負委任何得因劉

萬程一人輒謂諸事掣肘遽請欽派大臣前往查

議籌辦此奏殊出意外太不成事總之引課奏銷

原係該督專責如果辦理得宜自可日有起色即

謂兩淮責在督運其督銷之任分寄諸湖廣江西

安徽各督撫獨不思江西安徽均係該督統轄省

分其應如何實力堵緝趕緊疏銷無難與兩省巡
撫妥為籌辦至湖廣分銷各口岸與淮南本屬一氣
相通前已有旨令林則徐盡心籌畫不分畛域如
有應行會議之處儘可隨時咨商從長計議該督
受恩深重惟當實心籌辦不得以力單任重為詞
藉圖卸責倘畏難觀望以至鹺務不見起色朕惟
該督是問將此諭令知之欽此遵
旨寄信前来

湖廣總督林則徐等奏摺

僉差不慎致斬犯脫逃之南漳縣知縣李景頤等請議處勒緝

林則徐等　請將僉差不慎之南漳令
李景頤等議處勒緝由
奏
旨　照
交
○
五月初八日

一八 湖廣總督林則徐等奏摺 僉差不慎致斬犯脫逃之南漳縣知縣李景頤等請議處勒緝

道光十七年四月十八日

湖廣總督臣林則徐
湖北巡撫臣周之琦跪
奏為特參遞解發回斬候犯人中途脫逃之僉差不慎
之文武員弁，請
旨分別照例議處，仰祈
聖鑒事。竊據署襄陽縣知縣紀昌期詳報：道光十七
年正月二十五日接准宜城縣遞解南漳縣審擬
斬候發回人犯楊和尚一名，到縣，隨於二十六日當
堂驗明該犯刑具齊全，令差鄧洪升、楊向幅、楊
夢揆，兵潘志文、宋吉升，協同南漳縣長解張秀
玉、因玉轉解前進。是日行至南漳縣屬永泉鋪
地方，因天晚不能前進，即在張升元飯店住歇。詎
楊和尚于夜深乘兵役睡熟，扭斷鐐鐐項銬

面板片空窗翻牆私逃兵役等驚覺喊同塵
分途追趕無蹤等經該縣移會南漳縣勒緝通
詳前情臣等查楊和尚係南漳縣人因行竊張潮
家窗護夥拒傷事主身死擬斬監候由司解經
臣周之琦訊審具
題發回監候部覆之犯此等重犯原解之南漳縣役
解之襄陽營縣營不慎遴兵役小心防範以致中途
脫逃殊屬疏忽且恐兵役人等有通同僱替得賄私
縱刑具各情弊必須嚴行究審除飛飭各該縣會營
另選兵役分途嚴拏楊和尚務獲一面行提押解兵役
裴秀玉等至省嚴審確情另行擬辦外仍飭據該管道
道府及襄陽城守營揭報由司會詳請奏前來相應

湖廣總督林則徐等奏摺 僉差不慎致斬犯脱逃之南漳縣知縣李景頤等請議處勒緝
道光十七年四月十八日

據實具
奏請
旨將僉差不慎之南漳縣知縣李景頤革職，
不慎之該管襄陽府知府紹昌、署襄陽城
守營守備楊玉林一併先行交部照例議處，仍
勒限一年緝拿，俟限滿有無緝獲再行分別辦
理。謹合詞恭摺具
奏，伏乞
皇上聖鑒，勅部核議施行。再失察之該管上司職名
另行開參，合併陳明。謹
奏。
道光十七年五月初六日奉
硃批：欽此。
四月十八日

上諭　**著照林則徐所奏永綏協副將穆騰額勒令休致**

道光十七年四月二十一日内閣奉
上諭林則徐奏副將違例取巧請旨勒休一摺湖南
永綏協副將穆騰額於軍政年分率請開缺回旗
明係年力已衰自揣難免勒休已屬違例並因前
由世管佐領揀發輒思由外呈請仍在世管佐領
當差尤屬取巧穆騰額著即勒令休致其世管佐領
差使著一併開缺由該旗照例辦理該部知道欽
此

湖廣總督林則徐奏摺　**校閱湖北督撫兩標並各營官兵情形**

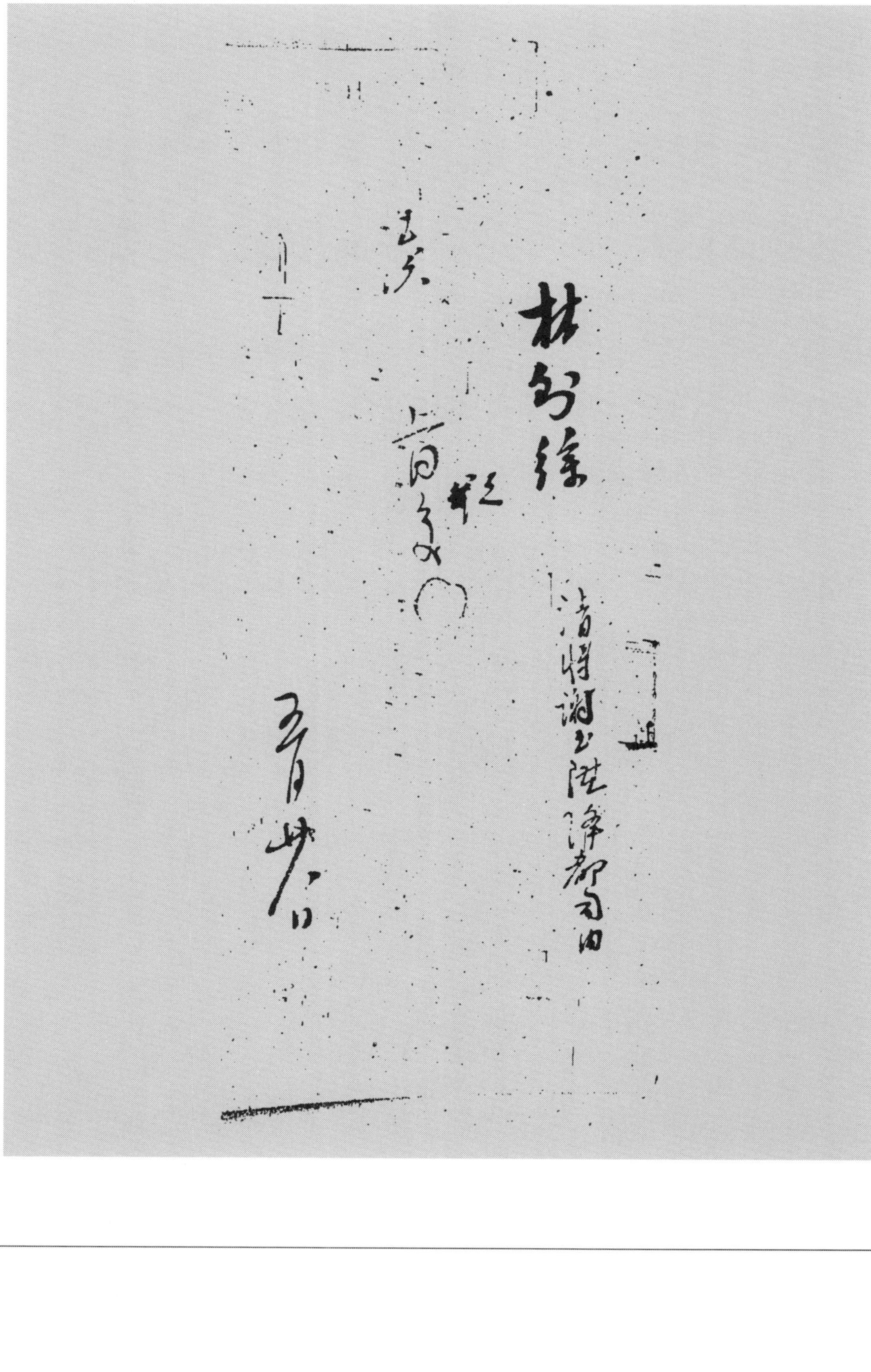

湖廣總督林則徐跪

奏為校閱省標各營官兵情形恭摺奏

聞仰祈

聖鑒事。竊臣仰蒙

恩命補授湖廣總督，兼有軍務要職，所屬營汛

須督操訓練，俾臻嫻熟。是以見在省營兵丁，每月按期戒在

伍兵丁。練兵者貴兵技之精，尤貴實心實事，務使一兵

得一兵之用，一日有一日之功，並非只觀到任校閱為具

文。故於臨期飾觀，而平日演習，須考新舊陣式

之純熟，而勤考程課之高下。各營將領率兵頗知感奮，先

期操演。臣查各營于五月初旬恭閱軍旗，排列加意講求，

於器械必究其利鈍之由，于技藝必盡其巧力之用

湖廣總督林則徐奏摺　校閱湖北督撫兩標並各營官兵情形

道光十七年五月初十日

操演便于行陣收隊亦均穩不致紊亂旋于四月二十
六日調集督標兩標及武昌漢陽城守各營官兵合
同操演用之繞道加閱識所有合操陣勢隊伍俱
尚整齊旋放連環槍炮亦皆聯絡藤牌刀棍長
矛等項撲躍擊刺俱極便捷兼有各種火器最
利行陣營用連我陣內所用之抬槍抬炮噴筒
屢加演試見其抬放得勢高下皆宜又調集昌於
兵丁考驗準頭每排五人每人以三出臥三槍打靶
兵其中者計在八分以上旋又分日考校鳥備弁兵
馬步弓箭先較製備其弓自六力以上逐件較
準諭令一律演用其中能挾七八力以上及以硬弓
射靶箭中者照不乏人推仗器械均不可多得並

者亦以老弱充數，降拔藝出衆之兵，弁兵丁亦
劉樂業，或遇缺即拔，或先予記名外，其技藝未熟
而年力正強，尚堪造就者，量予降責；若年衰技劣，弁則斥
革，兵則降糧，示懲儆。所有各營將領，但能循分供
職，惟漢陽營游擊孫玉鼎騎馬步生疏，難資表率，相應
奏請
旨，將游擊孫玉鼎降為都司，歸部照例銓選。至各營軍
火器械，逐一盤驗，均尚完固鋒利，馬匹亦甚彪壯。
日
遵行
殊見府務重任，惟賴兵力營員勤加訓練，務期兵成勁旅，倘
不虛糜，使營務日有起色，仍不時留心查察，若有不
知振作、廢弛操防者，即隨時參革示儆，斷不致稍存

祗懇以期仰副
聖主修明武備至意。所有校閱省垣官兵情形理合恭
摺具
奏，伏乞
皇上聖鑒。謹
奏。

道光十七年五月廿一日奉

硃批　欽此

五月初十日

湖廣總督林則徐奏片 **湖北提督羅思舉俟面晤察看據實奏聞**

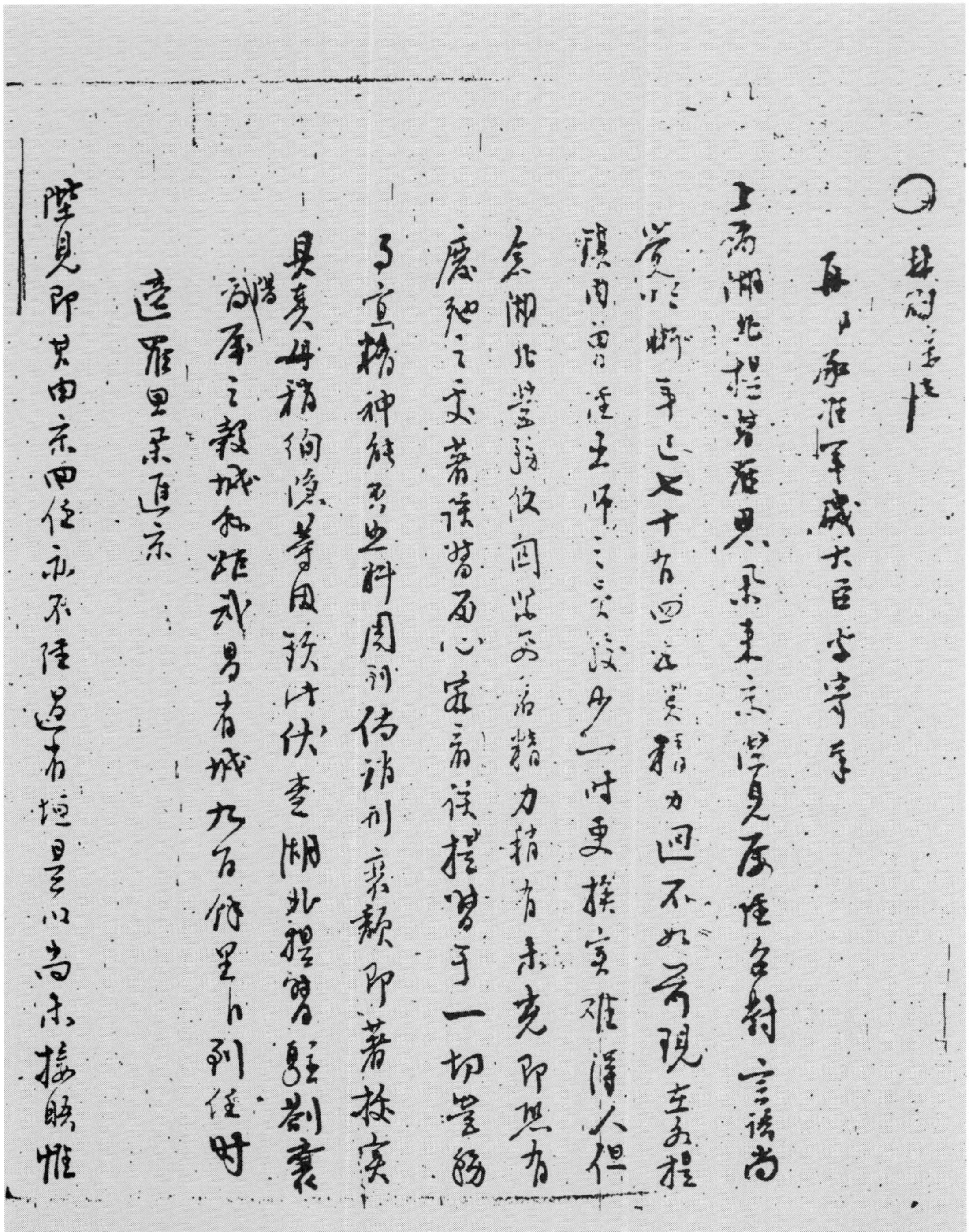
林則徐片

再，臣承准軍機大臣字寄：

上諭：湖北提督羅思舉，來京覲見，屢經召對，言語尚

覺清晰，年已七十有四，而精力迥不如前，現在該提

督因曾經出兵三次，設使一時更換，實難得人。但

念湖北營務攸關，必須精力精壯者，未克即恐有

廢弛之處，著該督留心察看該提督于一切營務

可宜精神能否照料周到，倘精神衰頹，即著據實

具奏，毋稍徇隱。等因。欽此。伏查湖北提督駐劄襄

陽，承之穀城相距武昌省城九百餘里，臣到任時

適羅思舉進京

陛見，即其由京回任，亦不經過省垣，是以尚未接晤。惟

湖廣總督林則徐奏片　湖北提督羅思舉俟面晤察看據實奏聞
道光十七年五月初十日

據安襄鄖道楊以增襄陽鎮總兵易朝先後因公
來省咸稱該提督訓練有方習勞不倦詢之
各營員弁所言亦同查該提督在楚已十二年地方
軍民俱皆無間惟年已七十四歲究恐精力難周
除隨時查訪外容臣赴襄陽一帶防汛閱兵
之時當與該提督面晤並就近察看營務情形
更可備知一切另行據實奏
聞合先據片附陳謹
奏
道光十七年五月二十八日奉
硃批知道了欽此

湖廣總督林則徐　五月初十

湖廣總督林則徐奏片　閱兵防汛酌分先後辦理

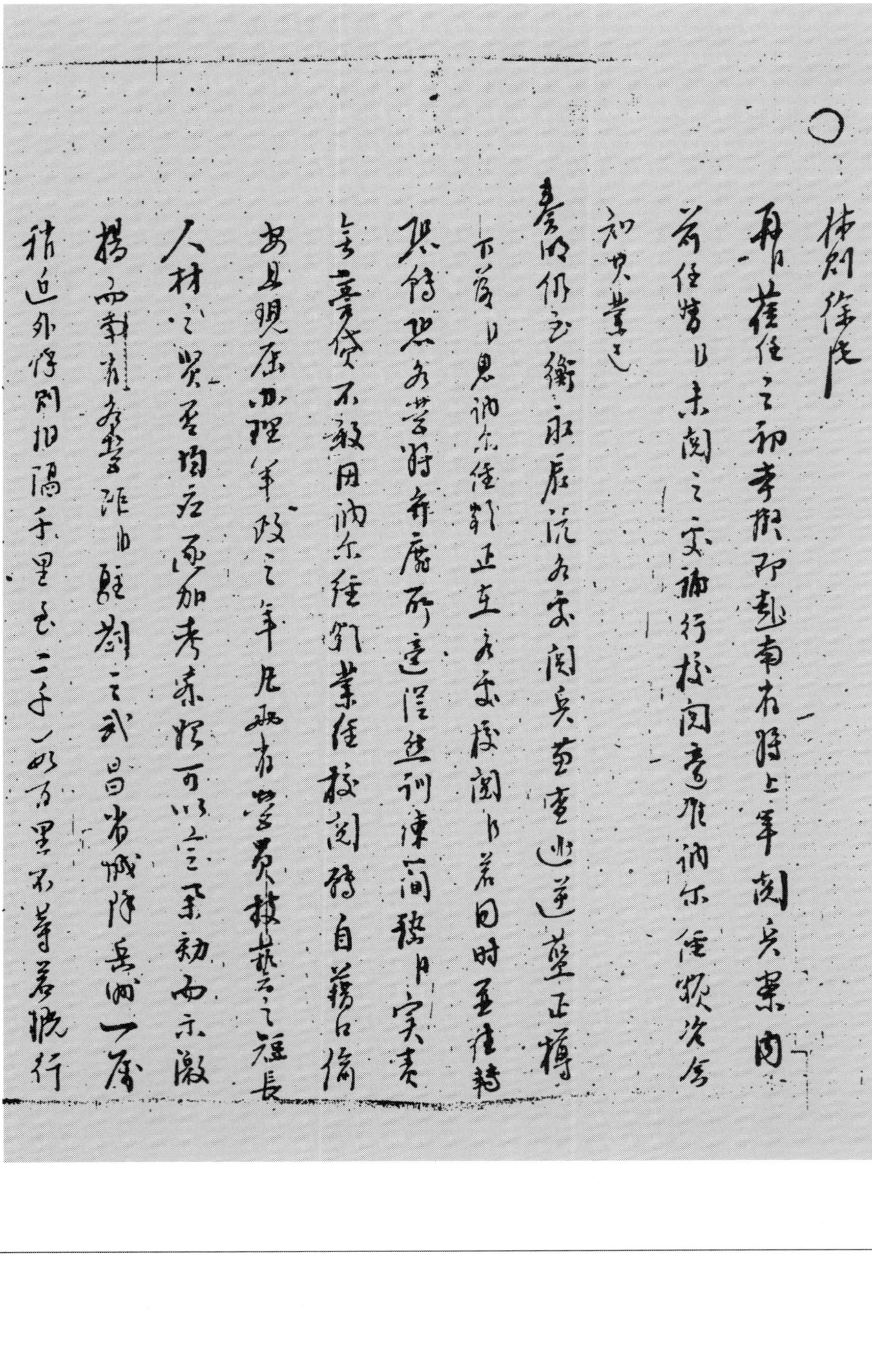

湖廣總督林則徐奏片　閱兵防汛酌分先後辦理
道光十七年五月初十日

調考既竣，所以示儆惕，且恐兵弁皆指汛地，時曠
巡防，所關尤為緊細，自當嚴飭各營隨加察看，其
有不能考到者，就近調考，庶勤惰不至有遺。惟詢之
僉稱楚省每交仲夏，正值潦暑蒸溽之候，不
特乾燥難堪，即手力亦不能操動，不如待至秋令，于
簡閱更屬相宜。查湖北江漢各堤，自本年督防之
春夏汛，水勢每易漲漫，是目前防汛之吃緊，之
關係更為切要，自已飭令堤各州縣于臨水頂衝之處
多立諸椿，並飭裝載草式樣，令其搶護長蔭尺寸，
隨時填放，一遇水勢盛長，即當乘舟親往查看，何
營防汛印委各員皆不敢曠誤，俾安于防汛，似有
裨益，仍俟清秋氣爽，察看水勢就衰，再由襄荆

湖廣總督林則徐奏片　閱兵防汛酌分先後辦理
道光十七年五月初十日

歷年徒而至辰沅乎兩鎮三廳營汛逐一查閱
折而至衡永郴等府所過之苗疆漢山向來皆擇要
稽查並可察理陸路並嚴查以杜兩粵邊私之路轉
由長沙回至武昌辦理軍政自不致有逾例限至為
未經公出之先已將附近營弁將領備弁輪班調
省考校亦有營分較遠而叙其年老將及六十並
防閒廢弛之員與難於戎者亦即先行調考以杜虛
冒其有風聞來省及數月飲俗之備弁卜者皆令
就近考驗俾省往返而歸簡便其中技藝優長
者獎賞記名生疏者勒限練習庸劣者即分別降
革勒休務使隨案
點驗毋庸徒至軍政兼以先期後至兵丁分習技藝

湖廣總督林則徐奏片 閱兵防汛酌分先後辦理

道光十七年五月初十日

除照例由該將備帶操演外，其在省各營，臣擬於此次校閱時將年力精壯、技藝優嫻者另挑十之一二，每月捐廉加給公費，分齊所習硬弓、鳥鎗、長矛、刀牌，令其更加練熟，精益求精。臣每旬就閱一次，分別等第，示以賞罰，俾皆踴躍戒奮，不使日久懈生。其外府各營，亦令按旬考校，將弁紀分數優劣等第，開摺申送總兵，巡閱時并注其考封，以驗所報有無虛飾，庶足以昭覈實。所有閱兵防汛酌分先後辦理緣由，謹附片陳，伏乞

聖鑒。謹

奏。

道光十七年五月二十一日奉

一八

湖廣總督林則徐奏片 閱兵防汛酌分先後辦理

道光十七年五月初十日

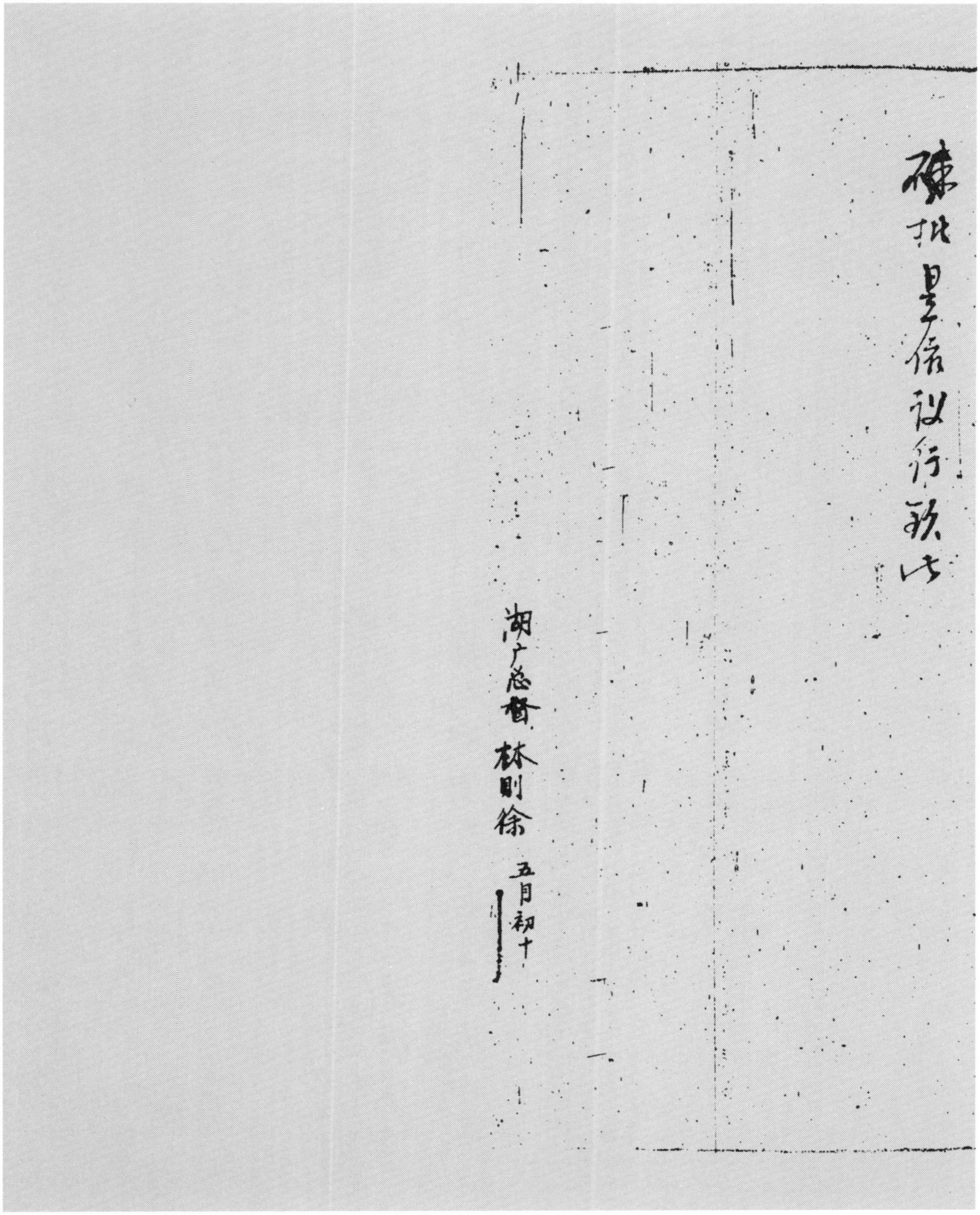

硃批是依議行欽此

湖广总督林則徐 五月初十

湖廣總督林則徐等奏摺

驗收湖北省城沿江石岸並蓄麥灣隄工情形

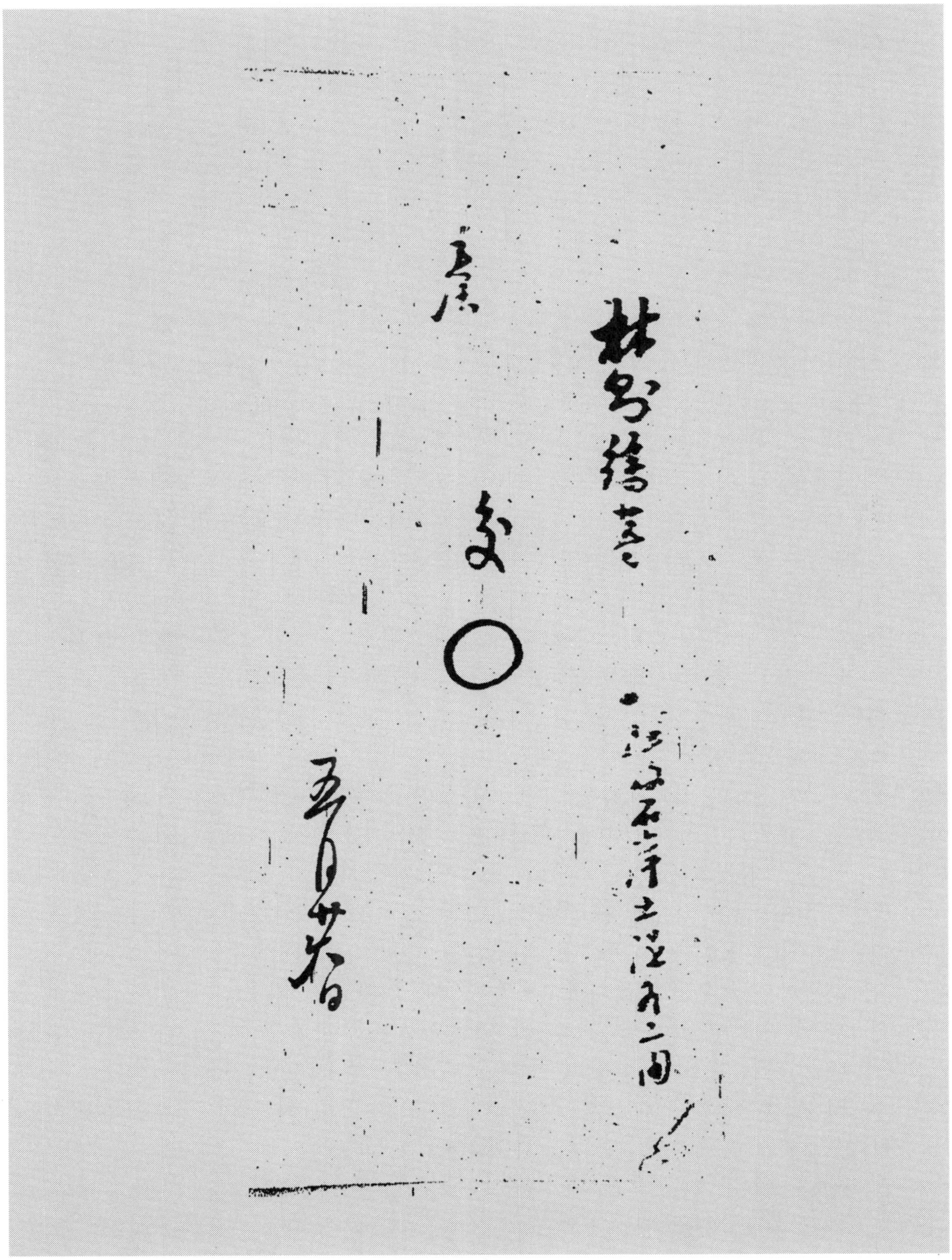

一八　湖廣總督林則徐等奏摺　驗收湖北省城沿江石岸並蕎麥灣隄工情形

道光十七年五月初十日

湖廣總督臣林則徐
湖北巡撫臣周之琦跪
奏為驗收湖北省城沿江石岸並蕎麥灣隄工均係
如式修竣，現仍加意防護，恭摺奏祈
聖鑒事。竊臣林則徐恭任楚北，以江漢隄防範
關係民生保障，今歲一交夏令，江水勢日增，轉
瞬大汛，經歷防範，實屬要需。臣周之琦通籌
省隄各屬，將上年秋冬以來估修工段勒限趕
修，報竣後隨飭各屬收查，茲查省會地方瀕江全
恃城外石隄以為保障，其前修工段，向歸江夏縣
承修，又該縣所轄之蕎麥灣土隄，亦逼近省城，係
[illegible]門外之年大風迎溜，查明各工因風浪汕刷
石岸多有傾裂坍卸，土隄亦多殘缺，並經

一八　湖廣總督林則徐等奏摺　驗收湖北省城沿江石岸並蕎麥灣隄工情形

道光十七年五月初十日

前署督臣訥爾經額會同臣周之琦先後
奏奉
諭旨准令照依興辦工竣嚴密驗收仰見
聖主慎重隄防之至意。臣於承辦工員集夫運料均經
臣等親自委員隨乘驗視，其節次詳報做工分數
亦待未完工之先隨時稽察，不許偷減。茲據江夏
縣知縣滕似春具報，承辦圖字號石坡一座，并
築棉華等字號正岸護岸，暨蕎麥灣各段
月隄危隄一律完工，當請驗收前來。臣等查即親
詣江干逐加查驗。圖字號迎水石坡係分爲兩
層做法，築字號護岸一段，棉字號正護岸
各一段，又馬頭一座，華字號正岸兩段，又馬頭一

一八　湖廣總督林則徐等奏摺　驗收湖北省城沿江石岸並蕎麥灣隄工情形

道光十七年五月初十日

座並寬高俱丈尺均與原估相符查驗所砌條

塊面石及各層埧石俱係如式整齊料堅縫密

後面灌漿亦均加高培厚土工內亦寬厚

其月隄並老隄一二段又自九段至十三段共工長

二千六百八十八丈九尺六寸俱照估硪築鋤能灌水堅

實不漏並無偷減草率情弊惟是修工固須結

實而防汛尤貴小心該管各工汛官督率兵夫

汛員在[illegible]切曉諭俾知修防並重務于夏秋大汛內

督率夫役晝夜查巡不得倚恃新修之工稍存

大意以期益臻鞏固永保無虞除飭取估銷

冊結另案具疏

題報外所有驗收石岸土隄各工理合恭摺具[illegible]

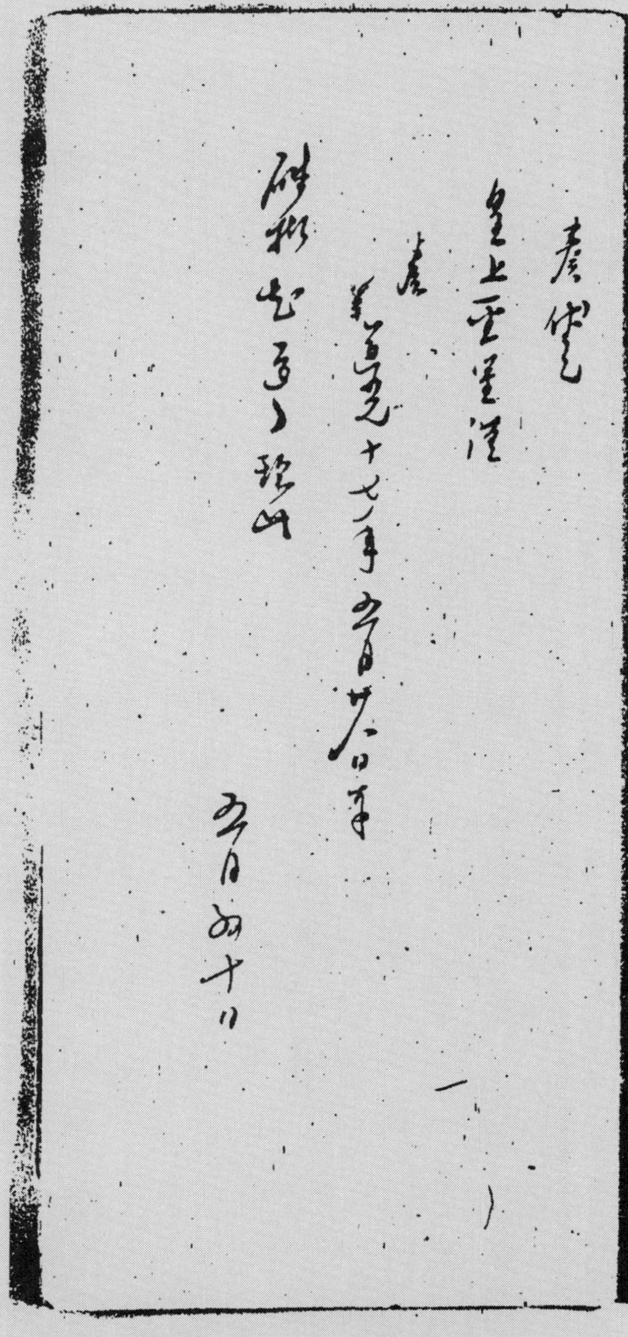
伏乞
皇上聖鑒謹
奏
道光十七年五月廿六日奉
硃批知道了欽此
五月初十日

湖廣總督林則徐奏摺　盤查湖北司道庫貯銀有盈無虧

林則徐

奏

盤查庫貯由

五月二十六日

湖廣總督臣林則徐跪
奏為盤查司道庫貯各款均無虧缺恭摺奏祈
聖鑒事竊照督撫到任例應將司庫及同
城各道庫存貯各款親身盤查具
奏臣仰蒙
恩命補授湖廣總督抵任之後即飭行湖北藩司
暨糧鹽二道各將庫貯銀兩造冊呈送核查
維時藩司張岳崧先已進京
陛見計其回任在即署任藩司程鈺正須將庫貯
各款逐一核交臣即乘其接收之時親詣
盤查更足以昭核實張岳崧回任即據造具
清冊並移取糧道鹽道各冊一并呈送前

一八　湖廣總督林則徐奏摺　盤查湖北司道庫貯銀有盈無虧

道光十七年五月初十日

來臣隨於四月二十三日會同撫臣周之琦親詣司
道各庫將所貯銀兩逐箱盤驗彈兑計藩
庫實存正雜各款共銀六十一万六千七百七十
八兩二錢六分六釐糧道庫實存正耗漕
各款共銀三萬一千三百四兩四釐鹽道庫
實存正限各款共銀五千二百八十三兩九錢
六分二釐八毫五絲核與冊開實在數目均
屬相符並無虧短情弊現值催冊奏銷之
時察看各屬解司銀款頗形踴躍自臣盤
驗以後藩庫兑收銀兩更有日增合并
陳明所有臣到任盤查司道庫貯無虧
緣由謹會同湖北巡撫臣周之琦恭摺具

奏伏乞

皇上聖鑒謹

奏

道光十七年五月廿六日奉

硃批知道了欽此

[illegible]

湖廣總督林則徐奏摺　滇黔銅鉛幫船越卡夾帶私鹽請將失察運員並護理總兵交部議處

道光十七年五月初十日

湖廣總督林則徐奏摺　滇黔銅鉛幫船越卡夾帶私鹽請將失察運員並護理總兵交部議處

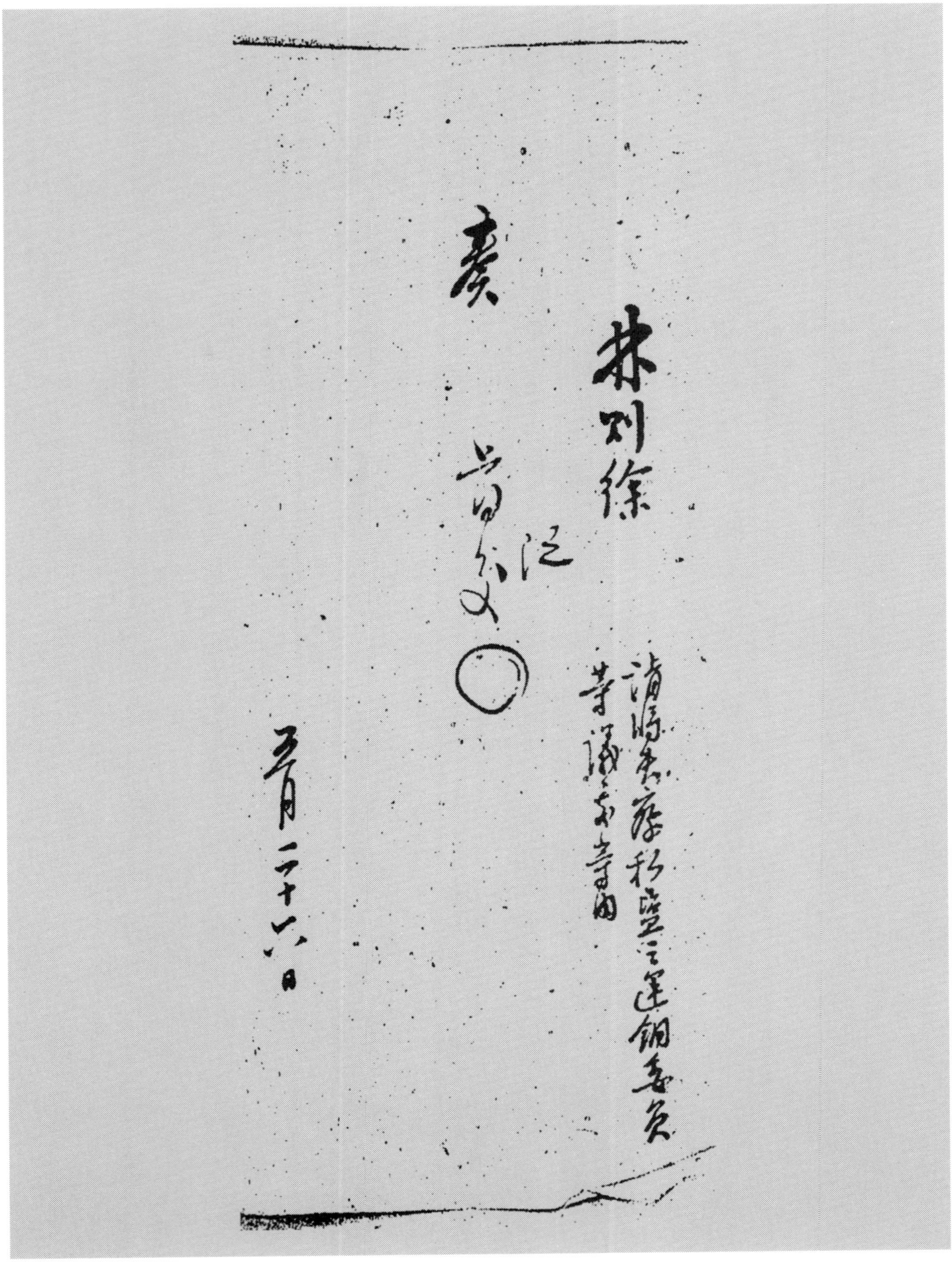

請將失察私鹽之運銅委員
等議處由

林則徐

[illegible]

奏

五月二十六日

一八 湖廣總督林則徐奏摺 滇黔銅鉛幫船越卡夾帶私鹽請將失察運員並護理總兵交部議處

道光十七年五月初十日

湖廣總督臣林則徐跪

奏為銅鉛兩幫船隻均越過鹽卡不能查驗至于夾

帶透漏私鹽請

旨將失察之運員及兩卯按實交部從嚴議處具奏祈

鑒事竊照設卡以盤詰奸宄而淮鹽銷路惟楚省

引額最重而鄰私侵灌亦惟楚省近運最多受其

於楚者四川江船順流直下船艙夾帶視陸路不

啻什倍而滇黔銅鉛幫由川江裝載較甚夾

帶視他船又不啻什倍是以嘉慶二十三年

奏准于湖北巴東縣之官渡口一帶設立鹽卡川船

經過均須查驗放行兩有銅鉛船隻不能請查

道光十七年六月間前署臣訥爾經額奏

一八　湖廣總督林則徐奏摺　滇黔銅鉛幫船越卡夾帶私鹽請將失察運員並護理總兵交部議處

道光十七年五月初十日

上游銅鉛船隻自四川叙州運抵上，一路收買川鹽入楚售

賣，經由卡隘並不稽候查驗，自應督飭嚴查，不至以

資鎮壓，所以銅鉛船經由宜昌府所屬地方，當即飭

令該鎮揀其熟勢兵弁，運至各員查驗，倘有縱手

抗拒及逃散挾制等事，即將該地方官察辦，一面代

為覆奏，取手續送前行以前例限，並著雲貴四川

各督撫嚴飭運員，務將船隻分晰點驗，若不准夾

帶私運過境，飭令沿途各州縣加意稽查，如有

私行售賣，給該船戶並即行嚴拏究辦，該管運員查

出，一經查有夾私情弊，即著行知四川省嚴實查

參等因。欽此。欽遵

查禁銅鉛船私帶引鹽之弊，歷經飭道查驗

一八　湖廣總督林則徐奏摺　滇黔銅鉛幫船越卡夾帶私鹽請將失察運員並護理總兵交部議處

道光十七年五月初十日

上年奏案即放行乃本年三月間據崇州縣

號鎮雄州屬黨舉所運銅鉛二千六百包過官渡口至永

泊岸順流直下經巴東縣屬纜拱唇溶紋隨同卡

員追赶下游之秭歸縣屬之黃泉鎮係仁本就被

驗放又四月間據本省雲南大關同知彭祥

禪所運銅船二十四隻過官渡口亦未報卡兵役

追至歸州屬仁本當起獲私鹽七

百九十二斤尚有擄唇行手仍被送開行前道等

情即查封嫌禪所管銅船既有起獲私鹽雖係在

手夫本內違夾失于覺察且任所過卡不泊驗候（實）

祥云黨舉所管鉛船雖未起獲私鹽而該

船越過官渡口亦不至秭歸縣已歷一百七十五里矣

洛之可以直抵安南，况于越卡之後將照舊寬縱
駁放出于船戶，冒越偷運，查亦有失察之咎，當經疏引
杜截之際，減其加重，致尤大妨鹽務，相應請
旨將雲南運銅委員署大關同知嘉寧州知州彭衍墀
貴州試用知縣章翠，交部分別議處，以示懲
至護宜昌鎮總兵保仁布經應詳
諭旨飭將卡運各員查驗，若該船不能搜查，即應率
揭乃該護鎮僅以疑候移雖裁駁一詞含糊具奏
並不將該船越卡情形明白聲敘，迨閱巴東知縣
陸拱辰等稟，始知該船業已泊岸順流直下，派役
尾追之語，係查屬實，是保仁布前奏殊屬含混
應遞就亦應請

一八　湖廣總督林則徐奏摺　滇黔銅鉛幫船越卡夾帶私鹽請將失察運員並護理總兵交部議處

道光十七年五月初十日

旨將護理鎮篆之該鎮中軍遊擊張仁布一併交部議處，

示儆。仍飭各該卡文武關隘員弁認真盤驗，如敢不

以杜其充越，亦不許稍有歛延，庶于鹽務銅運兩

無妨礙。抑且更有請者，向來銅鉛船隻在川買私諸

弊久為

聖明洞鑒，是以特蒙

勅諭雲貴四川各省禁運員之短發船價，沿途之

賣給私鹽。

聖諭煌煌，咸宜恪遵。臣等訪聞近來銅鉛船隻多于

川省瀘州、富順及酆都之龍溪子、忠州之羊渡

漢、雲陽縣之城河口、巫山縣之江東嘴、青石峽、跳

石一帶裝買販運川鹽，其經過夔州關口，亦因書

湖廣總督林則徐奏摺　滇黔銅鉛幫船越卡夾帶私鹽請將失察運員並護理總兵交部議處

道光十七年五月初十日

設卜規避夫偷漏實為淮綱之害合無仰懇

勅下四川總督轉飭夔州府于各私運過關查稅之便將

所帶私鹽一併認真查拿並飭瀘州重慶忠州雲

陽巫山各州知縣遵前奉

諭旨加意稽查如遇店私將行鹽者給私之戶即行嚴拿

懲治倘或有瞻徇再經楚省發私將失察運私之

員州知縣會同川省查參外其偷漏之夔關一併查

取職名出例議處俾各顧考成不分畛域以清川私

來源而為籌疏淮引起見謹繕摺具

奏是否有當伏乞

皇上聖鑒訓示謹

奏

湖廣總督林則徐奏摺　滇黔銅鉛幫船越卡夾帶私鹽請將失察運員並護理總兵交部議處　道光十七年五月初十日

道光十七年五月二十六日

硃批所奏甚是另有旨欽此

五月初十日

湖廣總督林則徐奏片

緝獲私鹽變價按引課則以抵官銷之缺

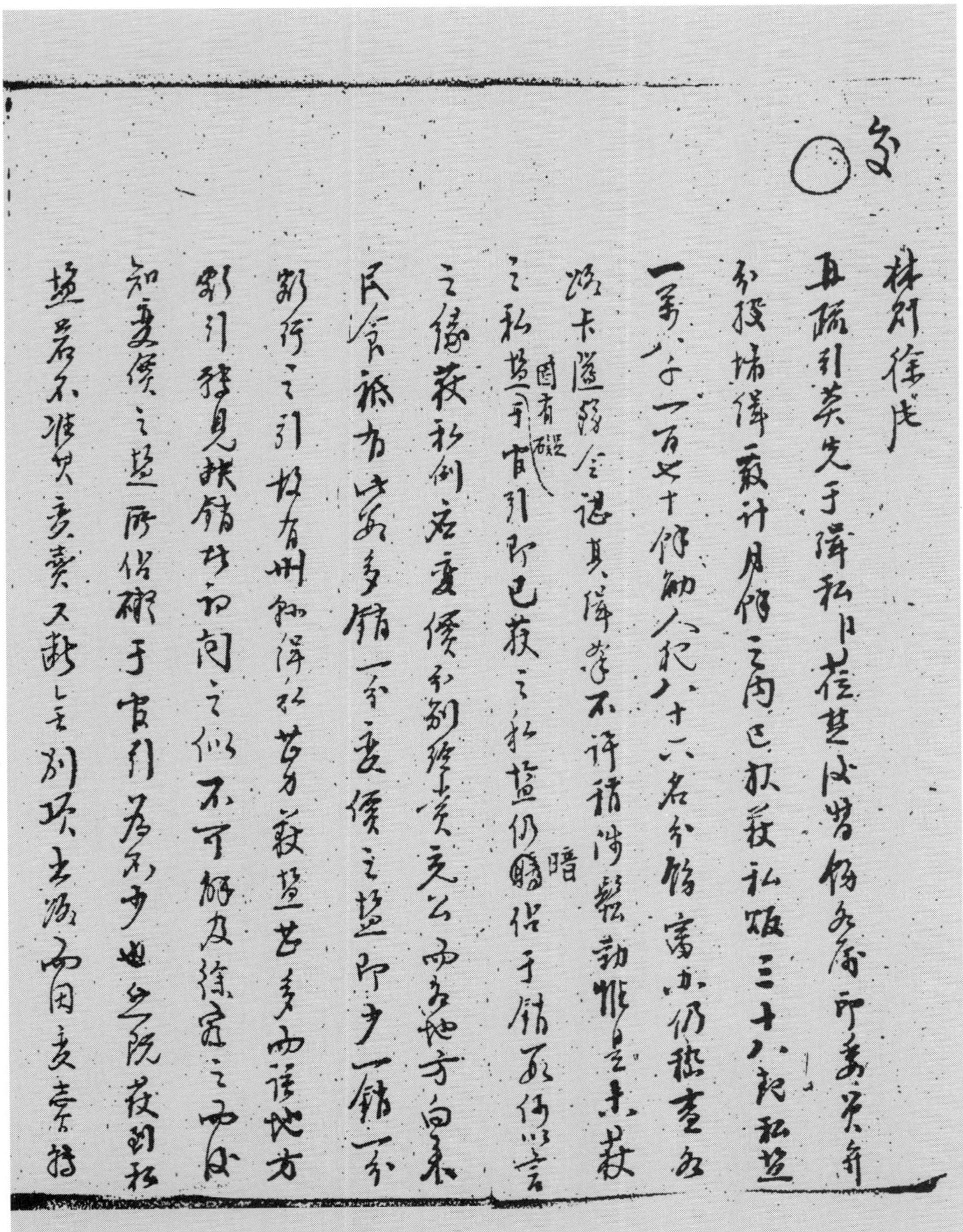

湖廣總督林則徐奏片　緝獲私鹽變價按引課則以抵官銷之缺

道光十七年五月初十日

從正割是屏私与疏引勢且兩妨礙非屢蓋之道

上恩照之分別官私相川有課無課為斷變價給賞

之例祇以緝獲鹽之人即一半充公亦從賞充實開銷

推賞于

國課仍無裨益若變通其法將所獲私鹽變價奏之

先按引鹽課則提銷正額將權獲計之外贏餘之

呈報聖鑒充公之用即獲鹽之兵役亦皆不致向

隅而變價可補官課之虧即獲私是將官銷之缺

似與疏引裨課之一道所有應納課銀由各州縣會

同營卡兵弁呈案解道庫轉解兩淮併入該年奏

引實有裨益如蒙

敕部設准即將本年所獲各案私鹽一律從此上簽

湖廣總督林則徐奏片　緝獲私鹽變價按引課則以抵官銷之缺
道光十七年五月初十日

見所及不揣冒昧謹附片具
奏伏乞
聖鑒訓示謹
奏
道光十七年五月二十六日
硃批：戶部議奏。欽此
湖廣總督林則徐

上諭　著林則徐飭屬緝私陶澍等督辦鹽務

道光十七年五月十一日内閣奉

上諭前因兩淮運司出缺當降旨飭令陶澍實心籌辦鹽務茲據奏稱查明現在奏銷不悞庫内暫貯銀兩足供正撥之需商情黽勉尚有起色等語辦理鹽務全在轉運暢銷杜絶漏私之弊至楚省與兩淮本屬一氣相通林則徐曾署兩江總督其於鹺務轉運交關之處熟悉情形現經酌定道里遠近限期由水販交付鹽行送局齎道不准由州縣催繳可免需索留難辦理甚為合宜其場岸鄰近梟私仍著不分畛域飭令文武員弁扼要巡查該督隨時稽覈功過以示勸懲此外催繳催運各事宜陶澍惟當督同運司實力整頓以冀日有起色

方為不負委任至前次奏摺内有誤寫字樣其自
請交部察議之處著加恩寬免欽此

道光十七年五月十一日内閣奉
上諭陶澍等奏請將挑辦河道出力各員並捐輸紳
董分別獎勵一摺江蘇蘇州松江太倉三府州屬
田賦最多全資水利節經該督暨前任巡撫林則
徐等籌辦疏濬支河汊港一律深通旱澇有備所
有在工出力各員及承辦紳衿董事自應量予鼓
勵加恩著照所請所有督辦倡捐之知府銜署蘇
州府事督糧同知周岱齡知府銜太倉直隸州知
州李正鼎知州銜青浦縣知縣蔡維新均著以應
升之缺升用即補同知直隸州署上海縣知縣黄
冕著於補授同知直隸州後以應升之缺升用前
署華亭縣候補知縣魏文瀛著儘先補用鎮洋縣知縣孔昭顯

本月十九日檢舉
奏明奉
旨更正

一八 上諭 著照陶澍林則徐所請獎勵疏浚蘇松太支河汊港出力各員

道光十七年五月十一日

著賞加知州銜松江府川沙廳同知何士祁前任吳縣丁憂知縣湯譽光知州銜前署南匯縣知縣朱清耀均著交部從優議敘署青浦縣縣丞試用主簿陳際清（著儘先補用）黃浦司巡檢陳光曙上海縣典史李約太倉州吏目郭瀛署鎮洋縣典史崇明縣典史張得昌俱著以應升之缺儘先升用其捐資出力之紳董候選訓導朱鳳笙等六員名應分別獎勵之處著吏部議奏單併發欽此

本月十九日檢舉
奏明奉
旨更正

湖廣總督林則徐等奏摺

即用知縣陸以湉自揣不勝民社呈請改補教職

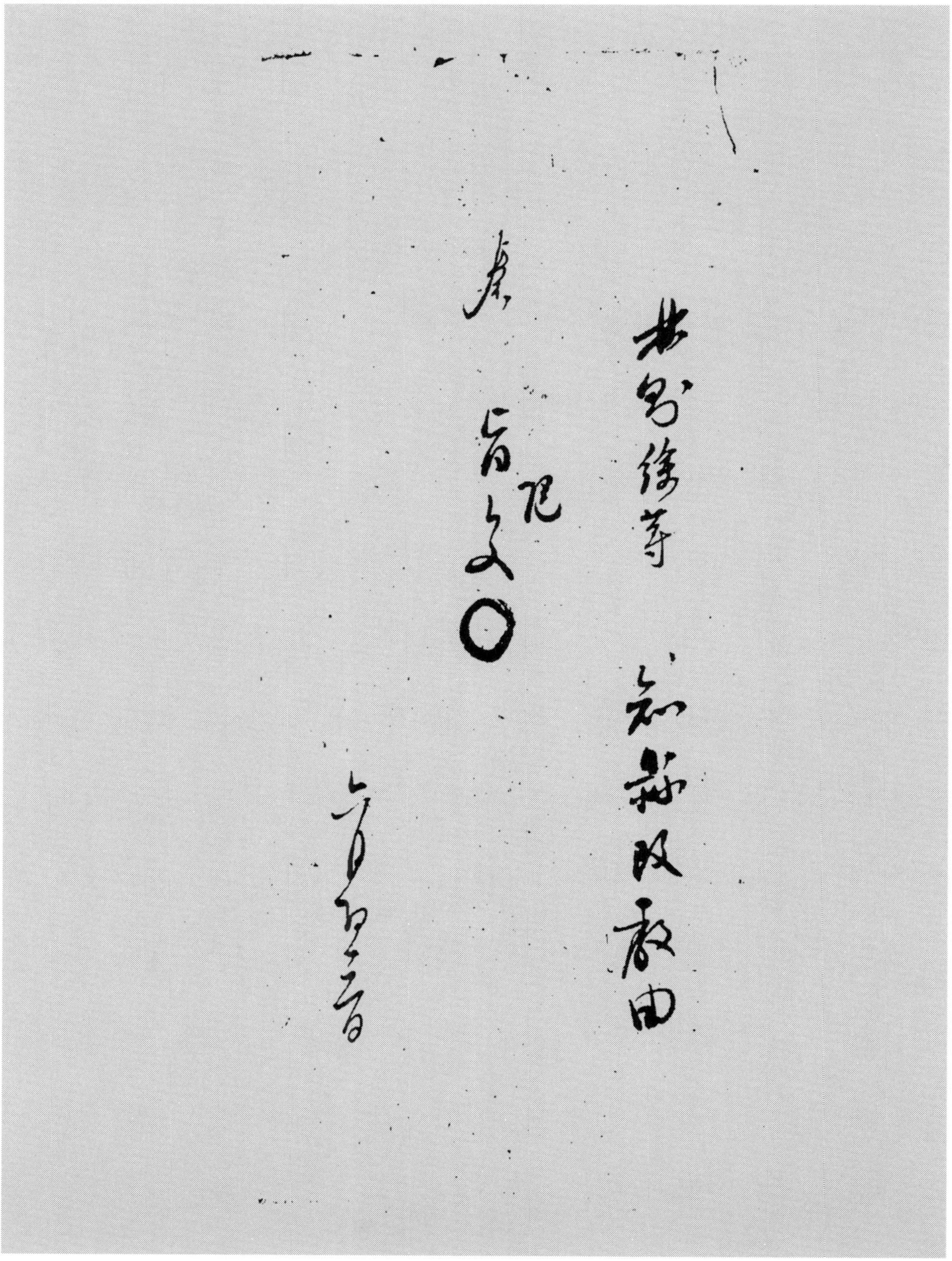

一八

湖廣總督林則徐等奏摺　即用知縣陸以湉自揣不勝民社呈請改補教職

道光十七年五月十六日

湖廣總督臣林則徐
湖北巡撫臣周之琦跪

奏為即用知縣循例呈請改教恭摺奏祈

聖鑒事竊據藩司詳稱即用知縣陸以湉呈稱現年三十一歲係浙

江嘉興府桐鄉縣人由廩生中式道光十二年壬辰科本

省鄉試舉人十六年丙申

恩科會試中式二甲進士引

見奉

旨以知縣即用簽掣湖北於十六年十二月十二日到省

理應學習趁此英年圖報効惟自揣才力不勝民社之任

未敢忝竊謀以情願遵例改就教職等情由藩司

具詳前來臣等查例載各省新補並用人員未經

引見如有願改教職者毋庸定以年限等語茲

湖廣總督林則徐等奏摺 即用知縣陸以湉自揣不勝民社呈請改補教職 道光十七年五月十六日

湖北即用知縣陸以湉[illegible]到省[illegible]等[illegible]留心[illegible]

[illegible]據該員以自揣不勝民社，呈請改教職。查該員

係進士出身，文理尚優，自請改教，核與定例相符。相應

奏懇

天恩，俯准將即用知縣陸以湉改補教職，俾得各因材器

使。理合恭摺具

奏，伏乞

皇上聖鑒。謹

奏。

道光十七年五月三十日奉

硃批：吏部議奏。欽此。

五月十六日

湖廣總督林則徐等奏摺　**湖北省道光十年以前民欠隄費請照成案一體豁免**

林則徐奏　請豁民欠隄費銀兩由

奏

六月初三日

湖廣總督林則徐等奏摺 湖北省道光十年以前民欠隄費請照成案一體豁免

道光十七年五月十六日

湖廣總督臣林則徐
湖北巡撫臣周之琦跪

奏為民欠隄費銀兩雖尚未届徵限應請照道光十
年以前借款核明上届豁免成案奏懇
恩一併准豁以紓民力而廣
皇仁事竊照前奉
恩旨普免道光十年以前積欠案內湖北省有
攤徵隄費一款經臣周之琦會同前督臣訥爾經
額查明應欠在民銀數
奏請豁免嗣准部覆以此數內有在道光十年以
後届限啟徵之銀未便准豁行令扣除按限催
徵等因當經行司轉飭遵照去後旋據署藩
司程銓詳稱遵查民欠借修隄費銀兩因未

屆限（徵）者議剔除本屆應照舊徵還款惟上屆嘉
慶二十四年豁免案內只有隄費借款截至二
十二年止共請豁民欠銀二十四萬四千餘兩
其中即有未屆徵限銀一十七萬餘兩經部
議准一併豁免並未分別已未屆限此次所請
係照前案辦理若仍駁令徵解核与上屆豁
免成案事兩歧現查有隄各屬因連年疊被
水淹小民生計維艱勢難再行催徵且查道光
十年以前民欠緩帶錢糧亦係未屆徵限之項
已奉
恩免此項隄費係道光十年以前借款雖未屆徵限
核与緩帶錢糧可同一律詳請具

奏請豁免前來。臣等伏思上屆准免之案，與本屆奏
欵或有不同，復飭本任藩司陳岳確細加核對，
并據查明前案所免隄費，實有未屆徵隄之
銀，核與現在之請豁隄費並無二致。臣等恩施
次
恩免民欠，原以道光十年爲界，限即如地丁錢糧
係道光十年以前穀欵，其中或經展緩，未即開徵，
亦邀格外
恩施一體准免，核與未徵隄費情事相同。既係十年
以前借給之銀，即應入十年以前查辦之欵。臣
林則徐先在江蘇辦理積欠，亦有攤徵河銀，均蒙
歷屆普免，即舊章以借銀之年爲斷，且楚北隄

一八　湖廣總督林則徐等奏摺　湖北省道光十年以前民欠隄費請照成案一體豁免

道光十七年五月十六日

州縣皆數年積澇之區民力實在拮据即駁飭徵
還恐亦有名無實合無仰懇
天恩俯准敕部將未完徵解之隄費銀三十二萬七
千二百一十八兩零照上屆准免成案一體豁免
仰沐
鴻施益無既極此案
俞允一俟欽奉
恩旨即當刊刷謄黄頒發曉諭俾閭閻信知欽感而（此句三年歟讓以仰副）
庶王實惠及民之至意謹合詞繕摺具
奏伏乞
皇上聖鑒訓示謹
奏

一八 湖廣總督林則徐等奏摺 湖北省道光十年以前民欠隄費請照成案一體豁免

道光十七年五月十六日

道光十七年六月初三日奉

硃批戶部議奏欽此

五月十六日

上諭　吳殷氏所告案著交林則徐嚴審定擬具奏

道光十七年五月二十二日奉
旨此案著交林則徐親提人證卷宗秉公嚴審按律
定擬具奏原告吳殷氏該部照例解往備質欽此

大學士管理户部事務潘世恩等題本　察核林則徐題銷蘇州省道光十五年份地丁等項錢糧

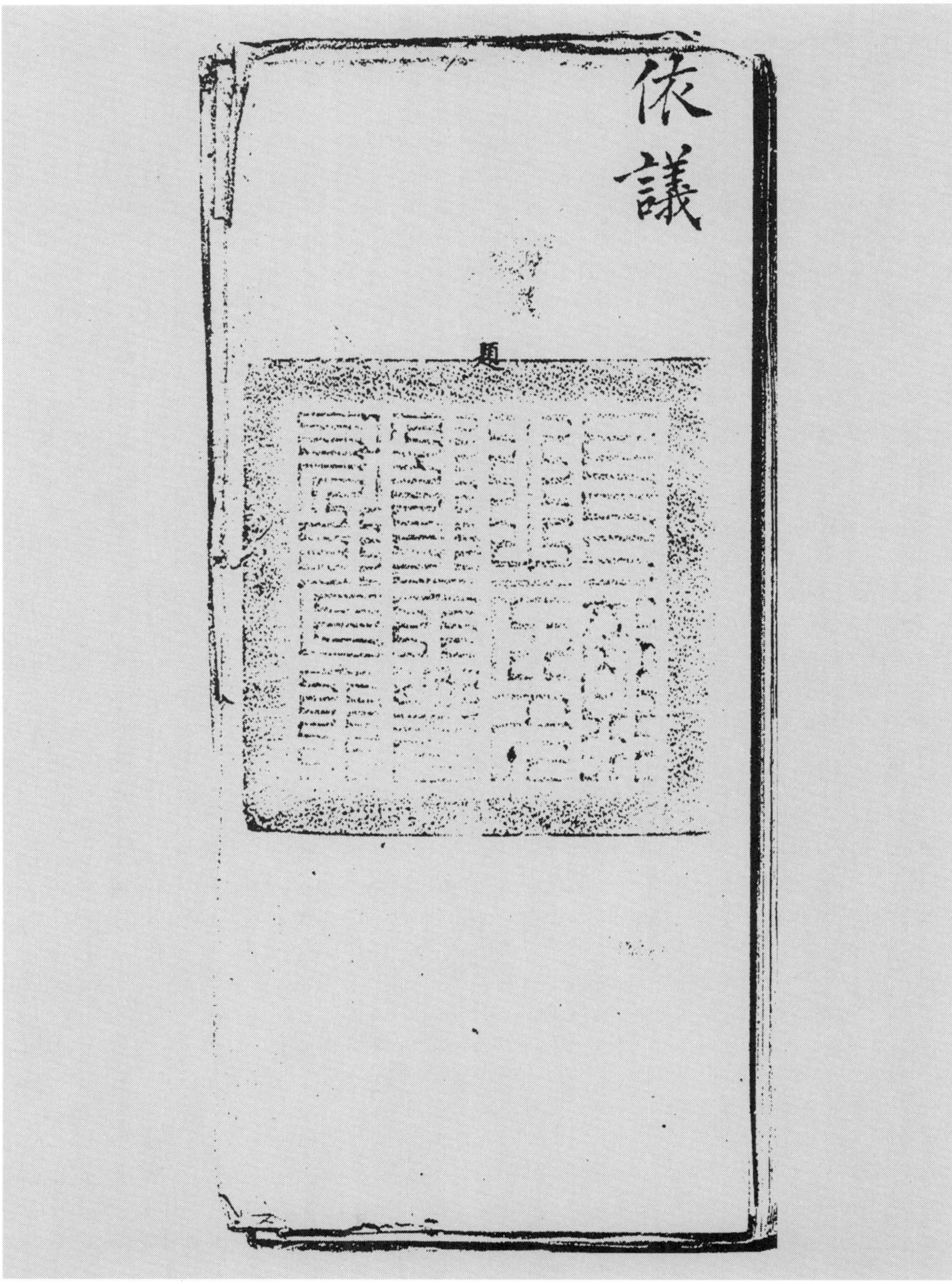

一八 大學士管理戶部事務潘世恩等題本　察核林則徐題銷蘇州省道光十五年份地丁等項錢糧

道光十七年五月二十三日

戶部等部太子太保大學士管理戶部事務臣潘世恩等謹

題爲奏銷等事。戶科抄出前任江蘇巡撫林則徐題蘇州省道光拾伍年地丁等項奏銷一案，道光拾陸年柒月拾陸日題，玖月貳拾捌日奉

旨：該部察核具奏，冊併發。欽此。欽遵於本日抄出到部，隨將動撥節烈婦女建坊以及驛站河工等項銀兩移查禮部、兵部、工部去後。今於拾月貳拾等日准禮、兵、工三部陸續查覆到部。

該臣等會查得前任江蘇巡撫林則徐疏稱：蘇州、松江、常州、鎮江、太倉等府州屬道光拾伍年地丁省衛屯衛雜稅學租官生空缺等項銀米豆石

完欠動存各數及已未完各官職名分晰造册

具

題前來查此案先經户部議覆原任蘇州布政使

吳壇奏稱地丁奏銷案内向有專案報銷者各

就本案察核毋庸遞年登報其無專案難結之

款如借支驛站以及官生空缺銀兩各屬解交

省倉米豆登記已完各項銀兩米豆四款另立

專案報部其餘循例支給向無專案報銷之款

並令逐一摘出另造細册報部分别核銷等因

又乾隆伍拾壹年户部議令各省俸工驛站銀

兩一併歸入地丁併計考成等因又乾隆伍拾

貳年户部會同吏部議覆前任湖北巡撫姜晟

奏各屬南糧嗣後奏銷時如有未完照三個月
限滿不完之例按照銀數實降實革等因又各
省耗羨銀兩經户部議令隨同正項核計考成
一疏題報如正耗全完始准議叙其動用各數
仍照舊例於年終彙奏又漕項耗羨銀兩户部
議令自乾隆伍拾貳年爲始概行解交糧道庫
等因又於嘉慶伍年貳月内據原任江蘇巡撫
岳起將江蘇省各官俸工役食廪糧祭祀驛站
等銀以嘉慶伍年爲始在於州縣就近坐支等
因各在案今蘇州省道光拾伍年分額徵地丁
省衛屯衛雜税學租官生空缺等項共正銀貳
百貳拾肆萬柒千貳百柒兩陸錢陸分貳釐内

災戶預完緩徵銀貳千貳百柒拾貳兩肆錢柒
分叁釐外溢完銀貳拾陸兩肆錢捌釐內除准
銷相符銀伍拾伍萬捌千陸百柒拾伍兩壹錢
貳分捌釐內災戶預完緩徵銀貳千貳百柒拾
貳兩肆錢柒分叁釐又溢完銀貳拾陸兩叁錢
柒分伍釐循例支給銀柒拾玖萬叁百柒拾伍
兩捌錢捌分肆釐向有專案應歸專案核銷銀
柒拾叁萬伍千伍百拾叁兩叁錢肆分壹釐向
無專案應另立專案核銷銀陸千玖百貳拾叁
兩柒錢叁分柒釐外溢完銀叁分叁釐熟田未
完並因災緩徵銀拾伍萬伍千柒百肆拾伍兩
玖錢肆分柒釐額徵米豆貳拾伍萬柒千捌百

玖拾貳石叁斗捌升柒勺外溢完米壹石貳斗
貳升柒合壹勺內除准銷相符米豆捌百陸拾
石伍斗貳升玖合循例支給米拾陸萬壹千叁
百捌石壹斗陸升壹合貳勺向有專案應歸專
案核銷米豆陸萬玖千柒拾肆石貳斗捌升陸
合貳勺內溢完米壹石貳斗貳升陸合叁勺向
無專案應另立專案核銷米捌千陸百捌拾玖
石捌斗玖升伍合柒勺外溢完米捌勺熟田未
完並因災緩徵米豆壹萬柒千玖百陸拾石柒
斗叁升肆合玖勺隨徵耗羨銀拾叁萬伍百貳
拾陸兩肆錢貳分捌釐內災戶預完緩徵銀壹
百拾肆兩肆錢陸分陸釐外溢完銀貳兩伍錢

捌分壹釐又文衛各官應扣降罰銀肆萬陸千
壹百玖拾陸兩伍錢陸分貳釐所有各款完欠
數目開列於後
一額徵地丁扛脚屯折正銀貳百拾玖萬伍千
壹百叁拾柒兩捌錢壹分玖釐隨徵耗羨銀拾
貳萬柒千柒百伍兩玖錢叁分壹釐内除户預
完緩徵正銀貳千貳百柒拾貳兩肆錢柒分叁
釐耗銀壹百拾肆兩肆錢陸分陸釐外溢完耗
銀壹分叁釐内除應解捐置義塚領解監餉水
脚撥解兵餉河工捐田贍族節烈婦女建坊祭
葬賞䘏接運京銅運費辦解木植價銀已完報
撥等項共正銀伍拾貳萬肆千貳拾貳兩叁錢

捌釐内災户預完緩徵銀貳千貳百柒拾貳兩

肆錢柒分叁釐耗銀叁拾玖兩伍錢貳分貳釐

等語　查前項地丁屯折銀内吴江等縣捐

置義塚並坍荒田地應豁正銀伍百柒拾陸兩

貳分肆釐耗銀叁拾玖兩伍錢貳分貳釐又撥

委員齊準等領解監餉水脚等銀叁百伍拾玖

兩陸錢叁分伍釐又撥解江寧省丙申年兵餉

銀拾伍萬兩又撥署臺灣海防同知沈欽霖等

祭葬等銀叁百陸拾貳兩又撥吴淞營巡洋落

水受傷兵丁卹賞銀柒百貳拾兩又撥委員張

綬組接運京銅運費銀叁千捌百兩又撥辦解

道光拾陸年木植價銀肆千捌百伍拾伍兩陸

錢捌分柒釐又已完造入道光拾伍拾陸等年
春秋冬各撥册内銀叁拾叁萬柒千叁百陸拾
壹兩柒錢捌分陸釐内宊户預完緩徵銀貳千
貳百柒拾貳兩肆錢柒分叁釐户部核與題銷
捐置義塚並坍荒田地應豁並撥解江寧省丙
申年兵餉撥給領解監餉水脚祭葬卹賞接運
京銅運費辦解木植價銀各原案以及造入各
該年季撥册造銀數均屬相符至撥解常熟等
縣捐田贍族並長洲等縣節烈婦女建坊共銀
伍千叁百柒拾兩移查禮部覆稱均與檔案相
符又撥解河工銀貳萬陸百拾柒兩壹錢柒分
陸釐移查工部覆稱核與江南總河咨報數目

相符均毋庸議

一地丁存留省衛屯衛項下撥給漕項俸工役食廩膳孤貧祭品歲貢坊儀鄉飲酒禮門軍口糧荒缺役食祗應號船儀從工食雜支各款共正銀柒拾玖萬貳千伍百陸拾柒兩柒分壹釐耗銀叁萬捌千柒百貳拾捌兩伍錢壹分壹釐等語　查前項徑撥漕項正銀柒拾萬捌百陸拾玖兩伍分柒釐耗銀叁萬捌千柒百貳拾捌兩伍錢壹分壹釐查係漕項奏銷案内報銷之款應令漕運總督江蘇巡撫即飭造入漕項奏銷案内造報查核至徑支俸工役食廩膳孤貧祭品歲貢坊儀鄉飲酒禮門軍口糧荒缺役

一八 大學士管理户部事務潘世恩等題本 察核林則徐題銷蘇州省道光十五年份地丁等項錢糧

道光十七年五月二十三日

食儀從工食祗應號船雜支各款共銀捌萬捌千玖百捌拾叁兩貳錢伍分貳釐查係每年循例支給之項應准開銷其存留項下官俸役食廩膳空缺銀貳千柒百拾肆兩柒錢陸分貳釐曾否照數完解司庫冊內未據聲明無憑查核除户部照數登記存查外應令江蘇巡撫即飭詳晰查明如已解司即行造入下屆季冊若未解司亦即迅速提解毋任延緩

一地丁扛脚屯折項下撥給驛站工食經解鹽課便民船工料廿緞盤費武職養廉官兵俸餉紅白賞卹採買新絲織辦紬緞辦解飛金顏料布疋價脚夾兵借餉銅斤雜費會試舉人盤纏

冬勘應蠲坍荒註緩候豁等項共正銀柒拾叁萬貳千柒百拾叁兩叁錢肆分壹釐耗銀捌千柒百柒拾兩叁分叁釐等語　查各屬徑支驛站銀肆萬柒千叁百陸拾肆兩壹錢玖釐移查兵部覆稱未據該撫題報到部又撥便民船工食銀貳千肆百兩又撥修造便民船工料銀壹千肆百叁拾陸兩壹錢叁分陸釐移查工部覆稱未據該省分案造冊報銷無憑查覆各等語應令江蘇巡撫將撥給前項銀兩迅速造報兵部工部核銷仍專案報部以便移查銷結又撥解兩浙鹽課正銀壹萬伍千玖百柒拾叁兩玖錢壹分壹釐耗銀肆百陸拾伍兩肆分應令

兩浙鹽政即行照數解部交納仍專案報部核
銷其解司鹽課耗銀叁百貳拾玖兩陸錢陸分
叁釐除户部照數登記外仍令該撫造入該年
耗羡報銷册内報部查核至撥給蘇省各標營
武職養廉官兵俸餉紅白賞卹織造移領採買
新絲織辦紬緞俸廉米豆草折甘緞盤費辦解
飛金顔料布疋價脚等銀伍拾陸萬玖千兩叁
分貳釐又撥會試舉人盤纏銀捌百伍拾叁兩
陸錢貳釐又已完耗羡徑支養廉銀柒千陸百
貳拾兩均係向有專案報部核銷之款令各本
案尚未據造報到部應令江蘇廵撫即飭造報
核銷仍專案報部銷結又撥寶蘇局領辦浙江

等省洋銅並收貯雜費等銀叁萬柒千壹百貳
拾肆兩叁錢貳分柒釐據冊内聲明預於司庫
墊發由各省按數扣存就近報撥於地丁銀内
開銷等語户部查撥給前項銀兩未據逐案隨
時咨報除照數登記外應令江蘇巡撫分別省
分年月專咨報部核辦並令嗣後遇有墊給外
省銅價仍應先行專案咨報無任遺漏又撥蘇
省各標營道光拾伍年坐落災地各兵丁借餉
銀伍萬叁千肆百捌拾貳兩伍錢即飭按季扣
還入撥仍俟扣楚之日造具入撥清冊送部核
銷又常州府屬靖江縣各年冬勘田地以增抵
減外實應豁正銀肆千陸百貳拾伍兩伍錢壹

分肆釐耗銀貳百貳拾叁兩柒錢捌分陸釐。毋

内未将各年應豁細數分晰登報，無憑查核，應

令江蘇廵撫即飭詳晰查明報部，銷結。又長洲

等縣捐置義塚，並坍荒、佔廢田地，註緩，候豁正

銀肆百伍拾叁兩貳錢壹分，耗銀叁拾壹兩伍

錢肆分肆釐，應令江蘇廵撫飭俟題報准豁之

日專案報部核結，毋任延緩。

一、地丁扛脚存留、省衛屯衛項下已完解司共

正銀壹千叁百肆拾貳兩玖錢壹釐，耗銀柒萬

壹千叁百兩柒錢玖分叁釐，内灾户溢完緩徵

銀壹百拾肆兩肆錢陸分陸釐，外溢完銀壹分

叁釐等語。　查前項已完解司鄉飲酒禮節

省俸工並不在丁田學租等項正銀壹千叁百肆拾貳兩玖錢壹釐耗銀柒萬壹千叁百兩柒錢玖分叁釐內災户預完緩徵耗銀壹百拾肆兩肆錢陸分陸釐外溢完耗銀壹分叁釐除户部照數登記外仍令該撫即飭將正銀造入下屆季册耗銀入於耗羨報銷册內分别造報查核仍俟入撥造報之日專案登覆核銷毋任遲延

一地丁扛脚屯衛項下未完並因災緩徵正銀拾肆萬肆千肆百玖拾貳兩壹錢玖分捌釐耗銀捌千捌百陸拾柒兩柒分貳釐等語　查前項因災緩徵地丁屯折正銀拾叁萬玖千陸

一八 大學士管理户部事務潘世恩等題本　察核林則徐題銷蘇州省道光十五年份地丁等項錢糧　道光十七年五月二十三日

百拾壹兩陸錢伍分玖釐耗銀捌千伍百玖拾
叁兩陸錢陸釐應令該撫轉飭俟屆限啟徵之
日按限催徵完報如逾限不完即行扣滿年限
查明完欠另行補報開參核議至實未完扛脚
正銀肆千捌百捌拾兩伍錢叁分玖釐耗銀貳
百柒拾叁兩肆錢陸分陸釐户部查應徵扛脚
銀兩即係地丁錢糧令該省是年熟田地丁錢
糧既據該撫聲報全完何以扛脚項下仍有未
完銀兩殊屬不合應令該撫將未完前項扛脚
正耗銀兩作速按限催徵完解清款入撥報部
仍入於下屆隨本奏銷案内造報查核所有該
撫開列經徵接徵督催已完各官職名應否准

其照例分別議叙之處吏部查地丁錢糧全完
各官除二三官徵完及二三官催完各員俱例不
議叙均毋庸議至一官經徵全完之長洲縣知
縣景壽春前任吳縣丁憂知縣湯譽光吳江縣
知縣顧毓奇常熟縣知縣練廷璜崑山縣知縣
賀崇禧婁縣知縣毛應觀前署南滙縣事丹陽
縣降調知縣朱清耀青浦縣知縣蔡維新前任
武進縣降調知縣吳時行陽湖縣知縣范鳳諧
署無錫縣事試用知縣曾承顯前任金匱縣調
任江西吉水縣知縣胡兆蓉前任江陰縣丁憂
知縣陳希敬靖江縣知縣張祈諤署丹陽縣事
崇明縣縣丞畢以紱溧陽縣知縣鄧東乾太倉

州知州李正鼎、鎮洋縣知縣孔昭顯、署嘉定縣
事試用知縣王錫九、寶山縣知縣毛正坦、前任
崇明縣降調知縣姚儲一官經催全完之鎮江
府丁憂知府龔文焕及李正鼎經催項下一官
全完，當經吏部行查户部，查明全完各員有無
是年應行啟徵節年緩帶徵分數錢糧並作分
數之雜項錢糧未完去後。兹據户部覆稱，該省
隨本奏銷尚未到部，無從查覆，應令該撫查明
一官全完各員是年有無應行啟徵節年緩帶
徵分數錢糧並作分數之雜項錢糧未完，逐一
查明聲覆，咨報吏部再行核辦。兵部查定例，衛
所守備、千總将一應起運錢糧於奏銷前如數

全完一千兩以下者紀錄一次一千兩以上三千兩以下者紀錄二次三千兩以上者紀錄三次等語除蘇州衛署事守備吴汝灃未完銀兩已據現任守備張熊飛代徵全完毋庸議外應將經徵道光拾伍年分屯折正耗銀兩全完三百兩以上一千兩以下之太倉衛守備賈任洙照例准其紀錄一次一千兩以上三千兩以下之蘇州衛守備張熊飛太倉衛已調大河衛守備符蓀均准其紀錄二次三千兩以上之署鎮海衛守備嚴州所千總彭國瑞署鎮海衛台州衛守備伍蔭槐署鎮江衛試用衛守備吴廷觀均准其紀錄三次吴廷觀應俟補官日紀錄伍

蔭槐業經休致所得紀録應行註冊再據該撫疏稱青浦縣知縣蔡維新經徵道光拾貳拾伍兩年地丁錢糧又武進縣知縣吴時行陽湖縣知縣范鳳諧江陰縣知縣陳希敬經徵道光拾肆拾伍兩年地丁錢糧均數在五萬兩以上於奏銷前一手徵解全完聲請照例議叙等語户部查青浦縣知縣蔡維新應徵道光拾貳拾伍兩年又武進縣知縣吴時行陽湖縣知縣范鳳諧江陰縣知縣陳希敬應徵道光拾肆拾伍兩年漕項錢糧並該二年應徵積年緩帶徵地丁等項有無一律徵解全完疏内未據詳晰聲叙無憑查核應令該撫即飭據實詳確查明再行

大學士管理户部事務潘世恩等題本　察核林則徐題銷蘇州省道光十五年份地丁等項錢糧

道光十七年五月二十三日

題報核辦

一額徵學租正銀肆千伍拾壹兩肆分貳釐耗

銀貳百叁拾肆兩貳錢伍分捌釐內已完徑支

賬貧膏火彙解學院支用存候撥用等項正銀

叁千伍百玖拾叁兩肆錢肆釐已完解司耗銀

貳百兩柒錢玖分壹釐熟田未完並因災緩徵

正銀肆百伍拾柒兩陸錢叁分玖釐耗銀叁拾

叁兩肆錢陸分柒釐等語　查前項徑支賬

貧膏火等銀伍百貳拾叁兩伍錢柒分伍釐查

係循例支給之項應准開銷至彙解學院支用

銀貳千捌百兩應歸專案核銷之款應令江蘇

巡撫江蘇學政俟造報准銷之日專案報部核

結其已完存俟撥用正銀貳百陸拾玖兩捌錢
貳分玖釐耗銀貳百兩柒錢玖分壹釐除户部
照數登記外仍令江蘇巡撫即飭將正銀造入
下屆季冊報部撥用耗銀造入於耗羡報銷冊
內造報查核又因災緩徵正銀貳百玖拾玖兩
伍錢捌分伍釐耗銀貳拾兩玖錢柒分壹釐並
令該撫飭俟屆限啟徵之日按限徵解完款仍
俟扣滿年限查明完欠另行補報開參核議所
有熟田未完正銀壹百伍拾捌兩伍分肆釐耗
銀拾貳兩肆錢玖分陸釐開列職名報參等語
吏部查定例錢糧未完各官參後續報全完者
扣除免議等語應將學租項下參後續報全完

各官照例准其扣除免議仍令該撫將前項未
完正耗銀兩即飭照數催徵完欵報部查核
一應徵官生空缺銀貳千捌百拾肆兩捌錢叁
釐外溢完銀叁分叁釐内已完存撥本省署任
官俸之用銀貳千伍百玖拾陸兩貳錢肆分伍
釐外溢完銀叁分叁釐未完銀貳百拾捌兩伍
錢伍分捌釐等語　查各屬已完官生空缺
銀貳千伍百玖拾陸兩貳錢肆分伍釐外溢完
銀叁分叁釐據稱存撥署任官俸之用除户部
照數登記外仍令江蘇廵撫查明前項存撥銀
兩如未動用仍造入下屆季冊報部酌撥毋任
含混至未完銀貳百拾捌兩伍錢伍分捌釐開

列職名報叅等語又定例官員承追不作十分之雜項錢糧未完初叅降俸二級戴罪催追完日開復又定例官員任内又承督未完案件於限内離任者以罰俸一年完結等語除續報全完各員照例准其扣除免議外應將官生空缺項下經徵未完之前署金壇縣事試用知縣龔潤森前任金壇縣知縣蕭蔭恩均照例降俸二級戴罪催追完日開復龔潤森係試用署事之員已於未經限滿之先卸事應照離任官例於補官日罰俸一年完結蕭蔭恩已調江陰縣知縣其應照例議結之處俟復叅案内聲明卸事日期吏部再行核議仍令該撫將前項未完銀

兩即飭照數催徵完款報部查核
一應徵雜税正銀肆萬伍千貳百叁兩玖錢玖
分柒釐外溢完正銀貳拾陸兩叁錢柒分伍釐
耗銀貳千伍百捌拾陸兩貳錢叁分玖釐外溢
完耗銀貳兩伍錢陸分捌釐内已完報撥銀叁
萬肆千陸百伍拾貳兩捌錢貳分内已完銀貳
拾陸兩叁錢柒分伍釐已完耗銀壹千玖百玖
拾玖兩貳錢伍分陸釐外溢完銀貳兩伍錢陸
分捌釐實未完正銀壹萬伍百柒拾柒兩伍錢
伍分貳釐耗銀伍百捌拾陸兩玖錢捌分叁釐
等語　　查前項已完雜税造入道光拾伍拾
陸等年春秋冬各撥册内銀叁萬肆千陸百伍

拾貳兩捌錢貳分內已完銀貳拾陸兩叁錢柒
分伍釐戶部核與各該年季撥冊造銀數相符
應毋庸議又已完耗銀壹千玖百玖拾玖兩貳
錢伍分陸釐外溢完銀貳兩伍錢陸分捌釐除
戶部照數登記外仍令該撫即飭造入該年耗
羨報銷冊內造報查核所有未完正銀壹萬伍
百柒拾柒兩伍錢伍分貳釐耗銀伍百捌拾陸
兩玖錢捌分叁釐開列職名報參等語又定例
官員承追不作十分之雜項錢糧初參未完降
俸二級戴罪催追完日開復等語應將經徵接
徵雜稅錢糧未完之元和縣知縣黃冕署理元
和縣事長洲縣知縣景壽春前署元和縣事華

亭縣知縣張慶瑗署元和縣事南滙縣知縣沈
炳垣前任吳縣知縣湯譽光吳江縣知縣顧毓
奇前署丹徒縣事安東縣知縣張寬培丹徒縣
知縣熊傳栗均照例降俸二級戴罪催追完日
開復景壽春係署事官張慶瑗已經告病張寬
培已撤回另補俱於未經限滿之先卸事應照
離任官例景壽春於現任内罰俸一年完結張
慶瑗張寬培均應於補官日罰俸一年完結沈
炳垣係署事官湯譽光已經丁憂其應照例議
結之處俟復叅案内聲明卸事日期吏部再行
核議仍令該撫將前項未完正耗銀兩嚴飭按
數提解司庫入撥報部毋任延欠

一文衙各官應扣降罰俸銀肆萬陸千壹百玖
拾陸兩伍錢陸分貳釐内已完報撥銀壹千叁
百玖拾壹兩柒錢伍分壹釐未完銀肆萬肆千
捌百肆兩捌錢壹分壹釐等語　查前項已
完降罰俸銀造入道光拾陸年秋撥冊内銀壹
千叁百玖拾壹兩柒錢伍分壹釐户部核與該
年秋撥冊造銀數相符應毋庸議其未完文衙
降罰俸銀肆萬肆千捌百肆兩捌錢壹分壹釐
應令江蘇巡撫轉飭分別追扣入撥報部查核
一額徵民屯白糧解南料豆局糧卹孤等項共
米豆貳拾伍萬柒千捌百玖拾貳石叁斗捌升
柒勺外溢完米壹石貳斗貳升柒合壹勺内除

一八 大學士管理户部事務潘世恩等題本 察核林則徐題銷蘇州省道光十五年份地丁等項錢糧

道光十七年五月二十三日

捐置義塚築塘坍廢徑撥漕項撥補卹孤口糧
各標營兵糧蘇織造匠糧撥補虧解兵糧欠借
月餉冬勘應蠲坍荒候豁已完撥剩等項共米
豆貳拾叁萬玖千玖百叁拾貳石捌斗柒升貳
合壹勺內溢完米壹石貳斗貳升陸合叁勺外
溢完米捌勺熟田未完並因災緩米豆壹萬柒
千玖百陸拾石柒斗叁升肆合玖勺等語
查前項米豆內吳江等縣捐置義塚築塘坍廢
減則田地共應豁米豆伍拾玖石壹斗貳升叁
合捌勺已完折價豆捌百壹石肆斗伍合貳勺
共折銀玖百叁拾柒兩陸錢肆分肆釐據冊內
聲明造入道光拾陸年秋撥冊內造報銀數均

屬相符應毋庸議又徑撥漕項米拾肆萬柒千
柒百玖拾叁石捌升壹合柒勺查係漕倉案内
報銷之款應令漕運總督江蘇廵撫即飭入於
漕倉案内造報查核至撥補安缺並徑撥卹孤
口糧米壹萬叁千伍百拾伍石柒升玖合伍勺
查係循例支給之項應准開銷又撥各標營道
光拾陸年官兵俸餉並織造匠糧等米陸萬陸
千貳百玖拾伍石肆斗貳升叁合肆勺内溢完
米壹石貳斗陸合叁勺均係向有專案報部核
銷之款令各本案未據造報應令江蘇廵撫蘇
州織造即飭造報核銷仍專案報部銷結又鎮
江高資二營原裁充餉餘剩米壹千石叁斗叁

升玖合玖勺應令該撫即飭按照月報糧價變
解入撥報部查核毋任延宕又撥各標營道光
拾伍年坐落実地兵丁借給月餉米玖百玖拾
貳石陸斗叁升貳合貳勺並令即飭按季扣還
清款仍俟扣楚之日造具清冊送部核結又撥
補前任金山令蔣封歧虧解道光拾貳年協標
各營兵米壹百玖拾玖石壹斗捌合壹勺於何
年月日奉部覆准撥補冊內未據聲明又靖江
縣各年冬勘田地應蠲米伍百貳拾陸石貳斗
伍升伍合肆勺冊內未將各年應蠲細數分晰
登註均無憑稽核應令該撫即飭逐款查明報
部核結又長洲等縣捐置義冢並坍荒佔廢註

緩候谿米豆陸拾石伍斗貳升柒合貳勺並令
迅即題豁仍俟題豁之日專案報部銷結其已
完米捌千陸百捌拾玖石捌斗玖升伍合柒勺
外溢完米捌勺即飭解交省倉儘數湊撥兵糧
之用俟湊撥之日仍專案報部核銷至因災緩
徵米豆壹萬玖石叁斗柒升柒合貳勺應令該
撫俟屆限啟徵之日依限催徵完報如逾限未
完即行扣滿年限查明完欠另行補報開參核
議所有未完熟田米柒千玖百伍拾壹石叁斗
伍升柒合柒勺據冊報開列已未完職名聽候
核議等語又定例錢糧未完各官參後續報全
完者扣除免議等語除米豆項下全完各官例

無議叙毋庸議外應將叅後續報全完各官均
照例准其扣除免議至前項未完熟田米石應
令江蘇巡撫即飭按數嚴催徵解完款如逾二
叅例限不完遵例扣滿年限查明完欠題報展
叅仍一併入於下屆隨本奏銷案内分晰造報
查核所有以上未結各款銀米豆石並令該撫
遵照乾隆叁拾陸年
欽定五年之限掃數登覆完結再此本係户部主稿科
抄於道光拾陸年玖月貳拾捌日到部隨經移
查禮部兵部工部去後今於拾月貳拾等日准
禮兵工三部陸續查覆到部於拾壹月貳拾捌
日會吏部兵部於道光拾柒年貳月貳拾捌等

一八 大學士管理户部事務潘世恩等題本 察核林則徐題銷蘇州省道光十五年份地丁等項錢糧

道光十七年五月二十三日

日准吏部兵部會同茲於伍月貳拾叁日辦理具

題合併聲明臣等未敢擅便謹

題請

旨

道光拾柒年伍月貳拾叁日

經筵講官太子太保武英殿大學士兼翰林院掌院學士管理戶部事務 臣潘世恩

經筵講官戶部尚書管理健銳營戶部三庫事務鑲紅旗滿洲都統閱兵大臣內大臣 臣宗室奕顥 差

經筵講官太子太保兵部尚書署戶部尚書御前侍衛內大臣鑲藍旗滿洲都統正紅旗領侍衛內大臣輔國公 臣宗室禧恩

一八 大學士管理户部事務潘世恩等題本 察核林則徐題銷蘇州省道光十五年份地丁等項錢糧 道光十七年五月二十三日

經筵講官太子少保協辦大學士南書房行走管理刑部事務户部尚書降二級留任 臣王　鼎

左侍郎經筵講官總管內務府大臣武英殿總裁管理光祿寺國子監事務稽察左翼覺羅學正白旗滿洲副都統 臣文　慶

左　侍　部 臣龔守正

兵部左侍郎署左侍郎 臣祁寯藻

右侍郎兼管錢法堂事務國史館副總裁鑲黃旗滿洲副都統 臣賽尚阿

右侍郎兼管錢法堂事務 臣程恩澤

江南清吏司郎中 臣承　慶

郎中 臣王鳴鳳

額外郎中 臣龍致初

員外郎 臣興　存

員外郎 臣阿克丹

員外郎 臣福昌阿

員外郎臣湯鵬
員外郎臣朱材哲
額外員外郎臣韓萬培
主事臣松年
主事臣唐方煦
額外主事臣中和
額外主事臣阿英
額外主事臣趙東昕
額外主事臣馮德馨
額外主事臣胡增瑞
額外主事臣張銘謙
額外主事臣顏錫惠

額外主事臣林廷禧

吏部尚書臣宗室奕經

尚書臣湯金釗

左侍郎臣桂輪

左侍郎臣卓秉恬

右侍郎臣隆文 未到任

右侍郎臣陳官俊

考功清吏司主事臣慶安

主事臣夏恒

大學士管理兵部事務臣阮元

兵部尚書臣朱士彦 差

左侍郎臣溥治

右侍郎臣倭什訥

右侍郎臣潘錫恩差

職方清吏司郎中臣陳岱森

主事臣恒康

上諭 林則徐奏滇黔銅鉛船隻夾帶私鹽著將運員總兵分別議處

道光十七年五月二十六日内閣奉

上諭林則徐奏銅鉛船隻夾帶私塩請將運員揔兵分別議處一摺所奏甚是滇黔銅鉛向由川船裝載藉差夾帶私塩爲弊滋甚前降諭旨飭令經由卡隘認真查驗有犯即懲原所以杜私衛引整飭鹺綱茲據該督查明雲南委員署大關同知彭衍墀領運銅船並不攏卡經兵役等追獲私塩貴州委員龍泉縣知縣童翬船不泊岸順流直下追赴下游就彼驗放該運員等於船户冒越避查均有失察之咎彭衍墀童翬俱著交部分別議處護宜昌鎮揔兵倭仁布並不遵照前奉諭旨親督卡運各負實力查驗追該船不聽搜查僅以趕往截驗

一八 上諭 林則徐奏滇黔銅鉛船隻夾帶私鹽著將運員總兵分別議處

道光十七年五月二十六日

一語含糊具稟顯係意存遷就倭仁布著交部議處此次議處各員著該部專摺具奏至銅鉛船隻夾帶川省私鹽最為淮綱之害著四川總督飭夔州府於各船過關查稅之便務將所帶私鹽一併認真查起並嚴飭瀘州酆都忠州雲陽巫山各州縣隨時隨地加意稽查倘該處場店膽敢將川鹽賣給船戶一經查出即行嚴拏按律懲治毋稍徇縱該督等惟當以公事為重不分畛域實力稽查務期買私諸弊一律肅清庶于鹽務銅運兩無妨礙如敢意存膜視任聽私販充斥再經楚省搜獲除將失察透私之州縣及縱漏之夔關照例查參議處外定將該督一併懲處決不寬貸欽此

上諭　**林則徐奏漢陽營遊擊謝玉陞馬步生疎著降為都司**

道光十七年五月二十六日内閣奉

上諭林則徐奏校閲省標營伍一摺湖北漢陽營游

擊謝玉陞馬步生疎難資表率著降為都司歸部

銓選該部知道欽此

湖廣總督林則徐等奏摺

襄陽縣民婦章張氏因瘋傷斃祖姑案審明分別定擬

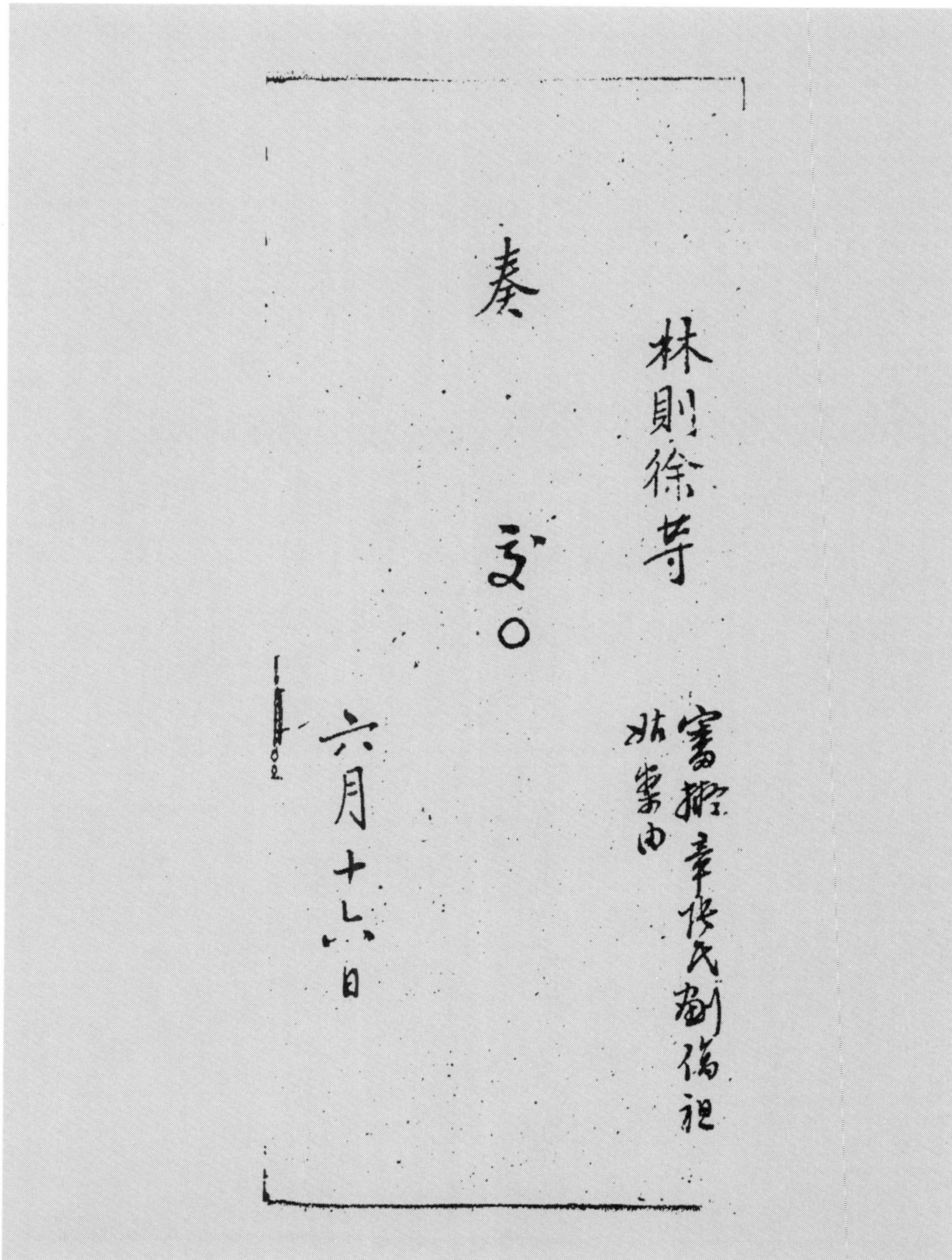
奏

林則徐等

審擬章張氏劄傷祖姑案由

[illegible]○

六月十六日

湖廣總督林則徐等奏摺　襄陽縣民婦章張氏因瘋傷斃祖姑案審明分別定擬

道光十七年五月二十八日

湖廣總督臣林則徐
湖北巡撫臣周之琦跪
奏為因瘋戳傷祖姑斃命審明辦理恭摺奏
聞事竊據襄陽縣知縣紀昌期詳報民婦章張氏因瘋
病復發戳傷祖姑章劉氏一案當經批司飭審
招解去後茲據該縣審擬章劉氏肚腹傷口潰
爛醫治不效身死親押犯證來省情又經批
司委署武昌府知府成綸審明定擬由司覆
審招解前來臣等隨親提犯證督同藩臬兩司
覆加研訊緣章張氏係章劉氏孫媳平素並無
違犯章劉氏同子章繼江媳靳氏均素鍾愛與
其夫章得寬亦相和睦道光十五年十月內
章張氏產後染患瘋病當經醫瘥嗣後時發

時經章繼江同保鄰人等報送官鎖錮，章劉氏
慮章張氏監禁受苦，阻未具報。每遇瘋發，章繼江
將其關鎖空房，俟病愈放出。十七年正月初四
日早，章繼江、章得應均因事出外，靳氏先日
往母家探望，僅章劉氏、章張氏在家。章劉氏因
天寒尚在睡臥，詎章張氏瘋病復發，自言自咲，
將屋内什物打毁。章劉氏聽聞，急忙起身披衣
走出，見章張氏手執剃刀亂舞。章劉氏趕攏扭
奪，被章張氏劃傷右腮頰、右肐肘、肚腹。章劉氏
喊嚷，經族鄰章恩近等聞聲趕至，奪過剃刀，將
章張氏捆縛，通知章繼江等回歸，投保報驗
明，傷痕訊據章劉氏供明前情。查驗章張氏目

瞪神呆語無倫次收禁醫調通詳旋審章劉氏
腮頰胳肘傷痕均醫治就痊惟肚腹傷已潰爛
醫治不效延至二月二十八日殞命又經該縣
詣驗填格通詳將章張氏瘋病速痊提押犯證
來省訊擬供認不諱究無起釁别故及裝瘋捏
飾情弊質之保鄰暨該氏夫翁人等衆供僉同
案無遁飾查章張氏用刀劃傷祖姑章劉氏身
死雖係瘋發無知仍應按律問擬章張氏合依
毆夫之祖母殺者淩遲處死律凌遲處死該犯
婦因瘋致斃祖姑情罪重大未便稍稽顯戮查
襄陽縣距省在三百里以外臣等于審明後即
恭請

王命飭委臬司程銓、署撫標中軍參將程三光將該
犯婦解赴市曹凌遲處死，係婦人免其梟示。章
繼江、章得應、保正章得功、族鄰章思近、章繼任
均合依瘋病之人親屬地鄰容隱不報以致殺人
例杖一百。章繼江、章得應疏于防範，致母被
殺，應再加枷號一個月，滿日各折責發落。保正
仍革役。餘干省釋。除供招咨部外，理合恭摺具
奏伏乞
皇上聖鑒。謹
奏。
道光十七年六月十六日奉
硃批：刑部知道。欽此。
五月二十八日

湖廣總督林則徐等奏摺　**當陽縣絞犯自縊禁卒侯必貴等遵旨審明分別定擬**

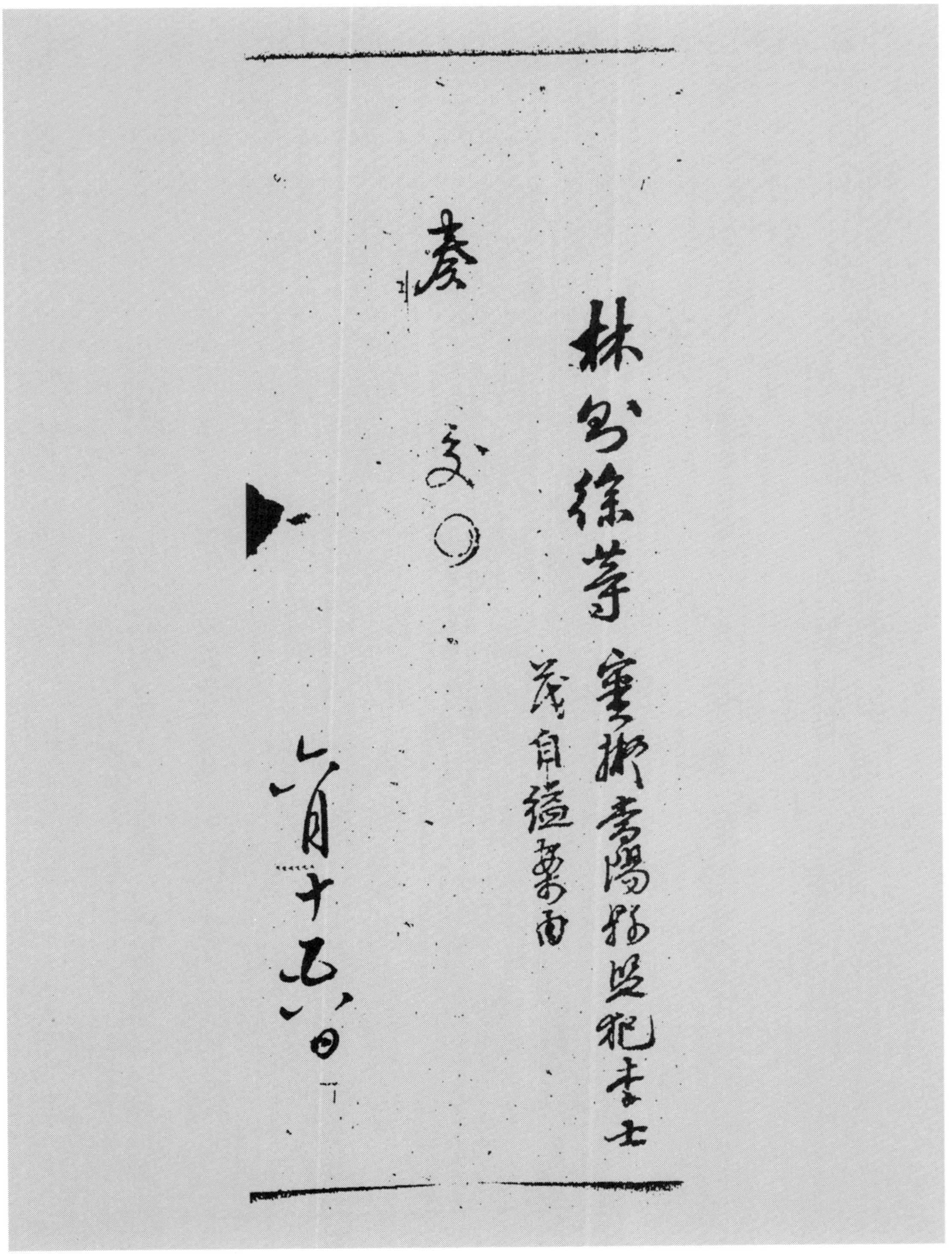
林則徐等　審擬當陽縣絞犯李士茂自縊案由

奏　文○

五月十五日

湖廣總督臣林則徐
湖北巡撫臣周之琦跪

奏爲遵

旨審明分別擬辦恭摺

聖鑒事竊照當陽縣應入本年秋審緩決絞犯李士

茂在監自縊身死前經臣等據實

奏參並審辦在案

諭旨此次湖北當陽縣典史曹林於本年秋審擬緩

重犯並不加意防範以致在監自縊身死實屬辜

職自應照所參即革職交該督等提同刑禁人等嚴審究

辦當陽縣知縣王朝柄不能先事防範著交部議處欽

此當經臣等行司飭提參革典史曹林及禁卒人

等來省飭委署武昌府知府成善訊明由藩臬招

湖廣總督林則徐等奏摺　當陽縣絞犯自縊禁卒侯必貴等遵旨審明分別定擬

道光十七年五月二十八日

司覆審議擬解勘去後，茲以等隨犯提審研訊，緣李士茂

係當陽縣人，因共毆李士才身死，審擬絞監候，

題准部覆，應入道光十七年秋審後決之犯。該犯素

患痨病，時發時愈。道光十七年正月二十五日，李士茂

舊病復發，禁卒侯必貴即呈稟，經該縣撥醫調

治。其時李士茂常將痨病難受，不如早死之語向貴

等告知勸慰。至二月初二日早，典史曹林進監放封

後，李士茂喘嗽氣喘，不思飲食，在監睡臥，侯必貴

等均往廚房收拾各犯食飯。詎李士茂因病痛苦

輒萌短見，乘間用褲帶系在監柵橫梁上自

縊殞命。侯必貴等進監察見，解救無及，時該縣

王朝相先期赴院公幹未回，即經該典史曹林等驗

一八 湖廣總督林則徐等奏摺 當陽縣絞犯自縊禁卒侯必貴等遵旨審明分別定擬

道光十七年五月二十八日

等到門，如飭委署遠安縣劉鴻庚詣驗填格通報由
府司覆詳遵照招解前來。
臣飭審。以等隨提該典史及刑禁人等研訊，堅供委係一時疏
忽，並無私縱刑具及凌虐致縊情事，究詰不移。任
查禁卒侯必貴首犯均合依獄囚失手檢點
致囚自盡者，禁卒杖六十徒一年，刑書請去不合
依司獄官典罪止五十律，笞五十，供指責革役。當陽縣
典史李林先防範犯盜罪自盡，諮會例議處，鋃革
職。至當陽縣知縣王朝梧係公出，帳不能兼
事防範已
奏請交部議處。在勘部議陳供插證，部咨理合摺
具
奏伏乞

一八 湖廣總督林則徐等奏摺 當陽縣絞犯自縊禁卒侯必貴等遵旨審明分別定擬 道光十七年五月二十八日

皇上聖鑒勅部核覆施行謹

奏

道光十七年六月十六日奉

硃批該部議奏欽此

旨

[illegible]

湖廣總督林則徐題本　奏報武昌廠關道光十五年六月起徵收稅銀並盈餘數

該部察核具奏

題

一八 湖廣總督林則徐題本 奏報武昌廠關道光十五年六月起徵收稅銀並盈餘數

道光十七年五月二十九日

兵部尚書兼都察院右都御史總督湖廣等處地方軍務兼理糧餉臣林則徐謹

題爲武昌廠關徵收稅銀并盈餘無缺循例具

題事據湖北布政使張岳崧詳稱案奉部咨各關

期滿例應將壹年徵收額稅并盈餘銀兩數目

具題又欽奉

上諭嗣後各關徵收盈餘數目較上屆短少者俱著於

再上屆年復行比較如能較前無缺即可覈准若比

較上叁年爲有短少即責令經管之員賠補欽此又

准戶部咨欽奉

諭旨各關徵收盈餘數目經朕分別覈減定額或有多

餘儘收儘解其叁年比較之例永行停止欽此計開

欽定武昌廠關盈餘銀壹萬貳千兩各等因遵奉在案

一八 湖廣總督林則徐題本 奏報武昌廠關道光十五年六月起徵收税銀並盈餘數

道光十七年五月二十九日

兹據接管武昌廠關稅務署武昌府知府成善申稱前府管理關務自道光拾伍年陸月貳拾壹日接管起連閏至道光拾陸年伍月貳拾日壹年期滿止共徵收武昌廠關船料銀伍萬伍千陸百貳拾陸兩柒錢壹分叉游湖關船料銀叁千壹百兩貳錢柒分相應造具冊結申請覈轉等情到司該湖北布政使張岳崧查得武昌廠關稅務原准部咨令將壹年期滿徵收正額盈餘數目具題考覈今道光拾伍年陸月貳拾壹日以前徵收銀兩前經詳

題奉准部覆在案茲查接管關務前任武昌府知府崇善自道光拾伍年陸月貳拾壹日接管起

湖廣總督林則徐題本　奏報武昌廠關道光十五年六月起徵收税銀並盈餘數

道光十七年五月二十九日

連閏至道光拾陸年伍月貳拾日壹年期內徵
過武昌廠關船料銀叁萬叁千兩又盈餘銀貳
萬貳千陸百貳拾陸兩柒錢壹分海關船料
銀叁千壹百兩貳錢柒分業經解司分別兑收
其盈餘銀兩係屬儘收儘解較
欽定銀數有盈無絀理合轉造清冊同送到印結一併
具文詳請察
題等情前來臣覆覈無異除冊結分送部科查覈
外謹會同湖北巡撫臣周之琦合詞恭疏具
題伏乞
皇上聖鑒敕部覈覆施行臣謹具
題請

一八 湖廣總督林則徐題本 奏報武昌廠關道光十五年六月起徵收稅銀並盈餘數

道光十七年五月二十九日

旨

道光拾柒年伍月[illegible]玖日　兵部尚書兼都察院右副都御史總督湖廣等處地方軍務兼理糧餉臣林則徐

一八 湖廣總督林則徐題本 奏報武昌廠關道光十五年六月起徵收税銀並盈餘數

道光十七年五月二十九日

兵部尚書兼都察院右副御史總督湖廣等處地方軍務兼理糧餉臣林則徐謹
題爲武昌廠關徵收稅銀并盈餘無缺循例具
題事該臣看得武昌廠關稅務原准部咨將壹年
湖廣徵收正額盈餘數目具題今據湖北布政
使張岳崧詳稱道光拾伍年陸月貳拾壹日以
前徵收銀兩前經詳
題奉准部覆在案茲查接管關務前任武昌府知
府崇善自道光拾伍年陸月貳拾壹日接管起
連閏至道光拾陸年伍月貳拾日壹年期內徵
過武昌廠關船料銀叁萬叁千兩又盈餘銀貳
萬貳千陸百貳拾陸兩柒錢壹分游湖關船料
銀叁千壹百兩貳錢柒分業經解司分別兌收
其盈餘銀兩係屬儘收儘解較
欽定銀數有盈無絀造冊出結詳請具
題等情前來臣覆覈無異除冊結分送部科查覈
外謹會
題請
旨

一八　湖廣總督林則徐題本　報銷湖北省道光十六年份武職養廉銀數
道光十七年五月二十九日

湖廣總督林則徐題本　**報銷湖北省道光十六年份武職養廉銀數**

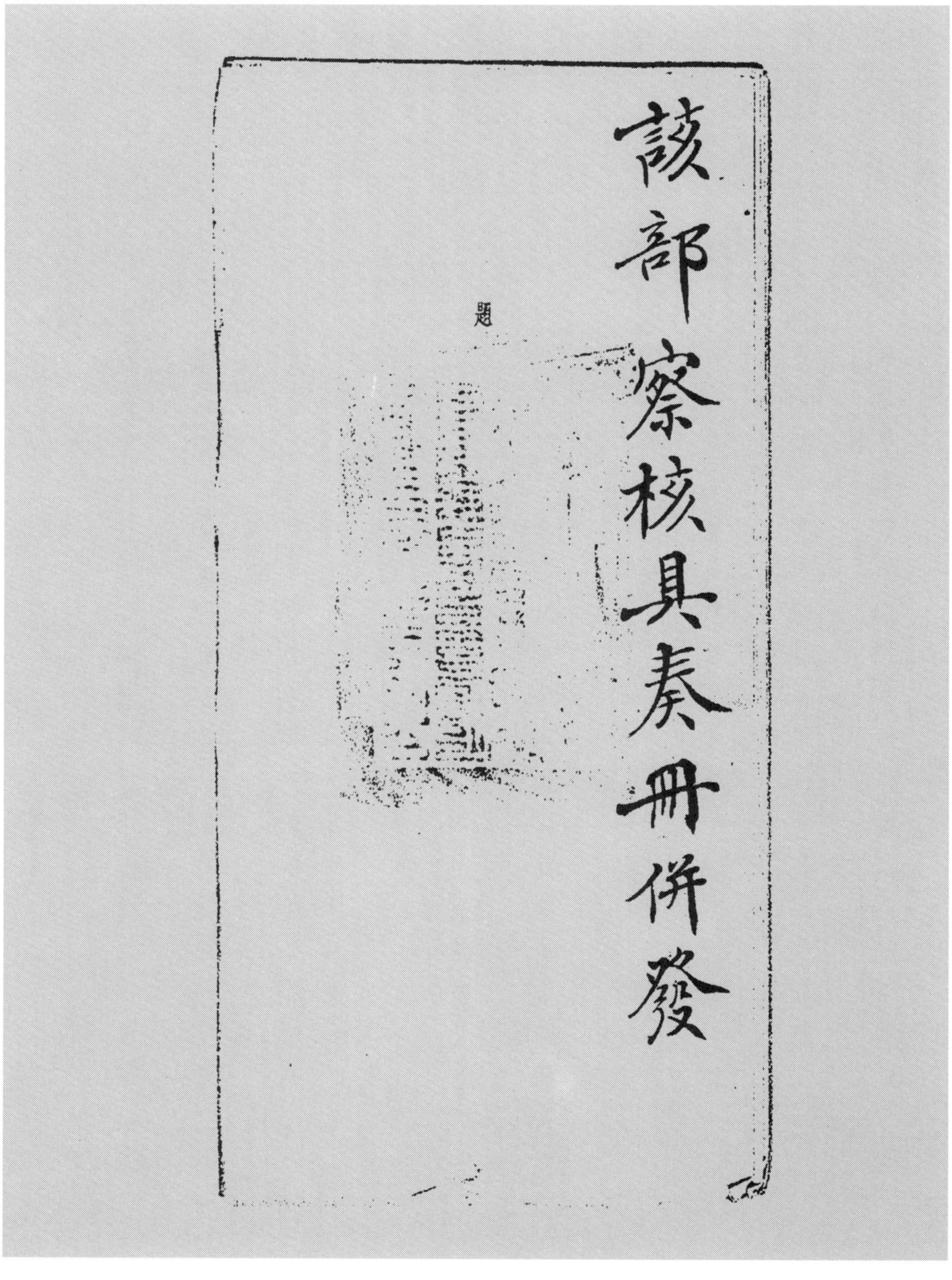
該部察核具奏冊併發

題

一八　湖廣總督林則徐題本　報銷湖北省道光十六年份武職養廉銀數

道光十七年五月二十九日

兵部尚書兼都察院右都御史總督湖廣等處地方軍務兼理糧餉臣林則徐謹

題爲報銷武職養廉銀兩事該臣看得湖北省武

職養廉銀兩准戶部咨該督等奏請動用原充

賞項之引規等銀壹萬肆千兩與原議相符

應准其動支其不敷銀貳萬玖千捌百壹拾陸

兩請於正項銀內動支之處亦與原議相符應

准其在於正項地丁銀內動支仍將動撥給發

各數於歲底專案造冊題銷并於各本案內聲

明造報查覈又於嘉慶捌年改設提標等營案

內增設官弁新添養廉銀捌千捌百壹拾捌兩

共銀叁萬捌千陸百叁拾肆兩一併在於地丁

銀內動支又例載直省綠營武職員弁額設養

廉銀兩小建不扣遇閏分作拾叁個月支領其
任內或遇因公降革留任者仍准支給各等因
遵照在案今據湖北布政使張岳崧詳稱湖北
各標鎮協營道光拾陸年壹歲額設養廉銀伍
萬貳千陸百叁拾肆兩按冊覈算共支過養廉
銀伍萬壹千肆百肆拾貳兩叁錢陸分叁釐均
與定例小建不扣支領數目相符實存剩銀壹
千壹百玖拾壹兩陸錢叁分柒釐內係陞遷事
故官弁應存空曠銀柒百捌拾叁兩陸錢叁分
柒釐又赴部引
見人員應存留半銀肆百捌兩零准部文支給額外
委署人員酌給養廉并武職修理衙署之用其

收支存剩數目俱於空糧留半養廉

奏銷冊內備晰開造相應彙造總冊同各營款冊

一併具文詳請查覈具

題等情前來臣覆覈無異除冊送部查覈并將支

過總數繕黃冊壹本

進呈

御覽外謹會同湖北巡撫臣周之琦合詞恭疏具

題伏乞

皇上聖鑒勅部覈銷施行臣謹具

題請

旨

湖廣總督林則徐題本　報銷湖北省道光十六年份武職養廉銀數

道光十七年五月二十九日

兵部尚書兼都察院右都御史總督湖廣等處地方軍務兼理糧餉臣林則徐謹

題爲報銷武職養廉銀兩事。該臣看得湖北省武職養廉銀兩，准戶部咨，原充賞項之引規等銀壹萬肆千兩，應准其動支，其不敷銀貳萬玖千捌百壹拾陸兩，亦應准其在於正項地丁銀內動支，仍於歲底專案造冊題銷，并於各本案聲明造報查覈。又於嘉慶捌年改設提標等營案內增設官弁新添養廉銀捌千捌百壹拾捌兩，共銀叁萬捌千陸百叁拾肆兩，一併在於地丁銀內動支等因，遵照在案。今據湖北布政使張岳崧詳稱，湖北各標鎮協營道光拾陸年壹歲額設養廉銀伍萬貳千陸百叁拾肆兩，按冊覈算，共支過養廉銀伍萬壹千肆百肆拾貳兩叁錢陸分叁釐，均與定例小建不扣支領數目相

一八 湖廣總督林則徐題本 報銷湖北省道光十六年份武職養廉銀數

道光十七年五月二十九日

符實存剩銀壹千壹百玖拾壹兩陸錢叁分柒
釐內除歷遷事故官弁應存空曠銀柒百捌拾
叁兩陸錢叁分柒釐又赴部引
見人員應存留半銀肆百捌兩奉准部文支給額外
委署人員酌給養廉并武職修理衙署之用其
收支存剩數目俱於空曠留半養廉
奏銷冊內備晰開造相應彙造總冊同各營款冊
一併詳請覈
題等情前來臣覆覈無異除冊送部查覈并將支
過總數繕具黃冊
進呈
御覽外謹會
題請
旨

一八

湖廣總督林則徐題本　報銷荊州八旗並湖北各營官兵道光十六年份支過俸餉等銀數

道光十七年五月二十九日

湖廣總督林則徐題本

報銷荊州八旗並湖北各營官兵道光十六年份支過俸餉等銀數

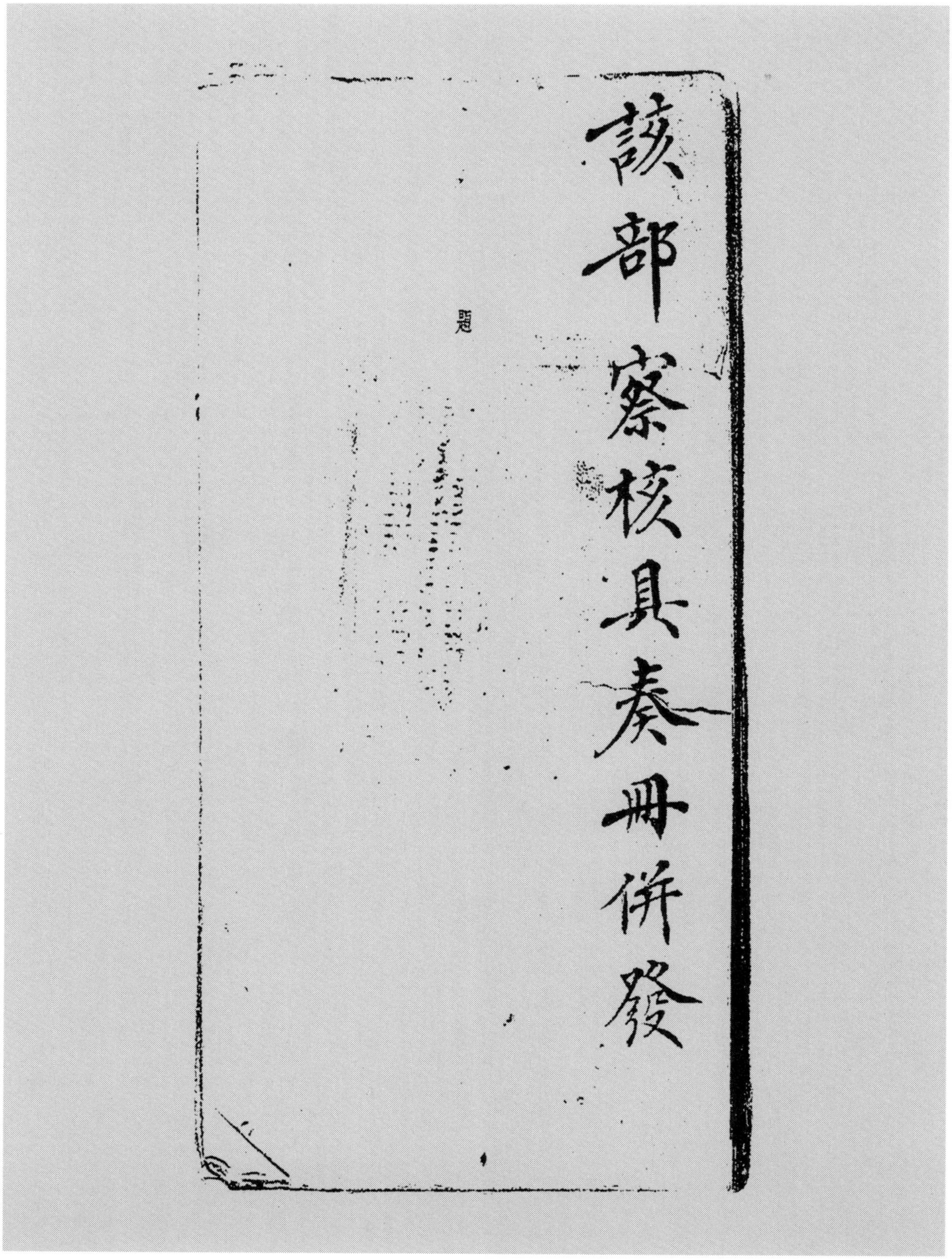

題

該部察核具奏冊併發

一八 湖廣總督林則徐題本 報銷荊州八旗並湖北各營官兵道光十六年份支過俸餉等銀數

道光十七年五月二十九日

兵部尚書兼都察院右都御史總督湖廣等處地方軍務兼理糧餉臣林則徐謹
題爲報銷兵馬錢糧事該臣看得楚省駐防荊州
八旗官兵馬匹及湖北各標鎮協營官兵馬匹
支過道光拾陸年分俸餉乾銀白中本折米麥
及本折豆草數目今據湖北布政使張岳崧糧
儲道李源查照實支清檔造具清冊并各營格
冊該司照例用印鈐蓋彙呈前來臣查自道光
拾陸年正月起至拾貳月底滿漢官兵馬匹實
支俸餉乾銀并折色豆草口分通共銀陸拾伍
萬叁千貳百肆拾壹兩貳錢柒分實支折色白
米壹千壹百陸拾柒石陸斗玖升柒合本色中
米壹拾叁萬叁千玖百貳拾捌石伍斗伍升伍

合叁勺部撥餉項下折色中米貳萬貳千玖百
肆拾肆石壹斗部撥不敷折色中米叁萬陸千
陸百柒拾壹石肆斗叁合肆勺甫糧改折項下
折色中米貳萬壹千叁百貳拾肆石捌斗柒升
本色大麥伍拾叁石伍斗伍升肆合陸勺本色
豆伍拾貳石叁斗陸升玖合玖勺以上銀米大
麥豆草內除本色麥豆動支款項并折色米石
價值以及部撥支存餉款應聽撫臣統歸民賦
奏銷案內報部覈銷所有實支銀米麥豆數目攢
造清冊同取獲清檔送部查覈并將支過總數
恭繕黃冊壹本
進呈

一八 湖廣總督林則徐題本 報銷荊州八旗並湖北各營官兵道光十六年份支過俸餉等銀數 道光十七年五月二十九日

御覽外，謹會同湖北巡撫臣周之琦合詞恭疏具

題，伏乞

皇上聖鑒，勅部覈銷施行。臣謹具

題請

旨。

道光拾柒年伍月[illegible]都御史總督湖廣等處地方軍務兼理糧餉臣林則徐

一八　湖廣總督林則徐題本　報銷荊州八旗並湖北各營官兵道光十六年份支過俸餉等銀數

道光十七年五月二十九日

兵部尚書兼都察院右都御史總督湖廣等處地方軍務兼理糧餉臣林則徐謹
題
爲報銷兵馬錢糧事該臣看得楚省駐防荊州
八旗官兵馬匹及湖北各標鎮協營官兵馬匹
支過道光拾陸年分俸餉乾銀并折色豆草口
分通共銀陸拾伍萬叁千貳百肆拾壹兩零實
支折色白米壹千壹百陸拾柒石零本色中米
壹拾叁萬叁千玖百貳拾捌石零部撥餉項下
折色中米貳萬貳千玖百肆拾肆石零部撥不
數折色中米叁萬陸千陸百柒拾壹石零南糧
改折項下折色中米貳萬壹千叁百貳拾肆石
零本色大麥伍拾叁石零本色豆伍拾貳石零
除造冊送部查覈并恭繕黃冊
進呈
御覽外謹會
題請
旨

上諭　林則徐奏陸以湉不勝民社著准改補教職回籍候選

道光十七年六月初三日內閣奉
上諭林則徐等奏請將知縣改教一摺湖北即用知
縣陸以湉自揣不勝民社願改教職據該督等查
明與例相符陸以湉著准其改補教職回籍候選
該部知道欽此

上諭　著林則徐研審定擬並抱告馮實解部備質

道光十七年六月初八日奉

旨此案著交林則徐親提人證卷宗秉公研審按律

定擬具奏抱告馮實該部照例解往備質欽此

湖廣總督林則徐等奏摺　**請將蘄州知州孫承恩等分別革職降改勒休**

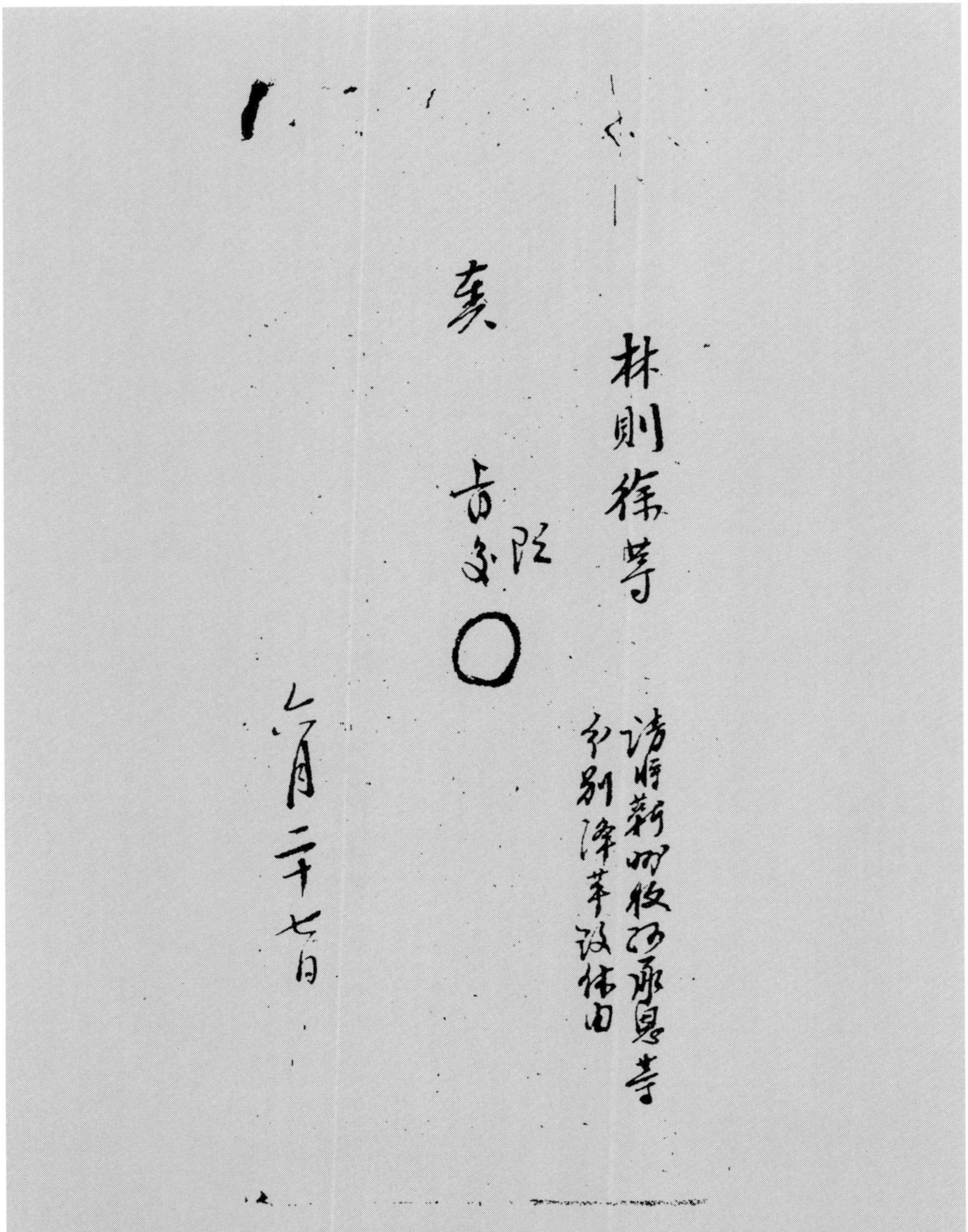
林則徐等
請將蘄州知州孫承恩等
分別降革改休由
奏
六月二十七日

湖廣總督臣林則徐
湖北巡撫臣周之琦跪
奏為察看才不勝職之州縣及疾之同知請
旨分别革職降改勒休以肅吏治仰祈
聖鑒事竊臣等蒙
恩畀任封圻首嚴察吏必須治理得人方足以收實
效臣周之琦上年調任楚北已將知縣張觀國
蔣炯列本澄朱廷鏞鄧應羅五員奏蒙
諭旨分别勒休降補改簡其貽悮公事之員復隨時
奏參在案茲臣林則徐履任數月又經遍加訪察彼
此會商查有蘄州知州孫承恩聲名平常不能
約束丁役應請革職又麻城縣知縣王汝霖前
因該縣城內盜案

硃

一八　湖廣總督林則徐等奏摺　請將蘄州知州孫承恩等分別革職降改勒休

道光十七年六月初十日

奏請摘頂勒現雖已據報获贜盜尚在飭審另
行核办而其氣質粗浮殊不足以勝民社
降為府經歷歸部選用又建始縣知縣增
德心地欠明優游寡斷試用知縣彰運衡听
斷粗率不諳吏治查增德係副榜出身曾任
司鐸彰運衡係舉人出身應請均以教職改
補又試用同知吳兆櫄兩耳重听雖未得缺
亦難办公應請勒令休致除行司將实缺各
員分別摘印委署並查明倉庫有無
虧短另办外所遺蘄州及建始縣員缺湖北
省現有應補人員容另照例請補其麻城縣
降調之缺應歸部選 隨等仍隨時察看如此外

尚有不能稱職者陸續甄别不敢稍事姑容

謹合詞恭摺具

奏伏乞

皇上聖鑒謹

奏

道光十七年六月二十七日奉

硃批必當隨時如此甄别另有旨欽此

六月初十日

楚省拏獲習教餘黨情形

湖廣總督林則徐等奏片

林則徐等片

再楚北為數省通衢漢口尤五方雜處臣等恐有
逸犯潛匿境內疊飭地方官認真編查保甲如
蹤跡可疑即須拏究不許稍有疏漏茲據漢
陽府知府楊炳堃等報訪聞漢口鎮太平菴廟
內有四川人曹仲試念經傳徒當即會督所屬營
汛帶領兵役先後拏獲曹仲試及所從拜師之
王太芳戴三沅蕭汶恒戴顯昆張士烈蔣蘭
洪楊汶亮翁雲松蕭汶相曹大益王友馨史定
華盛成虞税蹬彬蕭明禮何錦太雷有仁黄
復禮等十九名並于廟內起獲經識佛像及四川
逸犯袁午欽畫像一軸查核經識俱係功善

戒悪語句鄙俚並無違悖不法字樣旋據江夏
縣知縣曉成春拏獲念經之劉延蕊茹素之李青
明余班鳩三名漢陽縣巡檢典史拏獲茹素之
胡孝仁李品啟二名一併申解該府復又出示曉
諭如有被惑之人准其投首照例免罪即據民人
彭悰奭何魁既沅蕭謹理周文浣周詩楊如億
孫大亮傳大濱朱潺等九名呈明誤听曹仲試
等拜師茹素現已改悔開葷等情自行投首
該府等隔別研訊據曹仲試即曹存揚供係
四川梁山縣人拜從川省已正法之楊守一為師
並有傳教之袁無欺即袁志謙給予開示經卷
誦供奉文殊普賢觀音等佛像坐功運氣

一八

湖廣總督林則徐等奏片　楚省拏獲習教餘黨情形
道光十七年六月初十日

道光八年間楊守一因該犯聞拏逃避十二年
五月路遇在逃之黃金榜宋必祥將袁無欺託
寄畫像一軸悔罪願識一束交給該犯令其傳
往該犯因查拏嚴緊潛往峨眉山一帶躲避
並無一定住址十七年正月二十三日來至漢鎮
托名黃綢經王太籌引至戴三沅所修太平
庵空廟內借住陸續哄誘現獲之王太籌等及
在逃之曹洪盛彭洸盛共三十四人拜從為師各
送給香資數百文至千餘文不等僅止供佛茹
素念誦開示經坐功運氣假說可以消災獲福
誆騙錢文並無設立教名及另有不法重案袁
無欺黃金榜並未來漢聞在四川藏匿不知

一八 湖廣總督林則徐等奏片 楚省拏獲習教餘黨情形

道光十七年六月初十日

实在■下落等情質之王太篙等亦各供認
習教念經無異臣等查該犯曹仲試即曹存
揚係四川省已正法楊守一及逸犯袁無欺餘
黨乃敢攜帶經識畫像潛至漢鎮傳徒歛
錢實屬怙惡不悛且袁無欺一犯前于陝西省拏
獲教犯徐繼蘭等案内供有四川新都人黄金
榜送袁無欺至漢口旋即回川袁無欺改爲姓
吉扮作賣綢客人在漢口潛匿經陝省奏奉
諭旨飭拏未獲今其餘黨曹仲試在漢傳徒習袁
無欺亦必來漢復加研詰據曹仲試堅供自道
光五年在四川遇見袁無欺之後久不知其下
落如袁無欺現在漢鎮何必帶其畫像等

供發查陝省道光八年咨緝原單袁無欺年已六十八歲與現獲之曹仲試年貌迥殊復飭府縣嚴密搜查實無袁無欺蹤跡除飛咨四川總督飭緝袁無欺等務獲抄錄曹仲試犯事原案移發到楚以憑確究懲辦外所有訪獲習教匪犯緣由謹合詞附片具
奏伏乞
聖鑒謹
奏
道光十七年六月二十七日奉
硃批知道了欽此

湖廣總督林則徐等奏片　試用知州馬秉琨患病稟請回籍調理均州知州員缺應歸部選

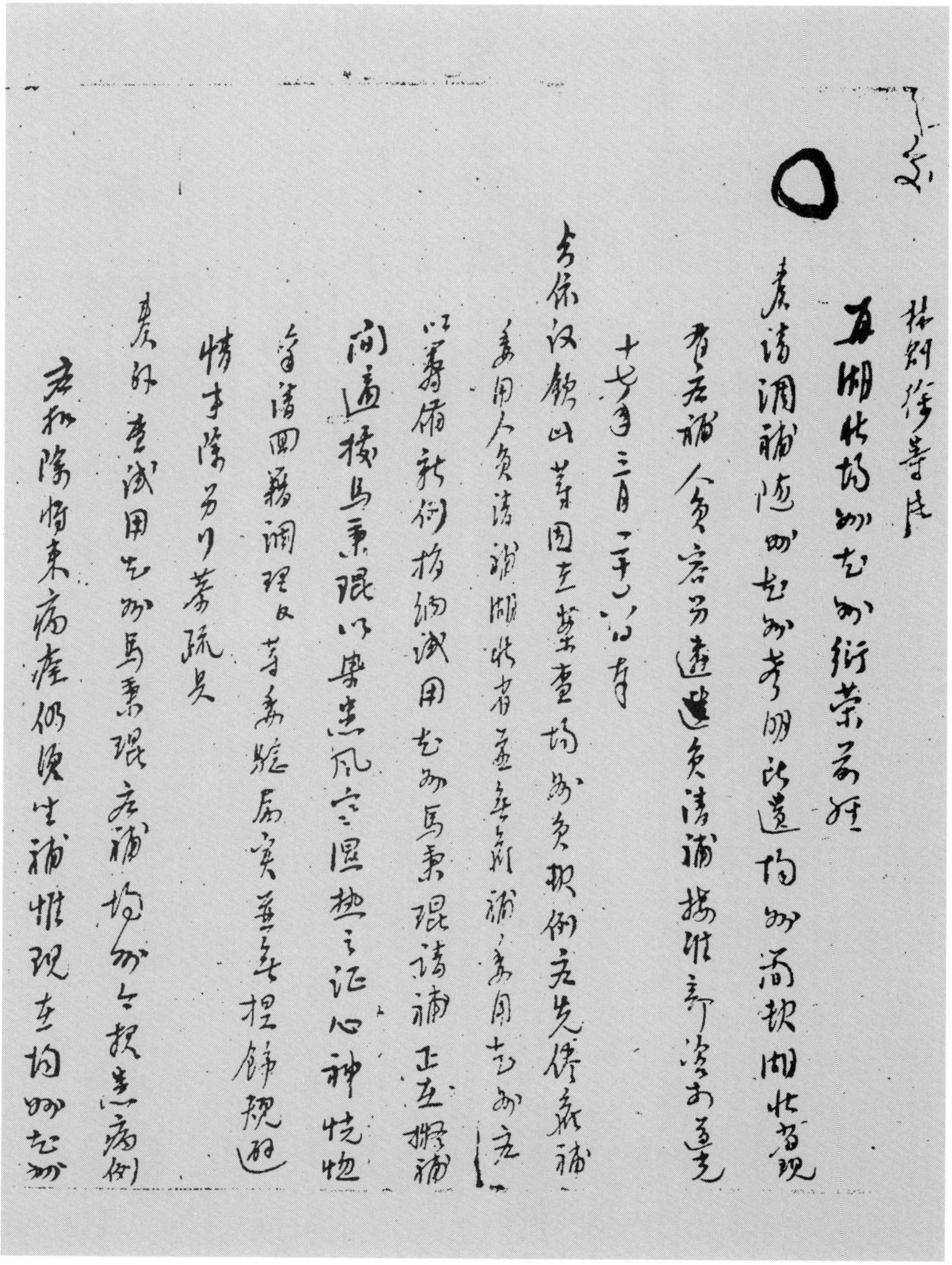

林則徐等片

再湖北均州知州衍榮蔭

奏請調補隨州知州，本州既遺均州員缺，湖北省現

查應補人員容另遴選具請補授，惟部咨內開道光

十七年三月二十二日奉

上諭：該部議奏：查均州員缺例應先儘新補

委用人員請補。湖北省並無新補委用之知州，應

以籌備新例捐納試用知州馬秉琨請補。正在擬補

間，適據馬秉琨以患風濕熱之証，心神恍惚，

稟請回籍調理，經委員驗看屬實，並無捏飾規避

情事，業另行恭疏具

奏外，查試用知州馬秉琨應補均州，今該員患病，例

應於除補，惟現在均州知州

道光十七年六月初十日

一八　湖廣總督林則徐等奏片　試用知州馬秉琨患病稟請回籍調理均州知州員缺應歸部選

道光十七年六月初十日

員缺無庸例入員外補，應歸部選。據屬
具詳，藩臬陳臣鑑選外，謹合詞附
片具
奏，伏乞
聖鑒。謹
奏。
道光十七年六月廿七日奉
硃批：吏部知道。欽此。

湖廣總督林則徐等奏摺

遵旨審明監利縣糧書抗土鬧局案分別定擬

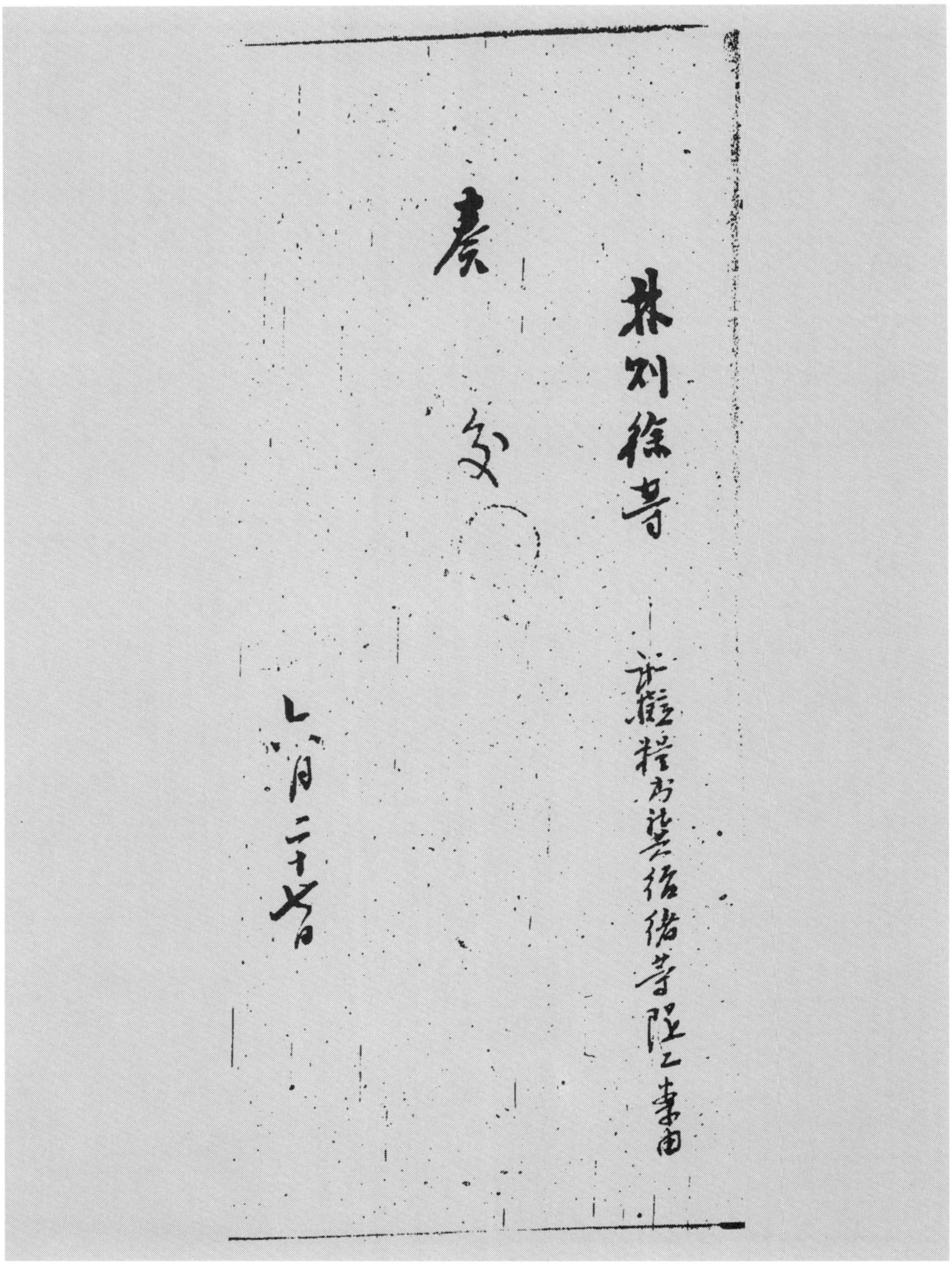

一八 湖廣總督林則徐等奏摺 遵旨審明監利縣糧書抗土鬧局案分別定擬

道光十七年六月初十日

湖廣總督臣林則徐
湖北巡撫臣周之琦跪
奏為遵
旨訊明監利縣糧書抗土鬧局各確情分別定擬恭摺覆
奏仰祈
聖鑒事。竊照軍機大臣字寄欽奉
上諭：有人奏湖北監利縣陋習，向係官徵民納，每年應行
土方六十條，係秦、潘、敝、劉等六姓條，事由該戶籤出董，乃
劣衿許萃如、取土吳糧書王書等輒用里書私收費殺差
乃結果不呈交，又有庫書六人張據易奸設棍未結局
所任紳任判派員前往分設章程設立，從同收土錢
公舉誠正首士八人及鄰修百十人分段填造修一切乃
宜不假吏胥，士民踊躍，而糧書等遂托詞危言不許

趕后完土處匪守究獲從此段一年所收土費不及二三萬
串餘皆令能按原本年四月摩總整六依條目逐程
封革一切桐例支放土開局數摩首士唐得良等飭令
不為家亦從前去年懇撥衙收飭令其照資每年隨
規取千串今改從局收土米能足資需須濟書尤不利
於從局百計局書本年七月十六日稟請知縣查達在
縣稟千百餘人攻毀撥局封奪冊簿局中衣物銀
錢搶掠一空並毆首士周超伯等多人該知縣竇蘭
並從寬懲書首惟召佐一名嚴加懲戒其餘皆從免
究置之不問又本年前江水大漲該縣書等
潛往刨毀漢洪二十餘丈致淹長老等一百餘垸
垸下及沔陽潛陽等處受其害等語收土修

湖廣總督林則徐等奏摺　遵旨審明監利縣糧書抗土鬧局案分别定擬　道光十七年六月初十日

陞設糧局，行之一年，士民稱便，該地方官自應實
力奉行，用收實效。何以該縣書等輒因無從漁利，
胆敢將米穀局於封肆毁，糾衆實大干法紀。該
知縣 知縣 曲存將首從各犯按名嚴拏，從重懲辦，竟
徇庇書吏，一味欺宕，又役差無忌憚，首士男女護
虐不敢承責，局子手民命，尤工大有關係，不可
嚴行查究。著訥爾經額、周之琦設提現犯糧書
快役，並嚴拏首從各犯務獲，秉公審訊，得其
確實情形，即查照陞穀局各被情，依律究辦，並
追出抗繳土費，以杜包攬。庶積弊立除，該知縣
蓋復查有循縱情事，即著據實嚴參，毋稍
姑息。將此諭令知之。等因，欽此。寄信前來。周之琦

一八　湖廣總督林則徐等奏摺　遵旨審明監利縣糧書抗土鬧局案分别定擬

道光十七年六月初十日

因前督臣訥爾經額查道光十六年七月間監利縣三

工江堤漫決係因滲漏所致，將防護不力之監利

縣知縣嚴芃蘭暨署窯圻巡檢戴鳴藻一併奏

參革職留任賠修，奉

旨允行在案。嗣准前任司[illegible]捐之奏[illegible]布政[illegible]行任

完出提吏龔紹緒、嚴芃元、吳佳潤均有扣用土費

請交[illegible]呈[illegible]情弊，正查辦間，訥爾經額升任

於五月林則徐到任接準

請旨飭查各款，尤屬查[illegible]書之例，毀堤[illegible]令之[illegible]規

徇縱以致[illegible]實係[illegible]重[illegible]無此特委大員到

地確查，本月[illegible]實，即秋汛土費永革，不止[illegible]緒

等三人，[illegible]與上司之[illegible]，今[illegible]復[illegible]例[illegible]未久之

旨飭知但明倫馳往監利，會同先經委往之道府等
覆分別嚴查，出示招告去後，據但明倫等稟
稟稱：此朱三工江隄離監利縣城七十里，上年
七月十五日午刻，江水漲發，該隄滲漏，遂致被
沖潰。正在白晝，斷無人私挖之人，且係朱家村
民居稠密，潰隄時，本皆目擊，如係被人挖潰，豈
肯甘心受害。並據該村紳耆等公具連名切結具
與書吏嚴行刑加訊，其為無人刨挖，實屬可信。又該令
與汛員賄受陋款一節，據首各供，該令於歲修等
在任每屆上隄防汛，夫馬飯食，皆係自備，並無派
累。且該縣隄務收費，所係該令任內所辦，更可
見其上年隨規情弊及各汛估報，推上隄當工之

日由該局支給薪水及夫役飯食共六二千文，即于土
費內開銷，列入榜示，人所共見。原因經雜力難賠墊，兆
附扣可比日虽以後以清結並兆私加陋規。其道光十四
年土費每一百士原派之數，存收錢七分之一存係津局
中先行交收，四年所收串中間因有開局之需，士散回違
往工次，抬該截頒之人經理該紳鄭蕭並將所存收
土所費調回清條做費錢二千九百餘串，未完工清
用法外欠做土費，所查出弊招緒其私收外，後將不敷
户名所列若干如有家與糧名僅收某某者，許其呈首
換給印票，乃於告示日久，並無呈首之人，亦無補完庫
糧糧名別無私追補，傳欠土之士户，現有未完土費，實
係原欠未完無其糧名某戶可徵其項往繳至今

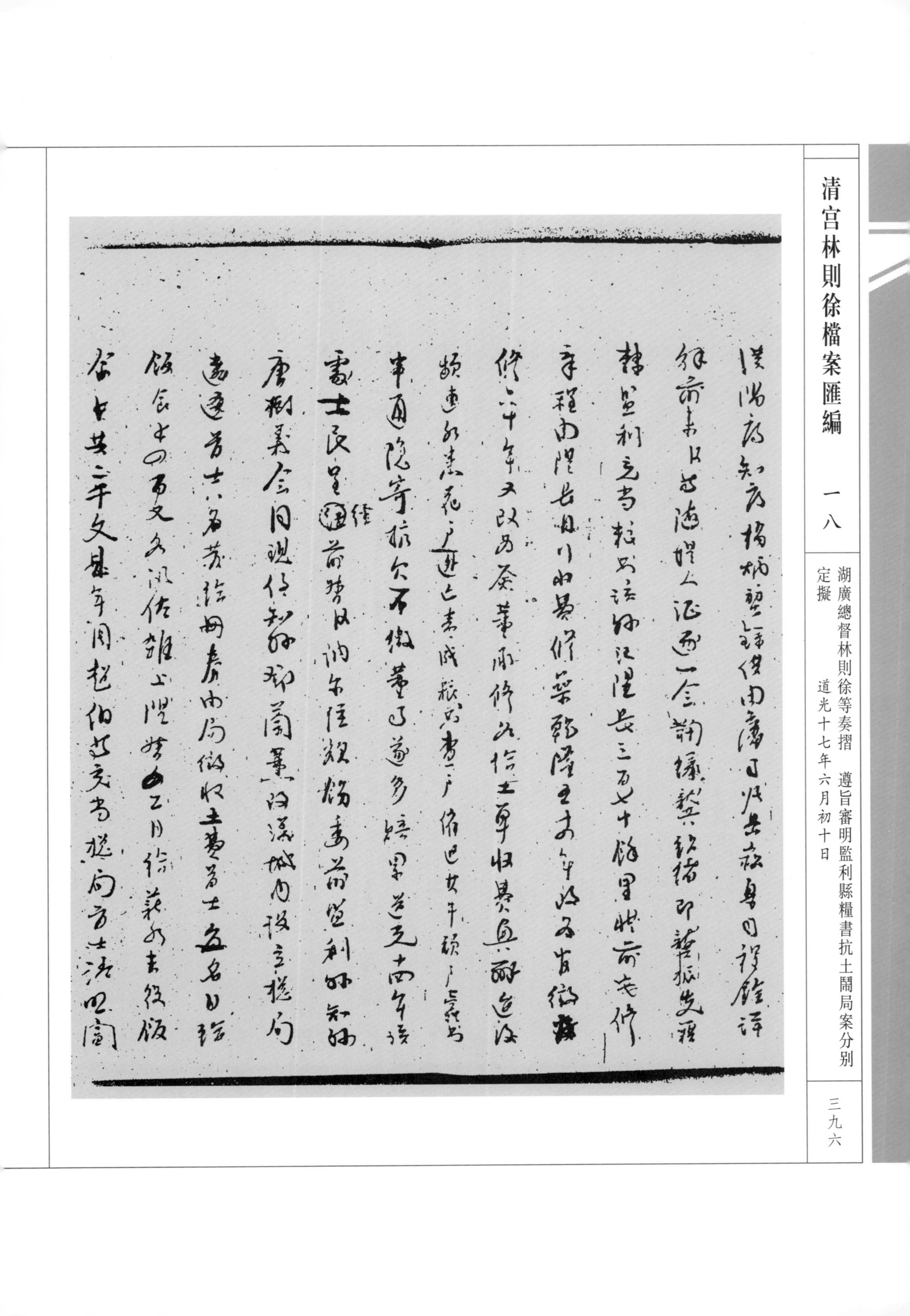

一八　湖廣總督林則徐等奏摺　遵旨審明監利縣糧書抗土鬧局案分別定擬　道光十七年六月初十日

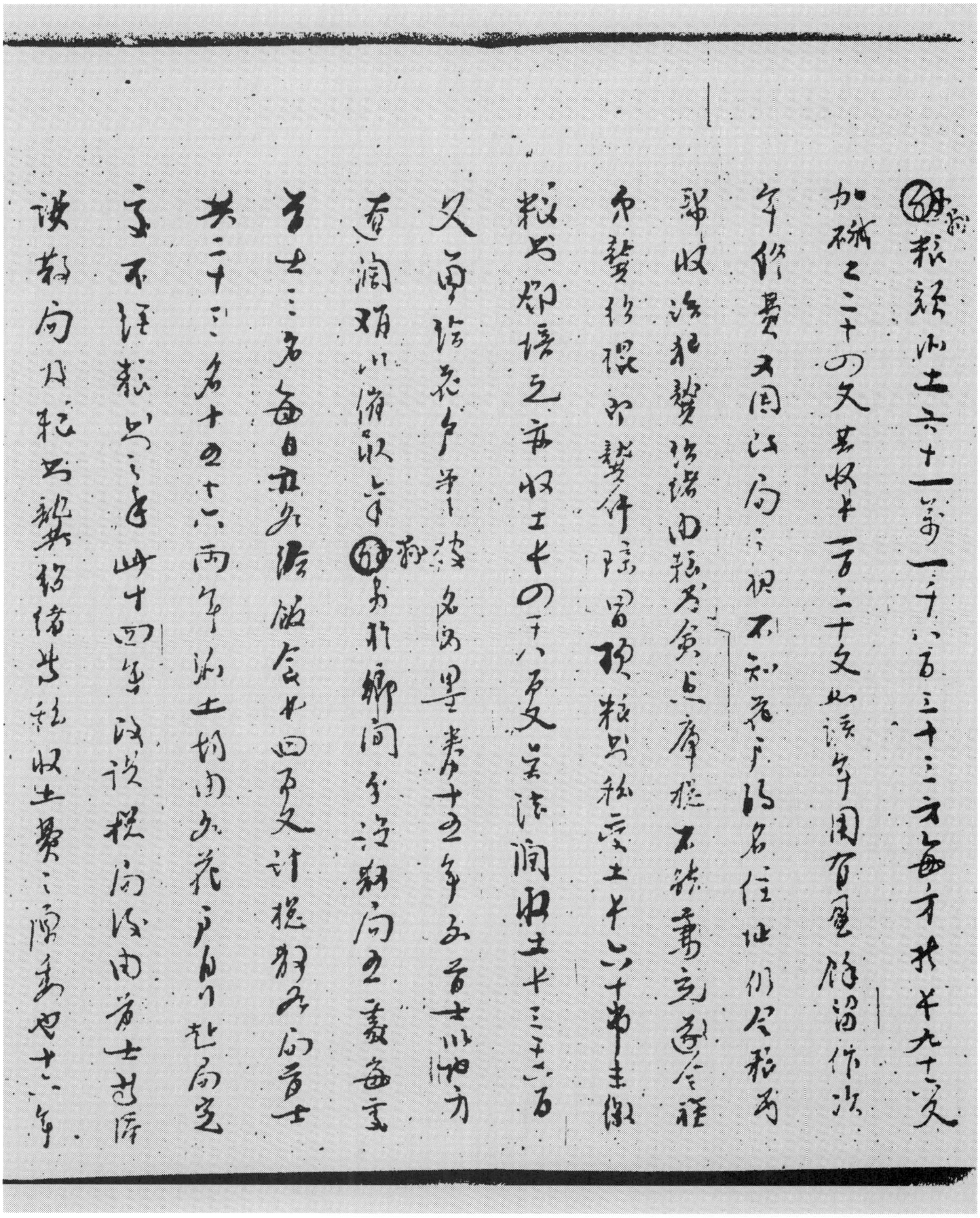
粮額加土六十一萬一千八百三十三石每石折錢九十文
加耗之二十四文共收錢一百二十文如該年因有蠲緩作次
年帶徵又因此向之租不知花戶的名住址仍令糧書
弊收治把攬諸弊由糧書負欠庫抗不能費完遂令經
承辦經手即藉作除冒頂糧書私索土錢六十串未繳
糧書郷導之弊收土錢四千八百文並該閘收土錢三千六百
文又由該花戶每年按名勒墨煮十五年分首士酬勞
查閘頭以備取錢并於鄉間分派錢向五義每處
首士三名每月派各該管錢四百文計從前各閘首士
共二十三名十五、十六兩年派土錢由各花戶自行赴閘完
交不經糧書之手此十四年該弊向由首士設局
該糧向來糧書勒索積儲費私收土費之陋規也十六年

四月毛家口救局方士奉祖恩因私占蕭之翔兩傭
十四年旧六月大不救令伯工朱飛榜同孙往拜傭
隄工之　錄　彼勇擇明蕭之翔鎖拏赴局伊為蕭
棟及鄰人黃海宗並不能即赴局蒙朱飛榜
毆傷奉祖與蕭翔傷提蕭之翔比縮土費於即脫逃
窄獲黃海宗並蕭不認毆致來詳辦是年七月十五
日朱三工隄身滲漏注卸鄰局董商信前往於該
不及致有潰決城內淹局董士周超伯與飛徐赴隄
遇有居邑樣局之趙占陸良佐民人李芝保朱陞順周
伯儀相世瀛伯利以因未獲之相世照舞稱田墓被
淹赴局吵鬧將周超伯及局內大夫屈炳文黃道湖等
毆傷並有民人龔其經仰龔任輝李先飛楊祖欽鄰

一八

湖廣總督林則徐等奏摺　遵旨審明監利縣糧書抗土鬧局案分别定擬

道光十七年六月初十日

從華清亭姚大楨隨同擅嚷任如久有稽人來
向家去本文在楊用起作從以毀向於存相和等獲
時與佐朱從順來去正等均不認於縣傳人證來對
將姚與佐霸押給質此人為士處祖墳碑界欠繳
土費之根於萬之相及私書院與佐等因隱漬包局
內之意該也以其費之根於營綴等於用黑土處私
收土費雖已供認得本六十余兩……一回每處百文不等照
尚不止此數須向原結備案給諸等堅執花戶完
交土費向以素取印票以憑收該伊等因與花戶
素未熟悉始肯通融於該黑土處現已追繳在案如
此將尚有多收等項意見亦將告知花戶併肯代
為退還自敢追時至十四年書士派土係不等者數

湖廣總督林則徐等奏摺　遵旨審明監利縣糧書抗土鬧局案分別定擬

道光十七年六月初十日

據閱併未經[illegible]現在查究各户名係[illegible]所生逼力難
開費伊等實無此弊乃奸胥捏稱欲[illegible]其黨士用以
自王[illegible]開其亦不能[illegible]猪土豪[illegible]詢以此外之胥尚有
何弊[illegible]稱並無聞見至該縣庫糧書係隨時[illegible]
照[illegible]現完庫糧之弊[illegible]緒訊有侵挪土費即於
本年經[illegible]均未指有姓名之土棍[illegible][illegible]向
首士反屢向導令其供指均稱不敢妄供天日不能
似此逼[illegible]此等弊[illegible]緒即弊根先已查出[illegible][illegible]
列卯名侵錢土卡[illegible]六十串之多實屬玩法[illegible]侵[illegible]
土棍[illegible]捌[illegible]稱尚不足以[illegible][illegible][illegible]緒[illegible]此[illegible]
詐贓十兩以上發近邊充軍例[illegible]發近邊充軍[illegible]鄉[illegible]
充[illegible]潤[illegible]收土費[illegible]四千六百文及三千八百文不等[illegible]便

因其先經得財吐寔，是罪該應照竊盜贓一兩至一十兩

例，各杖一百，加枷號一個月，均照例刺字。既已佐其起局，係

闔若僅依鬭毆律科，以管罪不足示儆。除已佐李先懷、

朱治順、周伯讓、胡世瀛、何利明、蕭士瑾、黃海翌均請照

不應重律，杖八十外，已佐係起意應加一等，杖九十。龔佳

仲、龔佳輝、李先飛、楊祖欽、鄧治華、濤孝珍、姚大幗

左向隨同喧嚷，亦有不合，亦照不應輕律，笞四十。

均分別折責發落。革役錢貢秦祖恩先書易局章因

起點蕭之桐，倚眾不力，辦令應工朱正榜在用鐵練

將蕭之桐鎖押，非向殊無安，亦應請照違

制律杖一百，革去所得九品職銜。朱正榜與刑役從重擬議

鎖押，應於秦祖恩杖一百罪上減一等，杖九十。曾祥仍革

結黨之柳翔，訊無糾衆抗上官之據，但身充糧書，亦係土
豪，出不法局頭，被首士鎖押，詐開墊給銀錢
倚借護到，用為妨害不合，並因不應重律杖八十，分
責懲。蕭丹年後因用趙伯元等控局首士蕭之修鬧局
議勞，協借信，係土十四數，且之項責係信花戶收執
畢，查看錯誤，飭令據供查核，無收票，抽出
致屋姪文可扶害於木料，條信獲姪錢另結，照利知
縣鄧開蓮查無私得，迴規只房，所爭之兩，收之位二等示
咨詢撫情，折實禁估撥，其信收土畏，告於責審已千例
議，又第三，請以備
奏明，責令該縣姪條之土鄉開墊，補還新陽翔已指
姪字諸經該督道府驗無草率，而於應酌裁除

湖廣總督林則徐等奏摺　遵旨審明監利縣糧書抗土鬧局案分別定擬
道光十七年六月初十日

用項仍於借徵土費內開銷。臣等先與相度，該
旨將革職留任之監利縣知縣鄧蘭董即行革任，以示懲
儆。該縣十四、十五兩年工程共經告竣，所有民欠土費多
係被水之戶，應先著追正款，況佐雜並稟，倍形多
事。況地距湖皆迫，堵工難以頒令，應令自行開
捐，不准由局再給，仍復設局徵收土費，不許假手
糧書。但恐糧里不清，戶名未確，應責成該縣印令
各垸收糧收書劃清其名下戶欠冊，逐一編造清楚，交
局徵收。遇有賣田之戶，即查明更正，務使戶名均
歸的實，毫無捏混。如私收造冊相沿錯誤，設隱
收，查出加倍懲治，俾奸書錢丁設向朋扞杜絕，弊不隨
為湖役仍照於縣城設一局，揀選公正紳士四人經理

一八　湖廣總督林則徐等奏摺　遵旨審明監利縣糧書抗土鬧局案分別定擬

道光十七年六月初十日

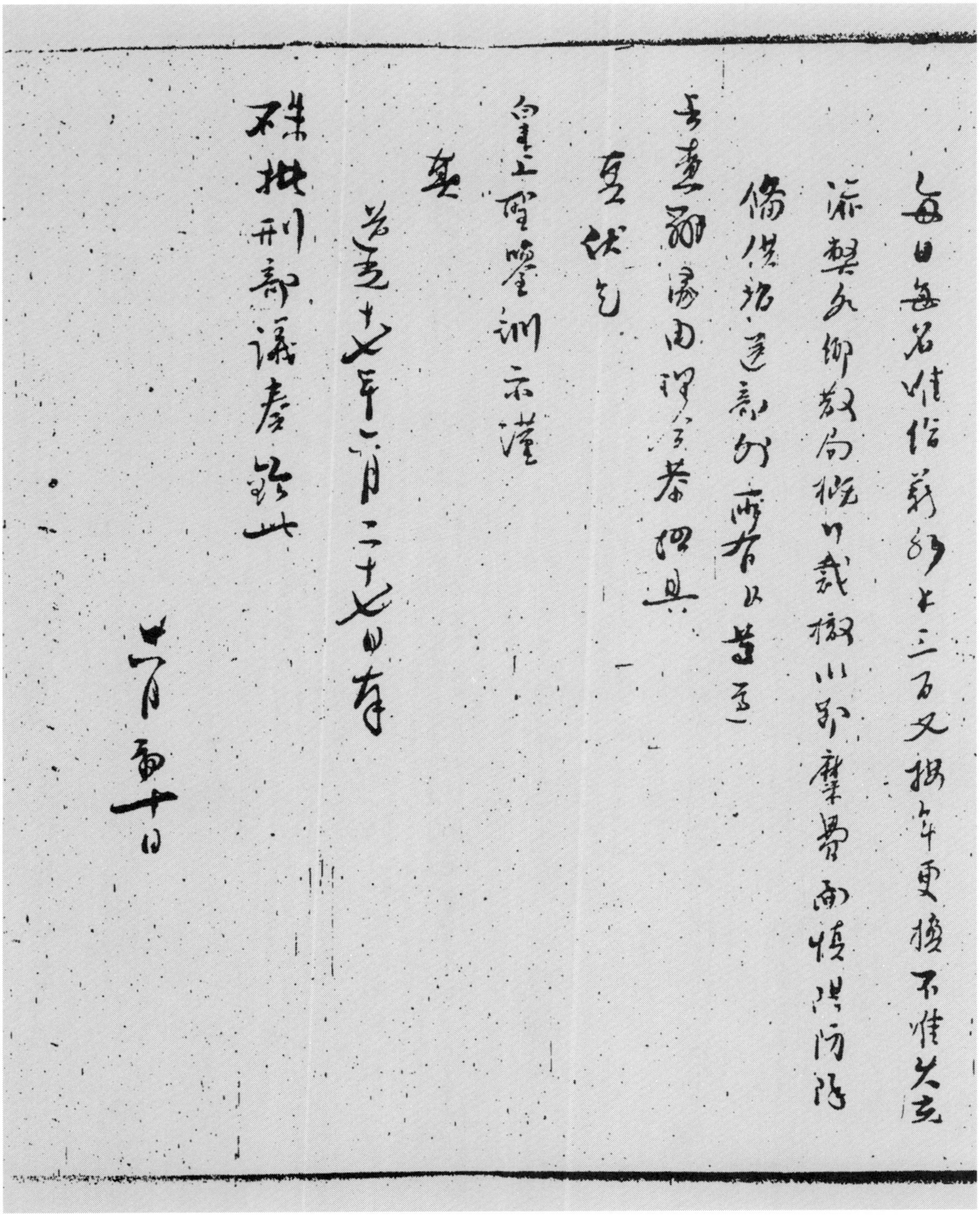
每日每名僅給薪錢七十三文，又按年更換，不准久充。

派契文卸散向概行裁撤，以節糜費而慎供防。除

備供給遞送款外，所有以遵旨

妥議緣由，理合恭摺具

奏伏乞

皇上聖鑒訓示。謹

奏。

道光十七年六月二十七日奏

硃批：刑部議奏。欽此。

七月初十日

湖廣總督林則徐等奏片

稽察隄工總局章程肅吏治而杜弊源

林則徐等片

再楚北江漢隄防延袤二千餘里每歲需修費甚鉅
而生息款項有限不得不籌費於民查歷來收費
辦工章程大約有三或官征官修或官征民修或民
征民修舍此三端更無他法然三者皆不能無弊蓋
費征於官則必假手於吏胥費征於民則必議權於董
事吏胥之多方舞弊固不待言而董事若不得人亦難保
一無一弊十才江邑依身家殷實者能有幾人即有之而不願
充董事經相隨取現來者不善者不來此董事之
之通病也即以隄利設局收土一事言之查十四年改設
之初即將土方加價訊棕有土圍趙伯等僱因是年多
境被水其藉延欠收衣差同訪請多派以防不足嘅

垂條館尚因用芽諸猶不足被水之區
因賦為沿堤經堂隄費勢直多作其不協一也十四十五兩
年收回之費約十六萬餘串而局中祗收芽項之兩
館五一萬四千餘串之多雖據各供匪款積示實用
實繕並無捏冒然與總局之外分設御局加添
首士多名此皆足以糜經費其不協二也首士素祗
祗總因鐵錢將欠費之報書冒之捐鎖寧進局政相
爭毆互爭之捐本己無分自不肯受其欺陵若施濫澀
應之御思不但不敢與爭並且不敢懇懇是民向之
畏首士亦必應與報書其不協三也又查弱者之
十四年伸將可及改設總局条款有著落報書侍
費為呈驗請以此為自亂其例尤不可解詰核該

為事等因伏查不先花户的名住址是以例請飭書
郭雇夫設局正以杜耗書征收之弊而章程条款
雜屬弊屬。其雇收並巻書侵蝕之由亦屬首士有以
啟之其不協四也由此觀之該局之設未必人人稱便然
可挽只但細查該局數十年前旧章本係隨書自行
收費繼而改為官征其後又繼而改為屋董給予工
費迨十四年後改為設局收費法已屢变不宜再涉
紛更惟有就该局之章程而加之以稽察局不許
多設人不許多支用不許多開費不許多派首士必
由公舉不許素係遊入周年一屆即令更换不許留恋
把持而耗書既不許收費而耗户的名册档仍须
责令攢造並不致為難限屡驗屡改使費用章

湖廣總督林則徐等奏片　稽察隄工總局章程肅吏治而杜弊源
道光十七年六月初十日

惟當擇其狡猾之尤痛加懲辦一二，庶書役懼法易
露一切假充餘物，臨時索寫查嚴並責成該委
員留心稽察，有契印除有把印經收或票據缺
因循，察出一併參處。再楚省糧書工書等名目
混雜者多，凡立名鄉不係本清經手擬收之户
書，皆假借書吏名色哄惑鄉農，其實派與白役

相同，並無在局署科房辦事，而人數甚衆，大概竟以
千計，實屬駭人聽聞。復查各里書冊書之名，疊經
先明禁革，而書辦各兄蛾擬以里糧庶冊私相授
受，故有革其名不革其實之據。應以等語後由本府例禁並
出示遍諭軍民，如有此等冒稱糧工等書哄騙
侵收者，許其指名告發，即予從嚴懲辦，務使永除

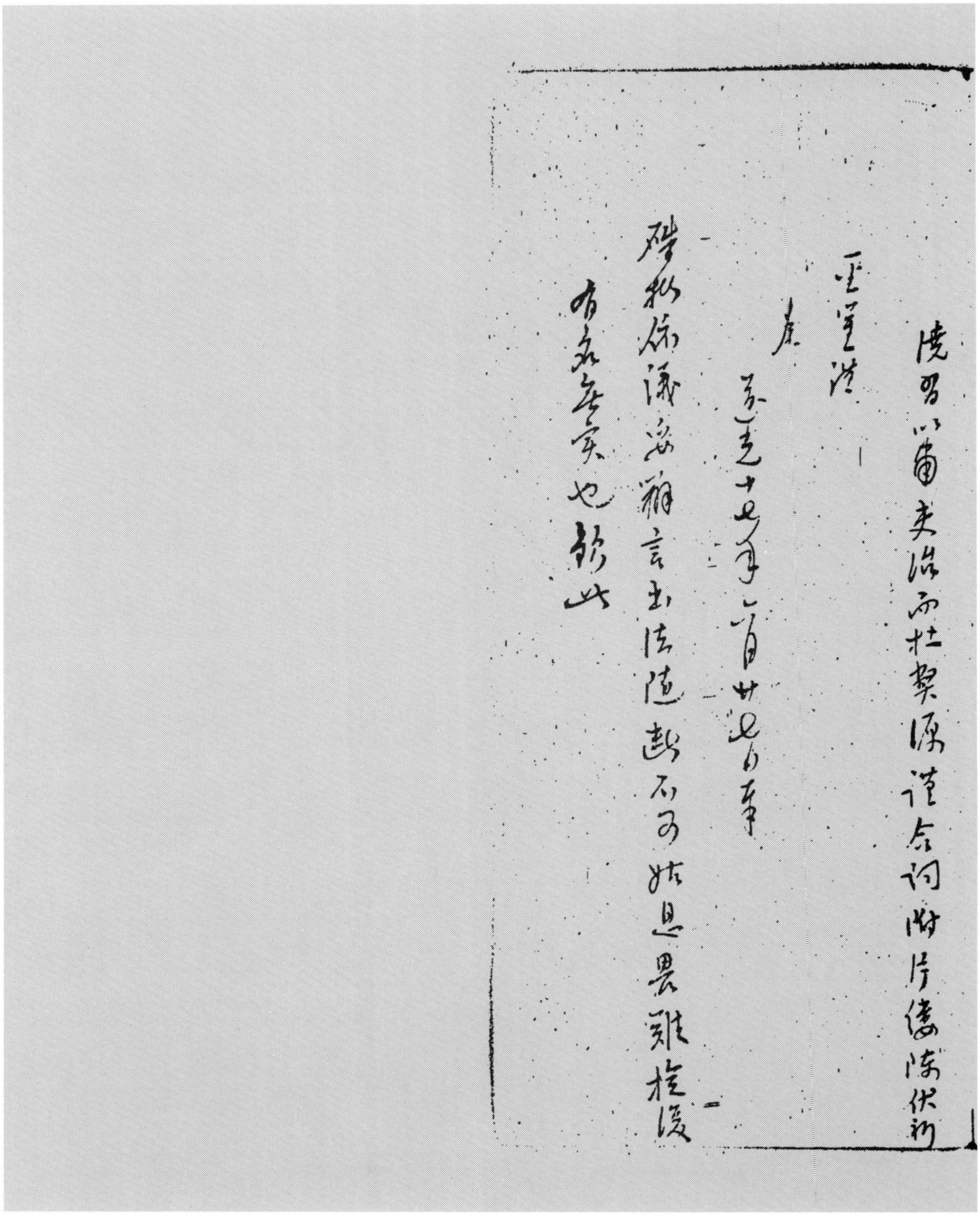
俾得以肅吏治而杜弊源，謹合詞附片陳伏祈
聖鑒。謹
奏。
道光十七年六月廿七日奉
硃批：依議。然雖言出法隨，斷不可姑息，畏難推諉，
有名無實也。欽此。

湖廣總督林則徐奏摺　**審明大冶縣民李守典因瘋進京求賞俸禄案分別定擬**

林則徐

奏家○

審擬李守典瘋迷案由

六月二十七日

一八

湖廣總督林則徐奏摺 審明大冶縣民李守典因瘋進京求賞俸禄案分别定擬
道光十七年六月初十日

湖廣總督臣林則徐跪

奏為因瘋進京被獲之犯審明定擬恭摺奏祈

聖鑒事竊照湖北大冶縣民李守典在京繕寫黃摺

拿帖求賞俸祿經步軍統領衙門盤獲奏奉

諭旨李守典即着遞回交刑部審訊欽此經部

訊明該犯因瘋誕妄似屬可信第綜覈心疾並

無目瞪口呆情狀且即款艷官職亦何至妄慕

勳爵驕人所聞或恐另有不法别案即平日果

有瘋癲舊疾亦應傳訊鄰保照例鎖禁皆宜就

近聚證訊办請

旨解交兩湖總督嚴審確情按例擬結以警愚妄等

因奉

旨依議欽此將該犯咨解到楚經前督臣訥爾經欽
行司委提保隣人等至省審办去後茲據湖北
按察使程銓督同漢陽府知府楊炳堃等審擬
詳解前來臣隨親提審訊緣李守典素患瘋
病時發時愈道光八年九月李守典瘋發來省
稱伊名爲守信經江夏縣拏獲解回大冶
縣飭交其兄李守相領回管束嗣李守相身
故李守典病痊于十一年八月至趙昌遠石灰舖
幫貿十三年二月前往鄖縣太山廟行醫又遇
寓鄧名貴家訓蒙十四年六月回籍十五年十
一月瘋病復發潛行進京十六年二月至宗人
府府丞李振祜寓所呈遞字封內裝黃摺內

兩湖總督許給官職者等語信乞為轉奏
等語經李振祜查詢李守典已逃走無踪様
女等詞類係瘋癲所為未經陳奏將等信燒
燬該犯又兩次持義男萬逢春名帖至前任
湖廣總督嵩孚寓所求見嵩孚因素未謀面
不令進見八月十五日該犯至海甸地方即被
盤獲經步軍統領衙門
奏交刑部審訊起獲紅帖一紙上寫眷晚生靜
忠王萬逢春拜訊據供稱武昌縣民李祖梅
欠伊田價刁傳能誣伊代賣賊犯李六猴兒
贓物經伊赴省呈控嵩總督令其為義子曾
許奏明賞給職官後見兩總督文書授為翰林

院又見文書授為靜忠王經部查據嵩孚祭

稱並無其事

奏明解楚審辦行提保鄰陳典發等來省委員

查訊僉稱李守典素患瘋病屬實每遇病

發常稱將來必要做官禁阻李守不改自道

光八年經江夏縣解回後旋就痊愈曾在

原籍及外縣鄉中人貿易並行醫訓蒙度日十

五年十月李守典瘋病復發不料潛自赴京等

語提訊李守典因何至京城各官寓所投遞黃

招字帖據供並不知道亦未到過京城語言

錯亂神情恍惚及詰以在部因何又供授有

官職勳爵誤犯俱茫無以對隨傳醫生蔡勤

團診視據供脉息洪數神氣昏迷實係染患
瘋病推該犯在部所供刘修能控伊責賍及李
祖梅欠伊田價各情有無其事其在原籍及外
且是否另有不法案據均須確切查究以昭
核實當又飭據大冶武昌鄂且先後申稱傳
訊刘修能即刘甘實未呈告李守典代賣李
六猴見李（宿院王老爺之六猴兒）無其人李祖梅亦無向李守典買田
欠價不給情事李守典曾在原籍鄂郡趙昌遠貿
易又在鄂且太山廟及鄧名貴家行醫訓蒙均
無另有不法實據亦無告發別案取據刘修能
等確切供結加具印結由司審轉　臣　提訊之下該
犯指東畫西語無倫次加以刑嚇亦無惧怯其

為瘋迷未愈似無疑義查律載詐稱現任官
不務有所求為者杖一百又無官詐稱有官有
所求為者杖一百徒三年又例載無官而詐稱有
官但係圖行一事犯該徒罪以下者發近邊充
軍又詐冒
皇親族屬姻黨挾騙財物者徒罪以上枷號一個月
發近邊充軍各等語此案李守典冒稱靜忠王
至京呈請求賞俸祿雖係瘋發所致究屬膽
大妄為除冒為大臣義子律止擬杖又冒稱翰林
院例應擬軍各輕罪不議外李守典合依詐冒
皇親族屬姻黨挾騙財物者徒罪以上枷號一個月
發近邊充軍例應加號一個月發近邊充軍現在

瘋病未痊照例鎖錮監禁仍隨時察看能否痊
愈再行酌核辦理李守典之堂弟李守茂並保
正陳興發于李守典瘋病復發並不報官鎖
錮殊屬不合均照不應重律杖八十分別折
責革役其胞兄李守相業經病故應毋庸議
除供招送部外合將審明定擬緣由恭摺具
奏伏乞
皇上聖鑒敕部核覆施行謹
奏
道光十七年六月二十七日奉
硃批刑部議奏欽此
七月初十日

湖廣總督林則徐等奏摺　**越南貢使范世忠等過楚日期**

林則徐等

越南貢使過楚日期摺

○

奏

六月二十七日

湖廣總督臣林則徐跪
湖北巡撫臣周之琦

奏為恭報越南貢使過楚日期並遵

旨稽查護送官應用人夫不許浮冒緣由恭摺

奏祈

聖鑒事。竊臣等接准湖南撫臣轉准廣西撫臣咨會越南國貢使范世忠、阮德活、阮文讓等三員並行人隨從共十七員名，于本年二月初二日進關，委員伴送進京，咨會沿途一体照例應付前進。又准廣西撫臣咨會欽奉

上諭：越南貢使進京，廣西省向俱派委文武大員稽查彈壓，沿途應付人夫船隻自應照例付給，不得假公濟私，致擾累。現雖據該撫查明

並無前項情弊惟文秀員均有隨從家丁人
等難保無藉差滋擾情事經過各省督撫亦
著一體認真稽查等因欽此當經臣等飭委候
補同知王度武昌城守參將金萬全等馳赴入
境首站探明迎護一面檄飭沿途地方官妥速
為預備照料並恭錄
諭旨劄司轉飭道府一體欽遵稽查去後茲據該
委員等率報由水路迎護貢使人等于六月
初七日行抵武昌省城沿途甚為安靜並無騷
擾臣等隨于初九日率同司道在臣林則徐署中
傳見宣布
皇上柔遠懷來

德澤恩著至意當即照例筵宴並捐備綢布食物
分別犒賞該貢使等俱各叩謝
天恩感激歡忭即于筵宴後渡江收拾行裝起旱
前進除飭旱路各站照例供應妥爲護送仍
稽查隨從人等不許有私帶貨物隨途附
搭等事統俟出境後照例咨部外所有越
南貢使到省筵宴犒賞前進並稽查緣由謹
合詞恭摺具
奏伏乞
皇上聖鑒謹
奏
道光十七年七月二十七日奉

湖廣總督林則徐等奏摺　越南貢使范世忠等過楚日期
道光十七年六月初十日

硃批知道了欽此

六月初十日

湖廣總督林則徐等奏摺　**殺母蔑倫重犯未獲請將長樂縣知縣袁瓛革職**

林則徐等

請將長樂令袁瓛革職等由

奏

旨已覽

七月十五日

一八　湖廣總督林則徐等奏摺　殺母蔑倫重犯未獲請將長樂縣知縣袁瓛革職

道光十七年六月二十五日

湖廣總督臣林則徐
湖北巡撫臣周之琦　跪

奏爲特參蔑倫重案兇犯未能即時拏獲之知縣請
旨革職留緝以示儆懲事竊照長樂縣知縣袁瓛詳稱道光十
七年五月初六日訪聞縣屬東坪保地方有民人
致斃母命之事當即查拏旋據保正陳善珩以
甲内居民平添保於四月二十日晚在家與母
兄爭鬧將伊母平余氏戳傷身死平添保業
已逃避等情赴縣具報經該縣馳詣縣屬平余氏
右臂右後肋各有刃戳傷一處實係因傷身死
又查驗平添和右手腕背受有刃傷提
訊案内人證僉供平添保與兄平添澤平添和
分居各爨有母平余氏係按月輪流供膳于

一八　湖廣總督林則徐等奏摺　殺母蔑倫重犯未獲請將長樂縣知縣袁瓛革職　道光十七年六月二十五日

潘保不務正業每致辜養有缺道光十七年四月
二十七日傍晚于潘和往過于潘保門首住于
余氏在檐下坐歇適有鄰人吳心鳳走至于潘
和因見于潘保在家睡臥不顧供母飲食當
向吳心鳳投訴于潘保聽聞不服走起在屋
內詈罵于潘和與于余氏先後走進欲將于
潘保毆責爭鬧其時天色已晚于潘保持刀
亂戳致傷于余氏右膝右後肋並傷于潘和右
手腕曲柔經吳心鳳趕進將刀奪下于潘保當時乘
間逃逸于余氏因傷殞命曾經飭差嚴緝弊
未獲其情詳報前來卧查于潘保輒敢持刀逞兇
殺斃母命實屬行同梟獍罪大惡極不容片刻

湖廣總督林則徐等奏摺　殺母蔑倫重犯未獲請將長樂縣知縣袁瓛革職

道光十七年六月二十五日

稽查訪緝，於此等蔑倫重犯報案月餘未能速

獲究辦，實非尋常疏玩可比，未便姑容。據該

道府揭由藩臬兩司請參前來，相應請

旨將長樂縣知縣袁瓛革職，留於地方協同接任

官勒限緝拏逃犯，務須弋獲究辦，以正倫常

而肅法紀。除飭委員前往接署並查明倉庫

錢糧有無未清照例辦理外，理合會摺具

奏，伏乞

皇上聖鑒。再所遺長樂縣知縣員缺，係簡缺，請歸部選，合併

陳明。謹

奏

道光十七年七月十一日奉

湖廣總督林則徐等奏摺　殺母蔑倫重犯未獲請將長樂縣知縣袁瓛革職

道光十七年六月二十五日

硃批

欽此

六月二十五日

一八

湖廣總督林則徐等奏片　委郭覲辰署漢陽縣印務勞光泰署監利縣印務

道光十七年六月二十五日

湖廣總督林則徐等奏片　委郭覲辰署漢陽縣印務勞光泰署監利縣印務

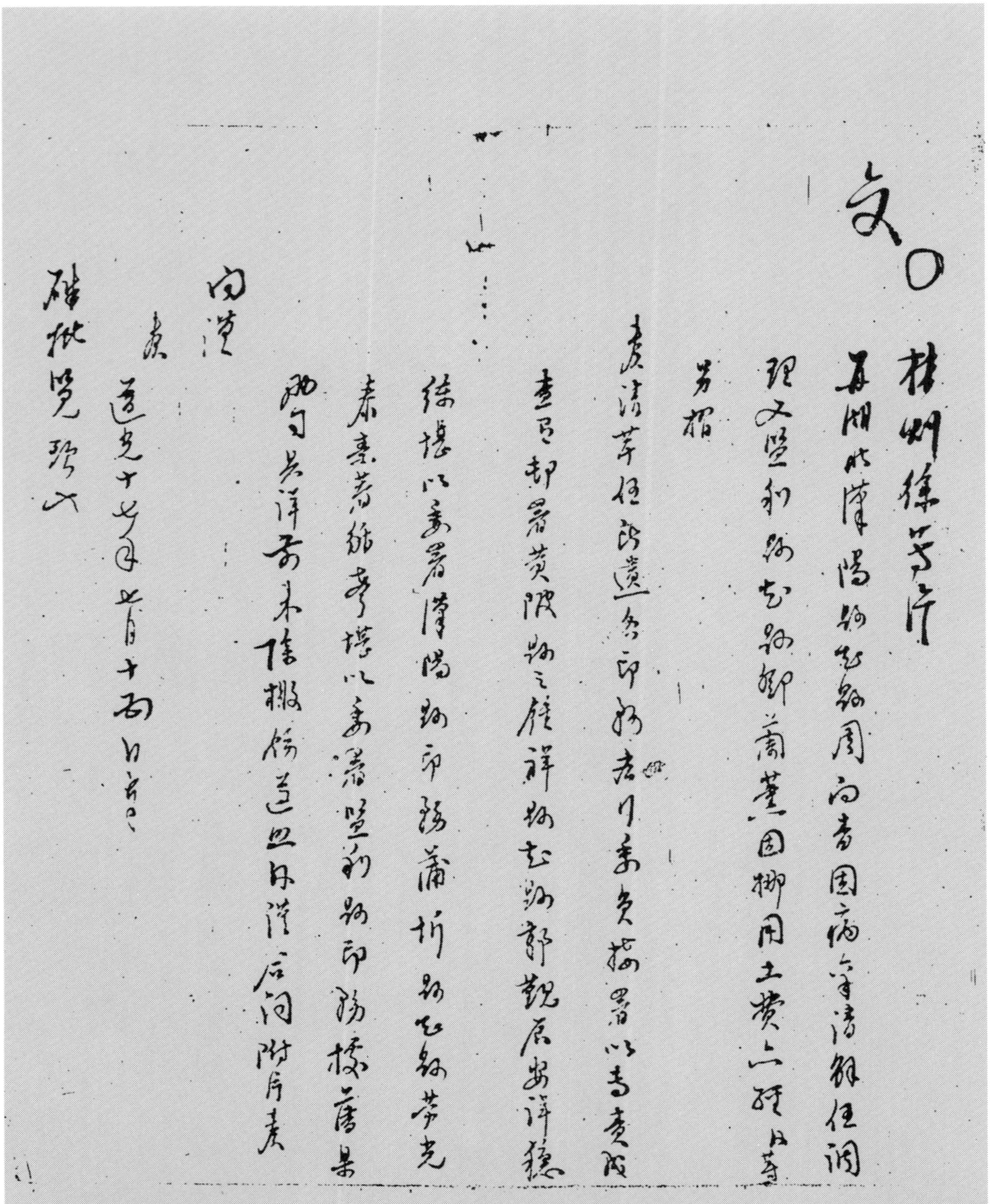

林則徐等片

再湖北漢陽縣知縣周向青因病呈請解任調理，又監利縣知縣鄭蕭華因挪用土費亦經臣等另摺

奏請革任，所遺各印務亟須委員接署，以專責成。查有卸署黃陂縣之候補知縣郭觀辰安詳穩練，堪以委署漢陽縣印務；蒲圻縣知縣勞光泰素著能幹，堪以委署監利縣印務。除飭藩司遵照具詳咨部外，謹[illegible]附片具

奏。

聞。

道光十七年六月十五日

硃批：覽。欽此。

湖廣總督林則徐奏摺

督標中軍副將佛保住人地未宜請與黃州協副將英俊對調

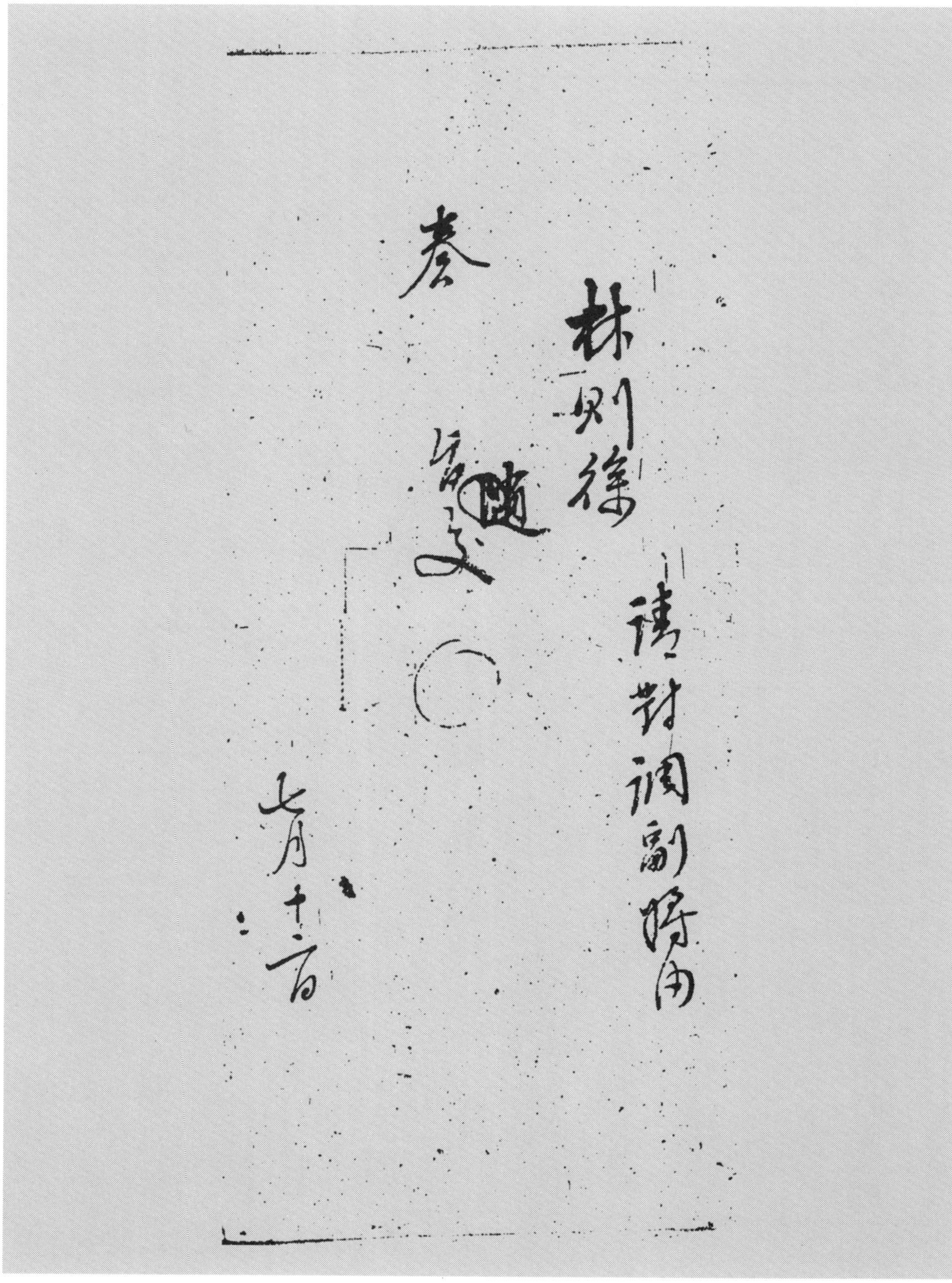

奏

林則徐

跪

請對調副將由

一八　湖廣總督林則徐奏摺　督標中軍副將佛保住人地未宜請與黃州協副將英俊對調

道光十七年六月二十五日

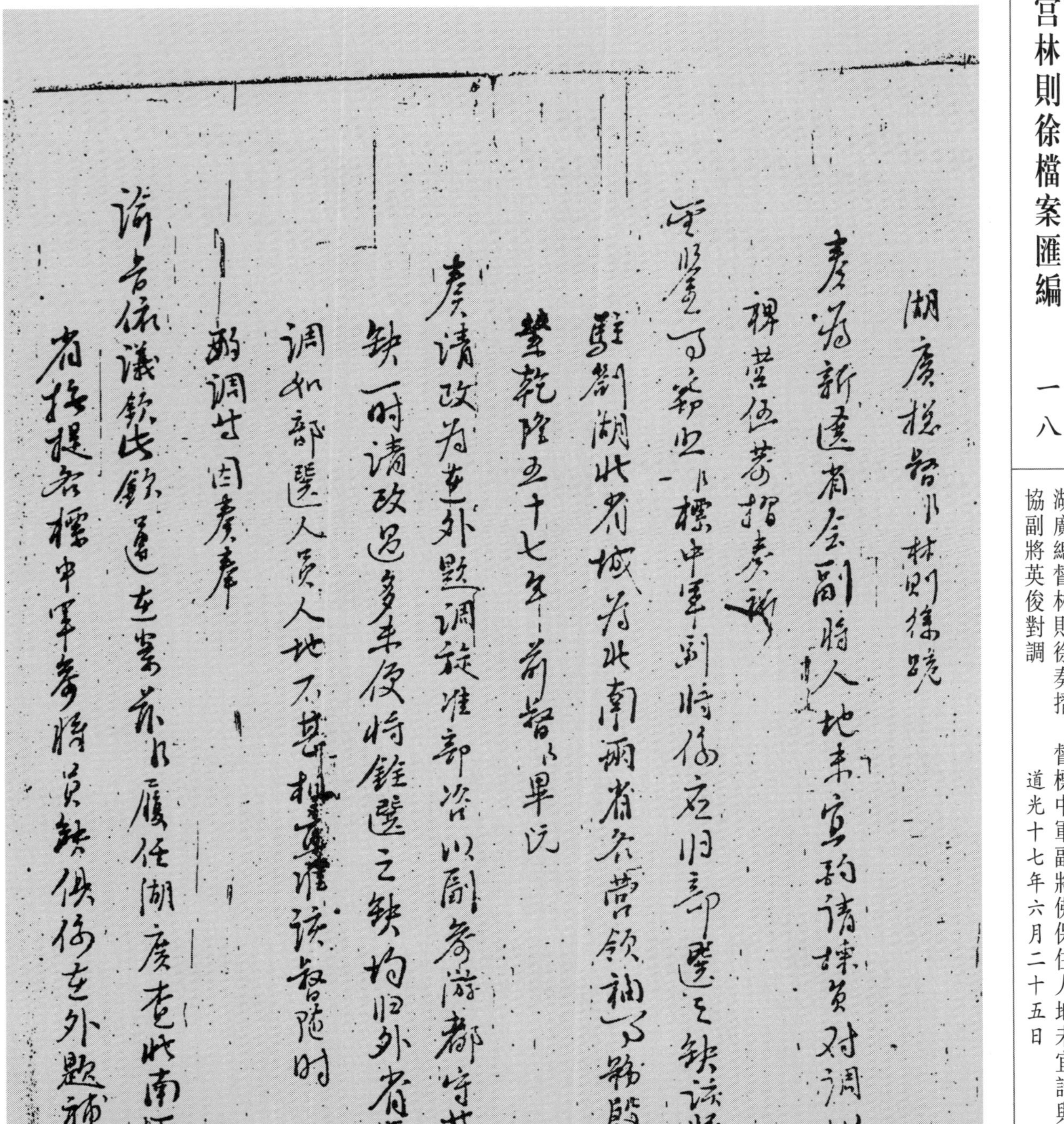

湖廣總督臣林則徐跪

奏為新選省会副將人地未宜，請揀員對調，以

裨營伍，恭摺奏祈

聖鑒事。竊照督標中軍副將係在部選之缺，該將

駐劄湖北省城，為北南兩省各營領袖，乃緊要

之缺。乾隆五十七年前督臣畢沅

奏請改為在外題調，旋准部咨，以副參游都守等

缺一時請改過多，未便將銓選之缺均歸外省題

調。如部選人員人地不甚相宜，准該督隨時

揀調等因。奉

諭旨依議。欽此。欽遵在案。茲臣履任湖廣，查北南兩

省撫提督標中軍參將員缺，俱係在外題補題

一八　湖廣總督林則徐奏摺　督標中軍副將佛保住人地未宜請與黃州協副將英俊對調

道光十七年六月二十五日

調惟督標中軍副將仍屬選缺員則兩省各營
該將弁莫綱領教之標提各標中營尤為
緊要責重非幹練諳熟之員難期勝任新選副將
佛保住由侍衛銓授是缺現已到省乃據見數
次人尚謹飭試以弓馬亦屬合式惟本係外任於
省會營政未甚諳曉察其才識稍欠開展似應
揀員對調俾得量材器使以免貽誤公查有現署
督標中軍副將之黃州協副將英俊年四十九
歲鑲黃旗蒙古人道光六年由冠軍使奉
旨補授四川維州協副將九年丁憂回旗十二年服
闋奉
旨補授湖北黃州協副將歷署五年經前督臣訥

一八 湖廣總督林則徐奏摺 督標中軍副將佛保住人地未宜請與黃州協副將英俊對調

道光十七年六月二十五日

向經錄保列一等，並兩次委署臣標中軍副將，現在尚未卸事。臣留心察看，該員勤慎廉明，通達大體，現辦省會營務，措理裕如，標員尤為得力。以之調補臣標中軍副將，洵屬人地相宜。其所遺黃州協副將，亦係要缺，查黃州協即以佛保住調補，似堪勝任。相應仰懇天恩，俯准以英俊調補臣標中軍副將，以佛保住調補黃州協副將，則省會外營各得其宜，於營伍大有裨益。如蒙俞允，該員等並係對品互調，均毋庸送部引見。仍由臣時加察看，佛保住於黃州協副將事務果否經理合宜，隨時覆奏，不敢稍為遷就。除飭取履歷咨部外，臣為營務緊要起見，理合恭摺

湖廣總督林則徐奏摺　督標中軍副將佛保住人地未宜請與黃州協副將英俊對調

道光十七年六月二十五日

具

奏伏乞

皇上聖鑒謹

奏

道光十七年七月十六日奉

硃批　欽此

六月二十五日

湖廣總督林則徐奏片　親赴漢川查看水勢即赴南省閱視營伍

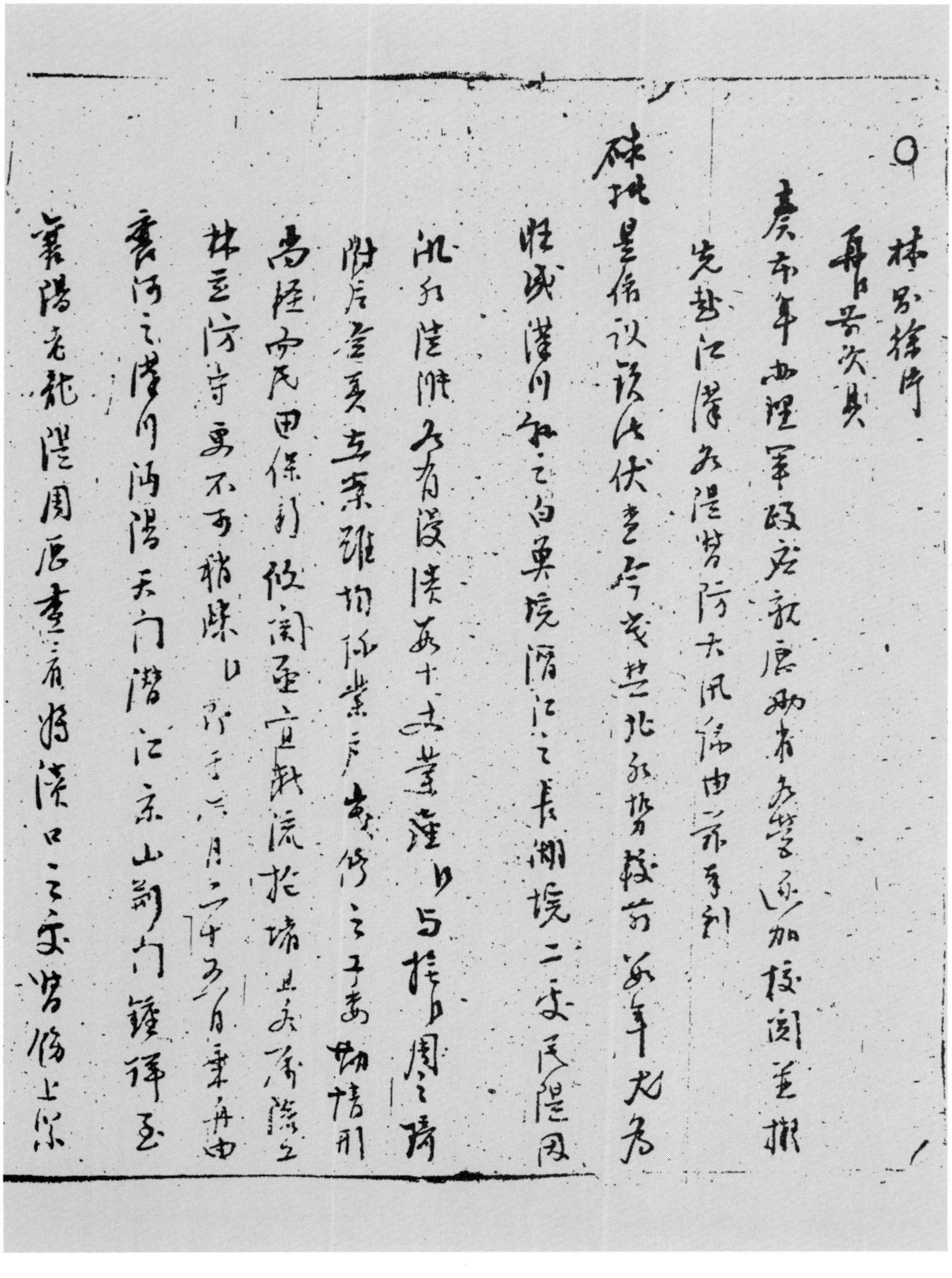
林則徐片
再，臣前次具
奏本年兩湖軍政，應親赴各營，逐加校閱，並擬
先赴江漢各堤，督防大汛，俟由京奏到
硃批：是。欽此。伏查本年楚北水勢較前數年尤為
旺盛，漢川縣之白魚垸、潛江之長湖垸二處民堤，因
汛水陡漲，各有漫潰，雖寬數十丈，當即與撫臣周之琦
附片會奏在案。雖均係業戶歲修之工，而勘其情形，
尚經本民田保衛，收關至重，既流於境，且水勢漲溢，
林至防守要不可稍懈。臣即于六月二十五日乘舟由
襄河之漢川、沔陽、天門、潛江、京山、荊門、鍾祥至
襄陽各屬，親往周歷查看，將漢口一帶要堤修工

湖廣總督林則徐奏片　親赴漢川查看水勢即赴南省閱視營伍

道光十七年六月二十五日

於築其險要隄段亦即指示機宜實力巡防務

須足資捍衛不使所屬各處稍有疏誤俟各口

仍查看水勢就平即赴南省閱視營伍辦理軍

政所有省署

照常日行事件並各營請領兵餉修防等事務

藩司張岳崧代行代印其緊要事件遞封寄至

途次自行發辦謹附片陳明伏乞

奏

皇上聖鑒謹

道光十七年六月二十五日奉

硃批知道了欽此

一八　湖廣總督林則徐等奏摺　湖廣督標並湖北撫標軍裝局坍塌請動項修建

道光十七年六月二十五日

湖廣總督林則徐等奏摺　**湖廣督標並湖北撫標軍裝局坍塌請動項修建**

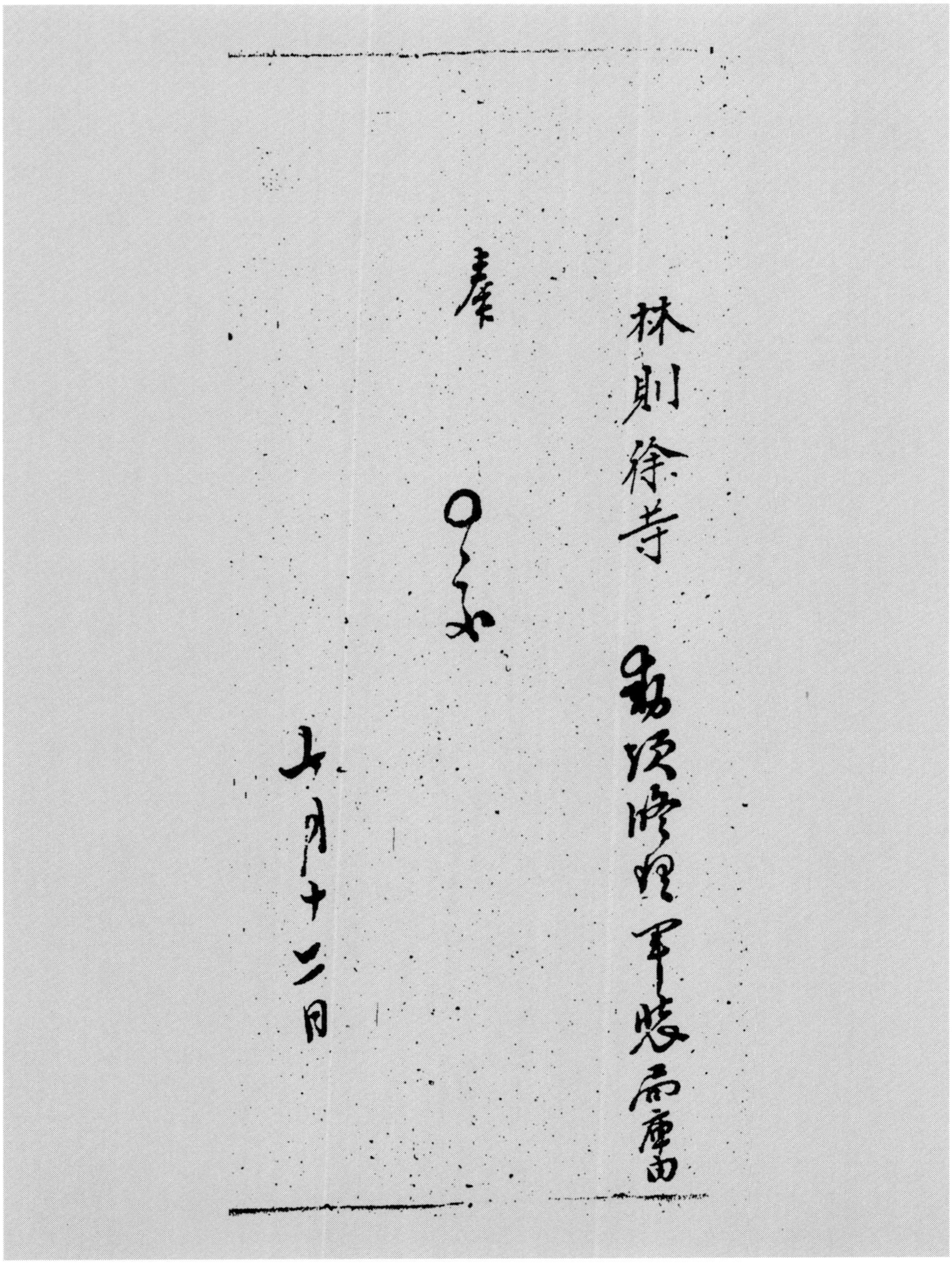

林則徐等　為請修理軍裝局庫

奏

七月十二日

湖廣總督臣林則徐
湖北巡撫臣周之琦　跪
奏為省城軍裝局坍塌已甚應請動項修建以實軍儲恭摺奏祈
聖鑒事竊照湖廣督標左營湖北撫標左右兩營軍裝局庫存貯一切器械均關緊要前據署湖廣督標中軍副將英俊詳報左營原建軍裝局庫一座係頭門一間官廳三間庫間圍牆一道於康熙二十六年被賊焚燬草創所有軍裝器械收貯左營守備衙署圍屋之內此項圍屋原係低矮窄狹今歷年久遠柱木朽壞牆垣傾圮實難存貯軍械又據署湖北撫標中軍參將文興詳報左右兩營軍裝局庫自嘉慶二十年修理後歷

今二十餘載節遭風雨飄淋牆垣傲裂樑柱椽角
復被蟻蛀蝕脫落傾圮所貯一切器械難以收藏去
等情節經前督 臣 訥爾經額批司 委員勘辦去
後旋據署藩司程揆詳稱飭 委署武昌府知
府成善等查勘督標左營原建軍裝局庫
久經焚燬並府郡移駐之園屋亦已坍塌
不堪又查勘撫標左右兩營軍裝局庫實因
年久朽壞漸至傾圮均應請項修建以資蓋
藏並按照工程做法物料價值則例撙節估
計督標左營實需工料銀九百八十九兩九錢六
釐撫標左右兩營實需工料銀一千五百五十兩
六錢七分造具分估冊並具勘結申賚到

司查册開所估工料銀兩覈算相符，應請循例
在於司庫文職空曠養廉款内動支給辦等
情詳請具
奏前來。臣等覆查督標左營軍裝局庫久經被燬，
其移貯圍屋又已坍塌，撫標左右兩營軍裝局庫
久逾固限，據報坍塌傾圮，委員勘明，並無捏飾。
軍儲緊要，實係必不可緩之工，所估工料銀兩
亦屬撙節無浮，自應循例動支藩司庫存空
曠養廉銀兩，發給各該營員趕緊興修，建稱
促工堅料，實不致稍有偷減草率。俟工竣委員查
驗覈實報銷，除將費剗估工册結分别送部外，
所有湖廣督標左營、湖北撫標左右兩營軍

湖廣總督林則徐等奏摺　湖廣督標並湖北撫標軍裝局坍塌請動項修建
道光十七年六月二十五日

裝局庫動用銀款緣由理合恭摺具
奏伏祈
皇上聖鑒敕部覈覆施行謹
奏
道光十七年七月十二日奏
硃批工部議奏欽此
八月廿五日

湖廣總督林則徐等奏摺

遵旨審明南漳縣民部宗敬京控訟案分別定擬

林則徐等

遵議部宗敬京控

案由

奏

文○

七月十六日

一八 湖廣總督林則徐等奏摺 遵旨審明南漳縣民郜宗敬京控訟案分別定擬 道光十七年六月二十五日

湖廣總督臣林則徐
湖北巡撫臣周之琦 跪

奏為遵

旨審明定擬恭摺具奏祈

聖鑒事。竊照湖北南漳縣民郜宗敬以貢生范鎬

串唆防汛等情赴步軍統領衙門具控奏奉

諭旨此案著交湖廣總督周之琦親提人証嚴審秉公

審訊按律定擬具奏原告郜宗敬該部照例解往

備質欽此遵將原告遞解到楚行司委提人証

未到湖廣總督事臣林則徐蒞任會同臣周之琦

提審訊得情有嚴濟八排壽樟一節如果屬

[illegible]

[illegible]

一八

湖廣總督林則徐等奏摺 遵旨審明南漳縣民郜宗敬京控訟案分別定擬

道光十七年六月二十五日

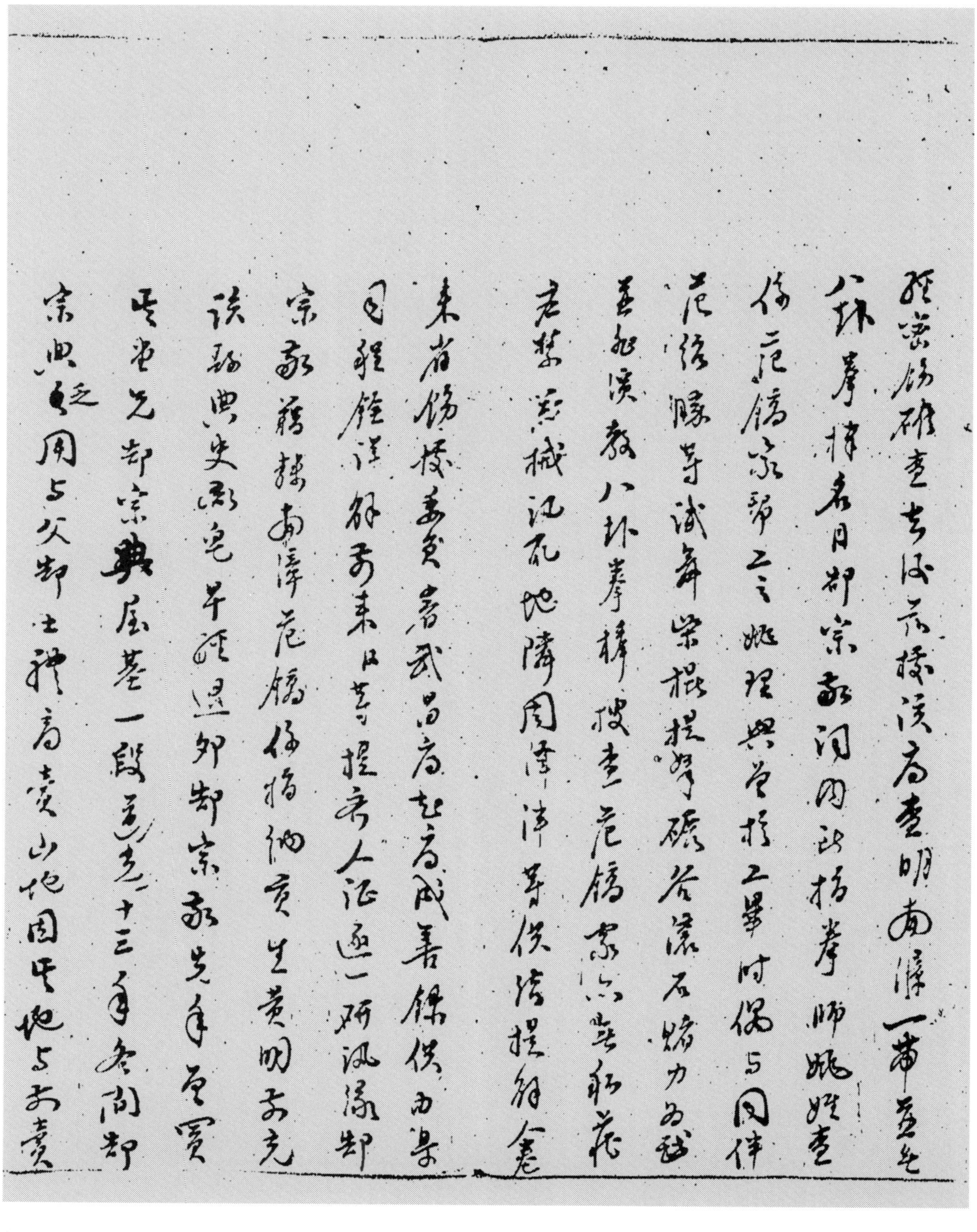

房基畀連，共范協並范士衛、簡廣仁往向鄧宗

敬說合，將價錢三十八千文，鄧宗敬嫌貴未允。鄧

士禮將田勒措，控縣。鄧宗敬亦即具訴，應屬何

何文紀激成實誘赴縣，朱霞飭差黄之孝、蔣華

傳訊。十四年二月，向范協、黄明、周五、鄧宗敬等處好

勸令仍照原議價錢承買，代為具呈請息。鄧宗敬

亦應鄧士禮等伊屋一帶，隨即允買，信屯民家屋處

屋將樓連八折，錢八十千，折實錢六十四千文，憑中給

鄧宗敬地價實錢三十八千文，給黄之孝等板屋

錢五千，還敬宗、何文紀板屋並盤費共錢十千。詢

時范協亦因欠少款項，范仲義板錢向鄧宗敬

借錢四千文，轉借鄧宗敬，當存錢七千另外收存范

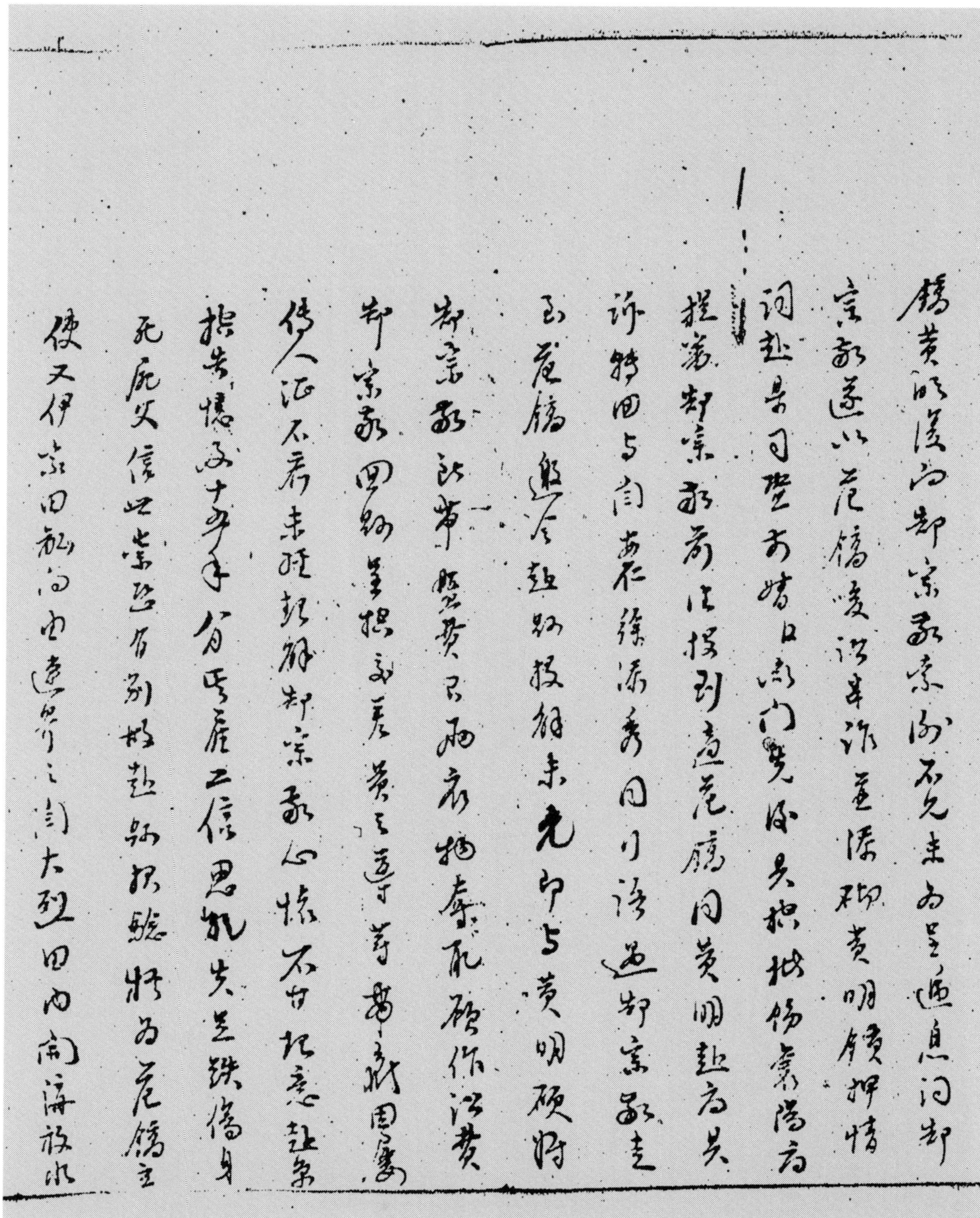

一八　湖廣總督林則徐等奏摺　遵旨審明南漳縣民郭宗敬京控訟案分別定擬

道光十七年六月二十五日

淹漲涸閘大致虛殘禾苗不非南海伊父郭士楚忍

何范鎬主使赴卻具控方案又因原先范鎬家屋

工姚理與范修勝布工畢附舞靈裝撰提婦摺

召該處鎬力為斡旋將何范鎬糾打教習孝揚印

照前於情詞並據稱八郎孝保名派御范鎬聽

從教演計府先專等情自行呈詞赴京呈控欽

國門具控奉

諭旨飭交審辦臣即提訊任嘉陽府志為全省孝審查范

鎬案並無糾從教演孝揚及糾眾擾害等事審訊

郭地方亦無八郎孝揚保名訊系地鄰供稱中遠

提集人證當堂研訊亦查范鎬平頭許事鑱

特據郭中雅保無圍訟別情而郭宗敬在省者指

一八 湖廣總督林則徐等奏摺 遵旨審明南漳縣民鄧宗敬京控訟案分別定擬 道光十七年六月二十五日

詢其何須留八琳孝樣之語，何以未即樣詢，因恐行賄入
己，雖查無其事，究竟八琳孝樣是何形貌，有無賄囑
後與漢原告再三商量，令其據實指出，以憑查辦。據鄧
宗敬供稱，實因花翁廷訪更恐後被翁寄銀物氣
忿不過，見其屋上無兵，捏為陳嘉樣持八琳孝樣字樣
希圖聳聽，無從接花翁及鄧春芳等等陪借用
及向鍾飯食等之外，如別有索詐情事，亦不供未重
如何查花商隨構等語，實之花翁及其案人證僉供
如一，似無遁飾。此案鄧宗敬因花翁黃明賣和
訟事未結，於控被為控告花翁等後將其衣物捻
留，輒復嗾固訴軋，章列屋上信巴孔自行跳聳
及訪大到控，爭田水，香案並花翁工人姚理興等

擬不指為教演八卦等情，並無呈於前非平空誣告，
究屬失實，部宗敬應照申訴不實杖一百律杖一百，
折責四十板。范錫汎等被控[illegible]及[illegible]教演孝
拜情事，並私和公事，部宗敬[illegible]止杖罪以上，黃
明存[illegible]部宗敬不[illegible]願作證，[illegible]與平共據存無
貢自應按律問擬。范錫應革去貢生，念係自
盡，據存人財物不計贓杖一百徒三年律杖一百徒
三年。黃明為從應減一等杖九十徒二年半，到配折
責。黃出呈范錫原指抵，[illegible]追繳[illegible]錫[illegible]段黃之等
悮筆得受部宗敬錢倉米五千文於[illegible]至五兩應
照竊盜計贓一兩至五兩例杖一百加枷號一個月。
黃之等業經病故，悮筆現未[illegible]有[illegible]傳案擬

一八 湖廣總督林則徐等奏摺 遵旨審明南漳縣民部宗敬京控訟案分別定擬 道光十七年六月二十五日

貴華役削字姚理與尤係勝[illegible]無教習孝棒情事

惟[illegible]宗陳時[illegible]奚根君亦屬不合，應照不應重律

杖八十，折責三十板。余保安、采廖茂修等訊未已

付[illegible]安仁等亦無幫同搶擄婦女，富議施[illegible]

等訴搶。部宗敬亦無應姚及傷史平文追繳給領。

部宗敬田[illegible]應各由詢大致田歸南海[illegible]小傷斃

勘明訊[illegible]孔自行跌傷身死一案，已據該縣訊

明通詳立案，未到人證無庸提質。除供招送部外，

所有審明定擬緣由，理合恭摺具

奏。伏乞

皇上聖鑒，勅部議覆施行。再該[illegible]

旨：[illegible]

一八 湖廣總督林則徐等奏摺 遵旨審明南漳縣民部宗敬京控訟案分別定擬 道光十七年六月二十五日

[illegible]

奏

道光十七年七月十二日奉

硃批刑部議奏欽此

六月廿五日

湖廣總督林則徐等奏摺

遵旨審明僉差不慎斬犯脫逃案分別定擬

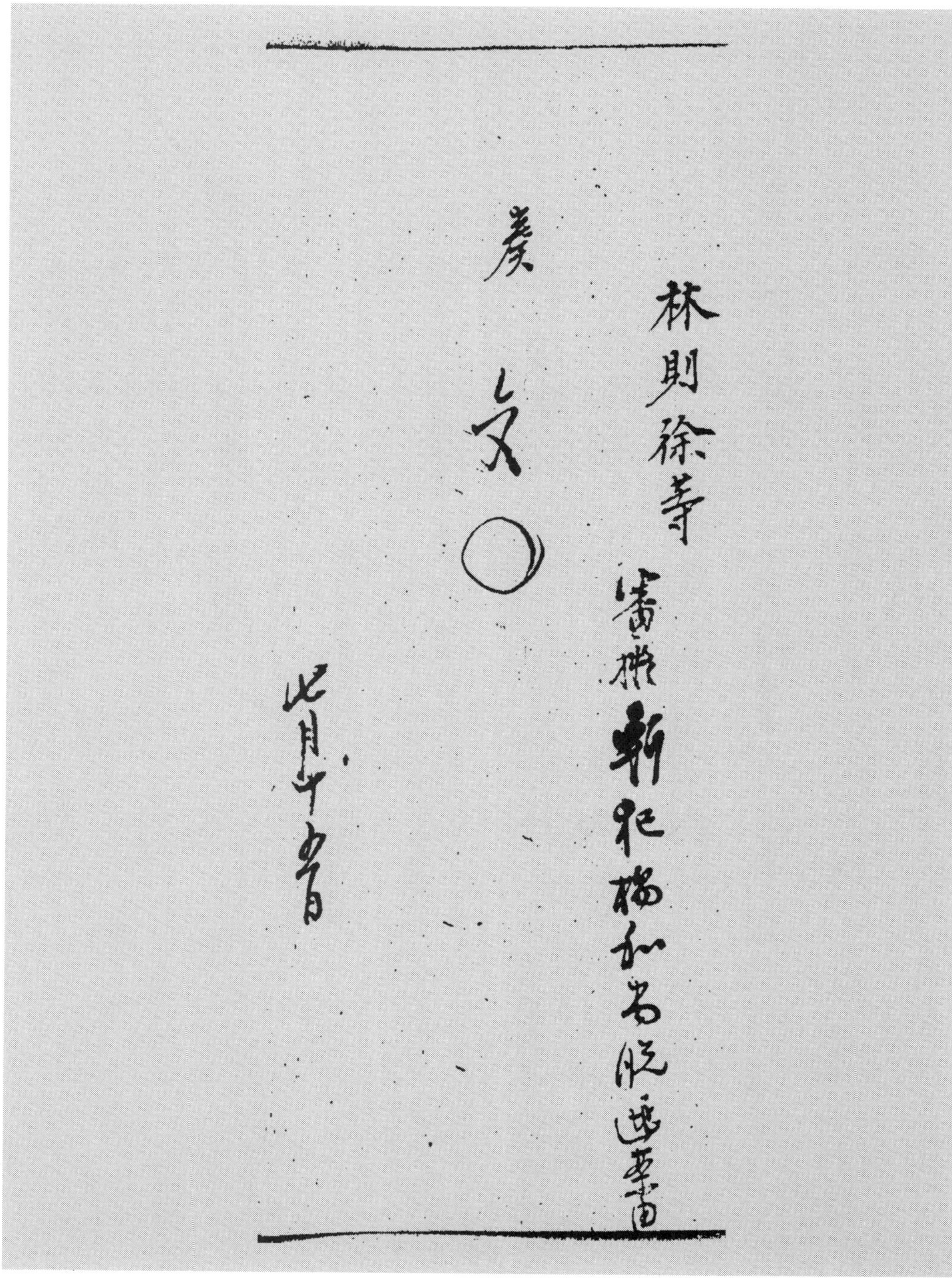

林則徐等
審擬斬犯楊和尚脫逃案由
奏。文○
七月廿四日

湖廣總督林則徐等奏摺　遵旨審明僉差不慎斬犯脫逃案分別定擬
道光十七年六月二十五日

一八 湖廣總督林則徐等奏摺 遵旨審明僉差不慎斬犯脱逃案分別定擬

道光十七年六月二十五日

湖廣總督臣林則徐跪
湖北巡撫臣周之琦
奏爲遵
旨審明定擬恭摺奏祈
聖鑒事竊照湖北襄陽縣接遞南漳縣斬犯楊和尚中途脱逃
一案經臣等據實奏參欽奉
諭旨該所參僉差不慎之原解交湖北南漳縣知縣李
景顔發解之署襄陽縣知縣紀昌期襄陽城守營
守備楊玉林等一併先行交部照例議處仍勒限一
年緝拏逸犯楊和尚務獲俟限滿有無弋獲再行
分别辦理至該兵役等有無賄縱情弊著該督等
提省嚴行訊究按律懲辦欽此當查此案先已行據
押解兵役朱有並據襄陽縣賢明等兵朱吉升居

湖廣總督林則徐等奏摺　遵旨審明僉差不慎斬犯脱逃案分別定擬

道光十七年六月二十五日

主張升元逃脫難以辭咎等情飭委署武昌府谷善審
擬由司詳解前來臣等覆提詳訊緣楊和尚籍隸
南漳縣因行竊張湖貴等家發覺掐傷張湖貴
身死經南漳縣署擬斬監候僉差聚秀玉田玉
解由府司即轉覆審具
題發回南漳縣監禁聽候部覆道光十六年正
月二十五日由宜城縣護解至襄陽縣按依二
十六日經襄陽縣紀昌期無差鄧張升楊翔幗
移營發兵潘志義來者押協同該長解聚秀
玉田玉押護前進是日行至南漳縣屬和泉
舖地方天晚投宿張升元飯店聚秀玉田玉鄧
張升楊翔幗同楊和尚在房內睡歇潘志義

米吉升在房外攔門鬧鋪一同防宿半夜據該
兵役等見楊和尚睡熟各因行路困倦亦俱就
寢詎楊和尚即乘間頂開籠頂木板扭斷鎖鐐
拔落窗櫺由窗洞爬出越牆逃逸該兵役等驚
覺喊同跟升元分途追拿無蹤稟縣會同
勘訊通詳批司嚴緝並將僉差不慎之員弁
先行
奏參行提該兵役鍾秀玉等來省研訊堅稱實係
一時疏脫並無賄縱及違例雇替私鬆刑具情
弊查例載解審斬絞重犯果係依法管解
偶致疏脫審有確據者除經解兵役依律減二等治
罪外將長解二名暫行監禁[illegible]嚴拿務獲押回

原解之親屬專路緝拏限一年如能限內拏獲審辦
繼到情仍將長解依律減二等擬徒如限內無獲
即照逃犯本罪減一等問擬滿流等語此案長
解差役裴秀玉等及短解兵役鄧洪升等於
解審發回斬候重犯並不小心防守致被中途
脫逃實屬疏忽惟訊係依法管解並無賄縱
別情應照例將長解南漳縣差役裴秀玉田
玉二名照例暫行監禁仍由南漳縣另選幹
役會同該差等親屬專路緝拏限一年俟
限滿逃犯有無弋獲再行分別辦理短解襄陽
縣差役鄧洪升楊開幗兵丁湯志義等并均合
依押解罪囚中途不覺失囚者減囚罪二等律

一八　湖廣總督林則徐等奏摺　遵旨審明僉差不慎斬犯脱逃案分別定擬
道光十七年六月二十五日

於楊和尚斬罪上減二等各杖一百徒三年折責定地
充徒。逸犯楊和尚仍飭嚴緝務獲究報。其僉
差長解不慎之南漳縣知縣李景顔、添差
短解不慎之襄陽縣知縣紀昌期、襄陽城
守營守備楊玉林已先經
奏恭請
旨交部照例議處。所有兼轄文武職名，俟飭
取另行開參。是否允協，除供招咨部外，理合恭摺具
奏伏乞
皇上聖鑒，敕部核覆施行。謹
奏。
道光十七年七月十五日奉

硃批刑部議奏欽此

六月二十五日

一八　湖廣總督林則徐等奏片　漢州等縣水漲漫淹情形

湖廣總督林則徐等奏片　漢州等縣水漲漫淹情形

林則徐片

再，臣等接據漢川縣稟報：襄河水勢泛漲，並之連日大雨風狂浪湧，五月十六日將襄河南岸民修之白魚垸月隄漫潰，帶淹林家南河渡等垸廠畈。又府河水漲，將陳湖楊條等垸廠畈一併漫淹。又據沔陽州稟報：因漢川白魚垸潰口，致被帶淹芳州垸，又双成周老等垸或因雨水潰淹，或臨湖低窪積水未消。又據潛江縣稟報：漢南二水並漲，五月二十日未刻河南岸長湖垸之蓮花寺民隄挫蟄漫溢，帶淹范而院及毗連之江陵縣何湖等垸。監利縣樊師等垸又據松滋縣稟報：山水泛漲，溪河陡長

消洩不及漫淹县境下三太平等都垸並帶
淹下游江陵县楊家等垸公安县毛一等里
又據石首漢陽黄岡黄梅等县稟報各因夏
汛泛漲致濱江近湖低窪田地間被漫淹俱
稱並無損傷人口倒塌房屋等情均經批司移
飭該管道府並委員馳往將被水民人分爲
安撫查勘被淹輕重據實稟報並督令搶
築潰口疏消積水以期迅速涸復乘時補種
除俟查覈到日再行據實
奏明辦理謹先附片奏
聞伏乞
聖鑒謹

奏

道光十七年七月十五日奉

硃批：覽，明具奏。欽此

湖廣總督林則徐題本

請仍以武昌府知府崇善經管武昌廠關稅務

該部知道

題

一八 湖廣總督林則徐題本 請仍以武昌府知府崇善經管武昌廠關稅務

道光十七年六月二十五日

兵部尚書兼都察院右副都御史總督湖廣等處地方軍務兼理糧餉臣林則徐謹

題為詳請委員接管武昌廠關稅務等事該臣看

得武昌廠關稅務例應在於就近道府廳員内

揀選諳練之員經管壹年期滿題請更換仍於

壹年限滿將徵收正額盈餘數目具

題考覈等因歷經遵照辦理在案茲據湖北布政

使張岳崧詳稱查道光拾陸年伍月貳拾壹日

起至道光拾柒年伍月貳拾日止武昌廠關稅

務業經詳請

題委武昌府知府崇善接管徵收嗣該府

大計卓異赴部引

見卸事又蒙檄委署武昌府知府成善接管徵收現

已壹年期滿例應委員更換查署武昌府知府
成善堪以接管正在詳
題間本任知府崇善於道光拾柒年陸月初肆日
回任該府前管關務公正廉勤課充商便應請
仍委管理俟壹年期滿另請更換除將道光拾
陸年伍月貳拾壹日起至道光拾柒年伍月貳
拾日止壹年期滿徵收正額盈餘稅銀數目另
行取造冊結呈請
題報考覈外相應具文詳請查覈具
題各等情前來臣覆查無異除飭委武昌府知府崇
善接管徵收外臣謹會同湖北巡撫臣周之琦
合詞恭疏具

一八　湖廣總督林則徐題本　請仍以武昌府知府崇善經管武昌廠關稅務

道光十七年六月二十五日

題伏乞

皇上聖鑒敕部查照施行臣謹具

題

聞

道光十七年六月二十五日

兵部尚書兼都察院右副都御史總督湖廣等處地方軍務兼理糧餉臣林則徐

一八　湖廣總督林則徐題本　請仍以武昌府知府崇善經管武昌廠關税務

道光十七年六月二十五日

兵部尚書兼都察院右副都御史總督湖廣等處地方軍務兼理糧餉臣林則徐謹

題爲詳請委員接管武昌廠關税務等事。該臣看得武昌廠關税務例應在於就近道府廳員內揀選諳練之員經管壹年期滿題請更換。茲據湖北布政使張岳崧詳稱：查道光拾陸年伍月貳拾壹日起至道光拾柒年伍月貳拾日止武昌廠關税務業經詳請

題委武昌府知府崇善接管徵收。關該府

大計卓異赴部引

見卸事，又蒙檄委署武昌府知府成善接管徵收。現已壹年期滿，例應委員更換。查署武昌府知府成善堪以接管，正在詳

題間，本任知府崇善於道光拾柒年陸月初肆日回任。該府前管關務公正廉勤，課充商便，應請仍委管理，俟壹年期滿另請更換。相應詳請查覈具

題等情前來。臣覆查無異，除飭委武昌府知府崇善接管徵收外，謹會疏

題

聞

湖廣總督林則徐題本　**報銷湖南各標鎮協營官兵道光十六年份實支俸餉馬乾銀數**

該部察核具奏冊併發

題

一八　湖廣總督林則徐題本　報銷湖南各標鎮協營官兵道光十六年份實支俸餉馬乾銀數

道光十七年六月二十五日

兵部尚書兼都察院右都御史總督湖廣等處地方軍務兼理糧餉臣林則徐謹

題爲報銷兵馬錢糧事該臣看得湖南各標鎮協

營道光拾陸年分經制官兵馬匹應支俸餉乾

銀月米并候補委署官員俸薪乾銀各營逐月

查照實支數目造具印領赴湖南布政司糧儲

道覈明支給在案今據湖南布政使龔綬將各

營開造細數格冊磨算清楚蓋印彙呈前來臣

查自道光拾陸年正月起至拾貳月底實支過

俸餉馬乾共銀肆拾伍萬壹千貳百肆拾捌兩

玖錢貳分壹釐内除各官俸薪等銀不搭錢文

外其外委兵餉馬乾共搭錢捌百肆拾壹萬壹

千貳百貳拾玖文易銀捌千肆百壹拾壹兩貳

錢貳分玖釐外實支銀肆拾肆萬貳千捌百叁
拾柒兩陸錢玖分貳釐共實支過米玖萬柒千
捌百肆拾壹石叁斗叁升內本色米壹萬玖千
陸百柒拾玖石陸升柒合柒勺折色米柒萬捌
千壹百陸拾貳石貳斗陸升貳合叁勺臣逐一
覆覈無異除照例開造清冊分送部科道查覈
并將湖南省各標鎮協營實支總數恭繕黃冊
壹本
進呈
御覽外謹會同湖南巡撫臣訥爾經額合詞恭疏具
題伏乞
皇上聖鑒勅部覈銷施行臣謹具

湖廣總督林則徐題本 報銷湖南各標鎮協營官兵道光十六年份實支俸餉馬乾銀數

道光十七年六月二十五日

題請

旨

一八 湖廣總督林則徐題本 報銷湖南各標鎮協營官兵道光十六年份實支俸餉馬乾銀數

道光十七年六月二十五日

兵部尚書兼都察院右都御史總督湖廣等處地方軍務兼理糧餉臣林則徐謹

題爲報銷兵馬錢糧事該臣看得湖南各標鎮協營道光拾陸年分經制官兵馬匹應支俸餉馬乾共銀肆拾伍萬壹千貳百肆拾捌兩玖錢貳分壹釐內除各官俸薪等銀不搭錢文外其外委兵餉馬乾共搭錢捌百肆拾壹萬壹千貳百貳拾玖文易銀捌千肆百壹拾壹兩貳錢貳分玖釐外實支銀肆拾肆萬貳千捌百叁拾柒兩陸錢玖分貳釐共實支過米玖萬柒千捌百肆拾壹石叁斗叁升內本色米壹萬玖千陸百柒拾玖石陸升柒合柒勺折色米柒萬捌千壹百陸拾貳石貳斗陸升貳合叁勺臣逐一覆覈無異除照例開造清冊分送部科道查覈并將湖南省各標鎮協營實支總數恭繕黃冊壹本

進呈

御覽外謹會

題請

旨

湖廣總督林則徐題本

題銷長安營兵丁道光十六年份增賞眷米並運脚布袋銀數

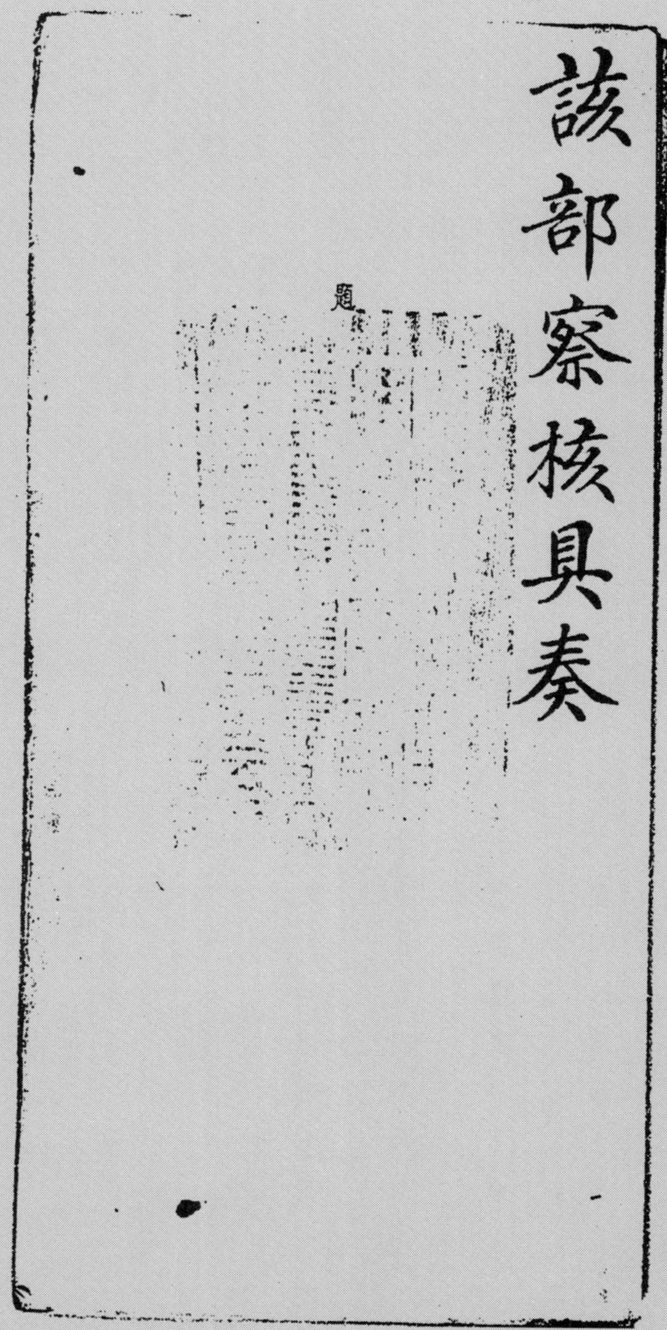
該部察核具奏

題

一八　湖廣總督林則徐題本　題銷長安營兵丁道光十六年份增賞舂米並運脚布袋銀數

道光十七年六月二十五日

兵部尚書兼都察院右副御史總督湖廣等處地方軍務兼理糧餉臣林則徐謹

題爲欽奉等事該臣看得湖南綏寧武岡廳州縣

分辦長安營兵丁增賞舂米暨城步縣接運武

岡州分辦舂米所用運脚布袋絡蓋及一切碾

運脚費等項俱經按年造册

題銷在案今據湖南布政使龔綬詳稱據綏寧武

岡廳州縣將道光拾陸年分各買穀石辦運長

安營兵丁增賞舂米及城步縣接運武岡州分

辦舂米用過穀價以及一切運脚回費食米耗

米布袋絡蓋等項銀兩分别造册請銷到司覆

查綏寧武岡城步叁州縣辦運道光拾陸年分

春夏秋冬四季增賞長安營兵丁舂米通共用

一八 湖廣總督林則徐題本 題銷長安營兵丁道光十六年份增賞眷米並運脚布袋銀數

道光十七年六月二十五日

過穀價雜費等項銀壹千叁拾柒兩陸錢壹分
叁釐內綏寧縣請銷銀肆百捌拾捌兩陸錢捌
分捌釐武岡州請銷銀叁百玖拾捌兩玖錢捌
釐城步縣請銷銀壹百伍拾兩壹分柒釐均已
全數在於道光拾陸年地丁銀內動支訖又綏
寧武岡城步叁州縣解繳袋絡變價共銀叁兩
叁錢肆釐已造入道光拾陸年民賦
奏銷冊內報部撥用相應據冊轉造清冊同齎到
實用實銷印結并長安營送到實支眷米清冊
一併具文詳請查覈
題銷等情前來臣覆覈無異除冊結送部外臣謹
會同湖南巡撫臣訥爾經額合詞恭疏具

一八 湖廣總督林則徐題本 題銷長安營兵丁道光十六年份增賞眷米並運脚布袋銀數

道光十七年六月二十五日

題伏乞

皇上聖鑒勅部覈銷施行臣謹具

題請

旨

道光拾柒年[illegible]兵部尚書兼都察院右副都御史總督湖廣等處地方軍務兼理糧餉臣林則徐

一八　湖廣總督林則徐題本　題銷長安營兵丁道光十六年份增賞眷米並運脚布袋銀數

道光十七年六月二十五日

兵部尚書兼都察院右都御史總督湖廣等處地方軍務兼理糧餉臣林則徐謹

題為欽奉等事該臣看得湖南綏寧武岡等州縣分辦長安營兵丁增賞眷米暨城步縣接運武岡州分辦眷米所用運脚布袋絡蓋及一切碾運脚費等項俱經按年造冊

題銷在案今據湖南布政使龔綬詳稱綏寧武岡城步叁州縣辦運道光拾陸年春夏秋冬四季增賞長安營兵丁眷米通共用過穀價雜費等項銀壹千叁拾柒兩陸錢壹分叁釐內綏寧縣請銷銀肆百捌拾捌兩陸錢捌分捌釐武岡州請銷銀叁百玖拾捌兩玖錢捌釐城步縣請銷銀壹百伍拾兩壹分柒釐均已全數在於道光拾陸年地丁銀內動支訖又綏寧武岡城步叁州縣解繳袋絡變價共銀叁兩叁錢肆釐已造入道光拾陸年民賦

奏銷冊內報部撥用相應造冊同齎到實用實銷印結并長安營送到實支眷米清冊一併詳請

查覈

題銷等情前來臣覆覈無異除冊結送部外謹會

題請

旨

湖廣總督林則徐題本　報銷湖南各標鎮協營武職道光十六年份動支養廉銀數

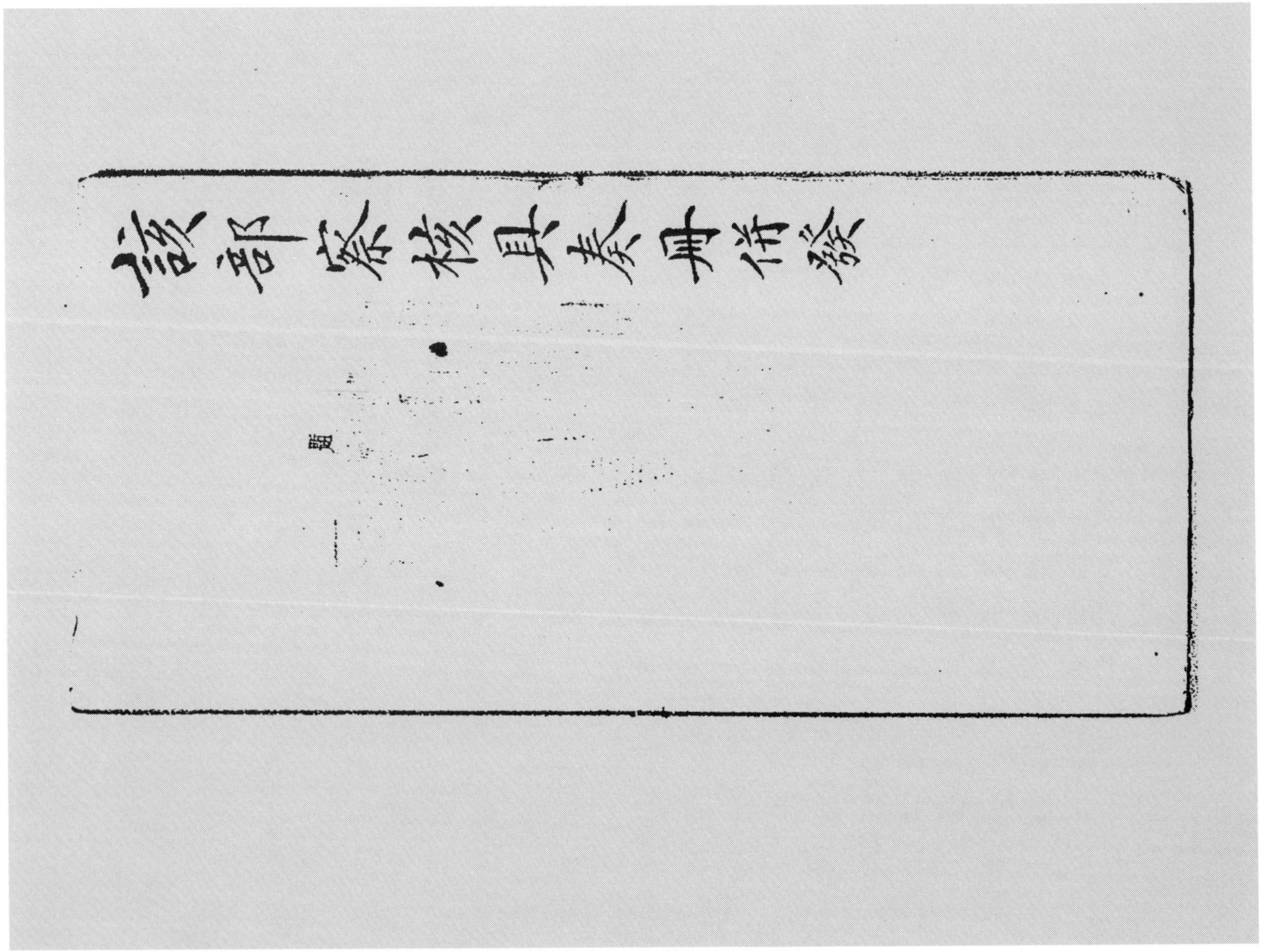
該部察核具奏冊併發

題

一八　湖廣總督林則徐題本　報銷湖南各標鎮協營武職道光十六年份動支養廉銀數

道光十七年六月二十五日

兵部尚書兼都察院右都御史總督湖廣等處地方軍務兼理糧餉臣林則徐謹
題爲報銷武職養廉銀兩事該臣看得案准戶部
咨湖南省武職養廉銀兩現無耗羨間款可動
該督等奏請將原充賞項之餘剩朋銀提爲養
廉之用其不敷銀兩請於正項銀內動支之處
均與原議相符應准其動支仍將動撥給發各
數歲底專案造冊題銷并於各本案內聲明造
報查覈嗣又准部咨餘朋銀兩務須年清年款
不准豫行留爲養廉之用各等因遵照在案今
據湖南布政使賀綬詳稱湖南各標鎮協營道
光拾陸年分查歲額設養廉銀陸萬伍千伍拾
貳兩係動支酌撥乙未年兵餉事案內奉撥本

一八　湖廣總督林則徐題本　報銷湖南各標鎮協營武職道光十六年份動支養廉銀數　道光十七年六月二十五日

省道光拾伍年地丁銀壹萬陸千貳百陸拾叁
兩又動支酌撥丙申年兵餉事案內奉撥本省
道光拾陸年地丁銀肆萬捌千柒百捌拾玖兩
共銀陸萬伍千伍拾貳兩按冊覈算共實支養
廉銀陸萬叁千陸百陸拾兩陸錢叁分玖釐內
原額官弁支過養廉銀陸萬叁千叁百肆兩貳
錢貳分叁釐外給署官支過養廉銀叁百伍拾
陸兩肆錢壹分陸釐存銀壹千叁百玖拾壹兩
叁錢陸分壹釐係官員陞遷事故應存空曠引
見人員扣存一半養廉銀兩其空半銀兩收支存剩
細數俱於空曠存半養廉二項冊內分別開造
另詳呈請咨部覈銷相應彙造司總清冊同各

營細冊詳齎覈
題等情前來臣覆覈無異除冊送部查覈并將支
過總數繕黃冊壹本
進呈
御覽外謹會同湖南巡撫臣訥爾經額合詞恭疏具
題伏乞
皇上聖鑒勅部覈銷施行臣謹具
題請
旨

一八 湖廣總督林則徐題本 報銷湖南各標鎮協營武職道光十六年份動支養廉銀數

道光十七年六月二十五日

兵部尚書兼都察院右都御史總督湖廣等處地方軍務兼理糧餉臣林則徐謹
題
爲報銷武職養廉銀兩事。該臣看得，案准户部咨：湖南省武職養廉銀兩，該督等奏請將原充賞項之餘剩朋銀提爲養廉之用，其不敷銀兩請於正項銀内動支之處，均與原議相符，應准其動支歲底專案造册題銷，并於各本案内聲明造報查覈，嗣又准部咨：餘朋銀兩務須年清年款，不准豫行留爲養廉之用，各等因，遵照在案。今據湖南布政使龔綬詳稱，湖南各標鎮協營道光拾陸年分壹歲額設養廉銀陸萬伍千伍拾貳兩，係動支酌撥乙未年兵餉事案内奉撥本省道光拾伍年地丁銀壹萬陸千貳百陸拾叁兩，又動支酌撥丙申年兵餉事案内奉撥本省道光拾陸年地丁銀肆萬捌千柒百捌拾玖兩，共銀陸萬伍千伍拾貳兩。按册覈算，共實

一八 湖廣總督林則徐題本 報銷湖南各標鎮協營武職道光十六年份動支養廉銀數

道光十七年六月二十五日

支養廉銀陸萬叁千陸百陸拾兩陸錢叁分玖
釐內原額官弁支過養廉銀陸萬叁千叁百肆
兩貳錢貳分叁釐外給署官支過養廉銀叁百
伍拾陸兩肆錢壹分陸釐存銀壹千叁百玖拾
壹兩叁錢陸分壹釐係官員陞遷事故應存空
曠引
見人員扣存一半養廉銀兩其空半銀兩收支存剩
細數俱於空曠存半養廉二項冊內分別聲造
另請咨部覈銷相應彙造司總清冊同各營細
冊詳齎覈
題等情前來臣覆覈無異除冊送部查覈并將支
過總數繕黃冊壹本
進呈
御覽外謹會
題請
旨

一八　湖廣總督林則徐題本　題參署鄖陽鎮標千總張得起等疎防命案屆滿兇犯未獲

道光十七年六月二十五日

湖廣總督林則徐題本　題參署鄖陽鎮標千總張得起等疎防命案屆滿兇犯未獲

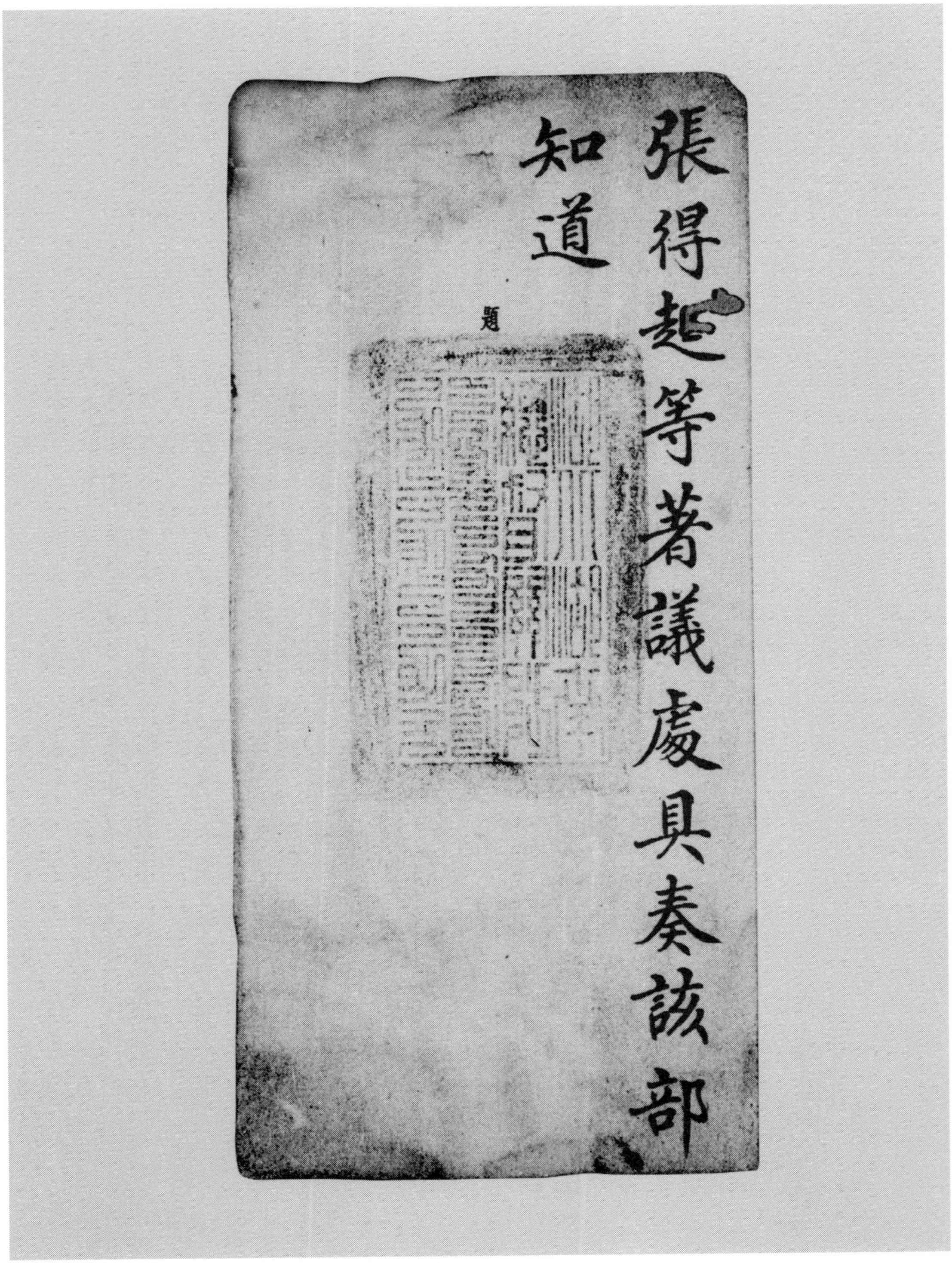

張得起等著議處具奏該部

知道

題

一八 湖廣總督林則徐題本　題參署鄖陽鎮標千總張得起等疎防命案屆滿兇犯未獲

道光十七年六月二十五日

兵部尚書兼都察院右都御史總督湖廣等處地方軍務兼理糧餉臣林則徐謹

題爲報明事。據湖北按察使程銓詳稱：案據署鄖縣知縣魏文翰詳稱：道光拾陸年拾壹月初伍日，據保正梁廣桂報：據民人樊疙瘩投稱，拾壹月貳拾捌日伊路過王良輔地內，見草棚旁有樹葉蓋壹女屍等語。往看屬實，認係李白氏屍身。復於該處溝內查見壹屍，認係李白氏胞子李其縄屍身，均係被勒身死，兇犯脫逃，理合報驗緝究等情。并據屍親李起桂報同前由。據此，隨會同營弁詣勘情形，驗明各屍傷，塡格取結，訊供通詳，奉批飭緝詳參去後。茲據鄖陽府知府李嘉群轉據鄖縣知縣劉函綱詳稱：查此案

一八　湖廣總督林則徐題本　題參署鄖陽鎮標千總張得起等疎防命案屆滿兇犯未獲　道光十七年六月二十五日

原驗已死李白氏李其繩屍身均屬赤身有失
物情形應照盜案開參開列各職名由府詳參
到司并准鄖陽鎮標中營咨送武職職名開參
前來該湖北按察使程銓查得鄖縣通詳保正
梁廣桂於道光拾陸年拾貳月初伍日具報李
白氏與子李其繩赤身被勒身死查有失物情
形兇犯脫逃一案先經該前署縣會營勘驗通
詳批飭緝究詳參茲例限屆滿兇賊未獲移行
開報疎防職名詳參前來除仍移飭勒緝兇賊
務獲解報并文職疎防職名另詳呈請巡撫
題參外所有疎防武職專汛係署鄖陽鎮標中營
右哨千總事左哨頭司把總張得起兼轄係署

湖廣總督林則徐題本 題參署鄖陽鎮標千總張得起等疎防命案屆滿兇犯未獲

道光十七年六月二十五日

鄖陽鎮標中營遊擊事提標左營遊擊史殿元
相應據文關報伏候查覈
題參再失事地方離縣城玖拾里並未安設兵丁
墩鋪亦無貼防外委專汛與兼轄不同城在百
里以內此案應以道光拾陸年拾貳月初伍日
報官計限起扣至拾柒年肆月初伍日滿肆個
月疎防例限合併聲明等情呈詳到臣該臣看
得鄖縣通詳保正梁廣桂於道光拾陸年拾貳
月初伍日具報李白氏與子李其纏赤身被勒
身死查有失物情形兇犯脱逃一案先經該前
署縣會營勘驗通詳批司飭緝詳參去後茲據
湖北按察使程銓以例限屆滿兇賊未獲移行

一八 湖廣總督林則徐題本 題參署鄖陽鎮標千總張得起等疎防命案屆滿兇犯未獲

道光十七年六月二十五日

開報疎防職名請參前來除仍飭緝兇賊務
獲解報并文職疎防職名聽撫臣
題參外所有疎防武職專汛係署鄖陽鎮標中營
右哨千總事左哨頭司把總張得起兼轄係署
鄖陽鎮標中營遊擊事提標左營遊擊史殿元
相應據詳指參再失事地方離縣城叁拾里並
未安設兵丁墩鋪亦無貼防外委專汛與兼轄
不同城在百里以內此案應以道光拾陸年拾
貳月初伍日報官計限起扣至拾柒年肆月初
伍日滿肆個月疎防例限合併陳明臣謹會同
湖北巡撫臣周之琦湖北提督臣羅思舉合詞
恭疏具

一八 湖廣總督林則徐題本 題參署鄖陽鎮標千總張得起等疎防命案屆滿兇犯未獲

道光十七年六月二十五日

題伏乞

皇上聖鑒勅部議覆施行臣謹具

題請

旨

道光[illegible]總督湖廣等處地方軍務兼理糧餉臣林則徐

一八

湖廣總督林則徐題本　題參署鄖陽鎮標千總張得起等疏防命案屆滿兇犯未獲

道光十七年六月二十五日

兵部尚書兼都察院右都御史總督湖廣等處地方軍務兼理糧餉臣林則徐謹
題
為報明事該臣看得鄖縣通詳保正梁廣桂於
道光拾陸年拾貳月初伍日具報李白氏與子
李其繩赤身被勒身死查有失物情形兇犯脫
逃一案先經該前署縣會營勘驗通詳批司飭
緝詳參去後茲據湖北按察使程銓以例限屆
滿兇賊未獲移行開報疏防職名請參前來所
有疏防武職專汛係署鄖陽鎮標中營右哨千
總事左哨頭司把總張得起兼轄係署鄖陽鎮
標中營遊擊事提標左營遊擊史殿元相應指
參臣謹會
題請
旨

湖廣總督林則徐題本　題參署鄖陽鎮標千總張得起等疎防命案屆滿兇犯未獲

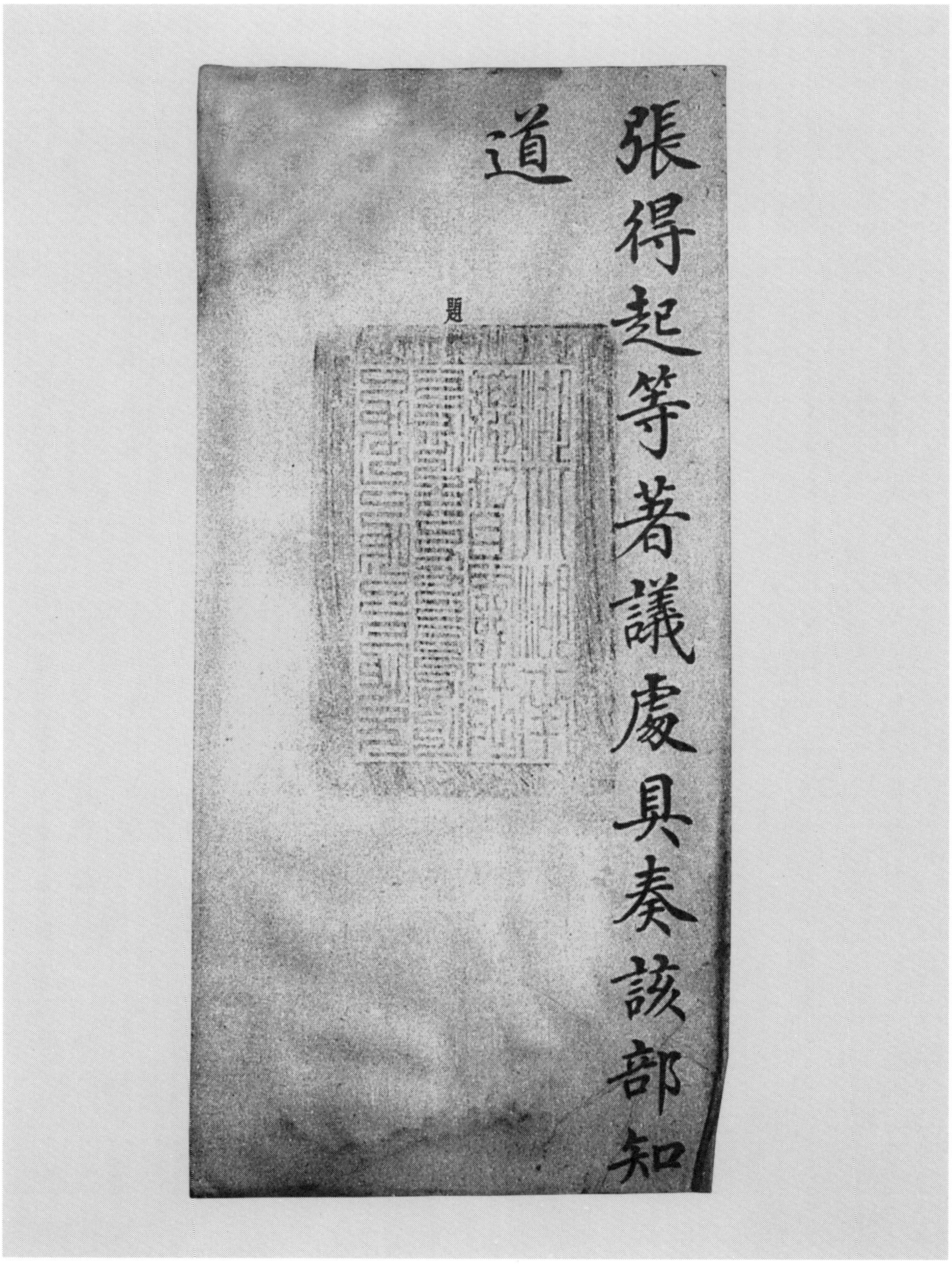
張得起等著議處具奏該部知道

題

一八　湖廣總督林則徐題本　題參署鄖陽鎮標千總張得起等疎防命案屆滿兇犯未獲

道光十七年六月二十五日

兵部尚書兼都察院右都御史總督湖廣等處地方軍務兼理糧餉臣林則徐謹

題爲報明事據湖北按察使程銓詳稱案據署鄖

縣知縣魏文翰詳稱道光拾陸年拾壹月拾貳

日據保正彭昌茂報據生員李懋德投稱拾壹

月初拾日晚伊佃給張永安耕種地内有壹不

知姓氏婦人赤身被勒身死等語往看屬實理

合報騐緝究等情并據生員李懋德報同前由

據此隨會營詣勘情形騐明屍傷塡格附卷訊

供通詳奉批飭緝詳參去後兹據鄖陽府知府

李嘉祥轉據署鄖縣知縣魏文翰詳稱查此案

原驗已死不知姓氏婦人屍身係屬赤身有失

物情形應照盗案開參開列疎防職名由府詳

一八　湖廣總督林則徐題本　題參署鄖陽鎮標千總張得起等疎防命案届滿兇犯未獲

道光十七年六月二十五日

參到司并准鄖陽鎮標中營咨送武職職名前
來該湖北按察使程銓查得鄖縣通詳保正彭
昌茂於道光拾陸年拾壹月拾貳日具報不知
姓氏婦人赤身被勒身死查有失物情形兇犯
脱逃一案先經該署縣會營勘驗通詳批飭緝
兇詳參茲例限届滿兇賊未獲移行開報疎防
職名詳參前來除仍移飭勒緝兇賊務獲解報
并文職疎防職名另詳呈請巡撫
題參外所有疎防武職專汛係署鄖陽鎮標中營
右哨千總事左哨頭司把總張得起兼轄係署
鄖陽鎮標中營遊擊事提標左營遊擊史殿元
相應據文開報伏候查覈

湖廣總督林則徐題本　題參署鄖陽鎮標千總張得起等疏防命案屆滿兇犯未獲
道光十七年六月二十五日

題參再失事地方鄖縣城玖拾里並未安設兵丁
墩鋪亦無貼防外委專汛兼轄不同城在百
里以內此案應以道光拾陸年拾壹月拾貳日
報官計限起扣至拾柒年叁月拾貳日滿肆個
月疏防例限合併聲明等情呈詳到臣該臣看
得鄖縣通詳保正彭昌茂於道光拾陸年拾壹
月拾貳日具報不知姓氏婦人亦身被勒身死
查有失物情形兇犯脫逃一案先經該署縣會
營勘驗通詳批飭緝究詳參去後茲據湖北按
察使程銓以例限屆滿兇賊未獲移行關報疏
防職名請參前來除仍飭勒緝兇賊務獲解報
并文職疏防職名聽撫臣

湖廣總督林則徐題本　題參署鄖陽鎮標千總張得起等疎防命案屆滿兇犯未獲　道光十七年六月二十五日

題參外所有疎防武職專汛係署鄖陽鎮標中營

右哨千總事左哨頭司把總張得起兼轄係署

鄖陽鎮標中營遊擊事提標左營遊擊史殿元

相應據詳指參再失事地方離縣城玖拾里並

未安設兵丁墩鋪亦無貼防外委專汛與兼轄

不同城在百里以內此案應以道光拾陸年拾

壹月拾貳日報官計限起扣至拾柒年叁月拾

貳日滿肆個月疎防例限合併陳明臣謹會同

湖北巡撫臣周之琦湖北提督臣羅思舉合詞

恭疏具

題伏乞

皇上聖鑒勅部議覆施行臣謹具

一八 湖廣總督林則徐題本 題參署鄖陽鎮標千總張得起等疎防命案屆滿兇犯未獲

道光十七年六月二十五日

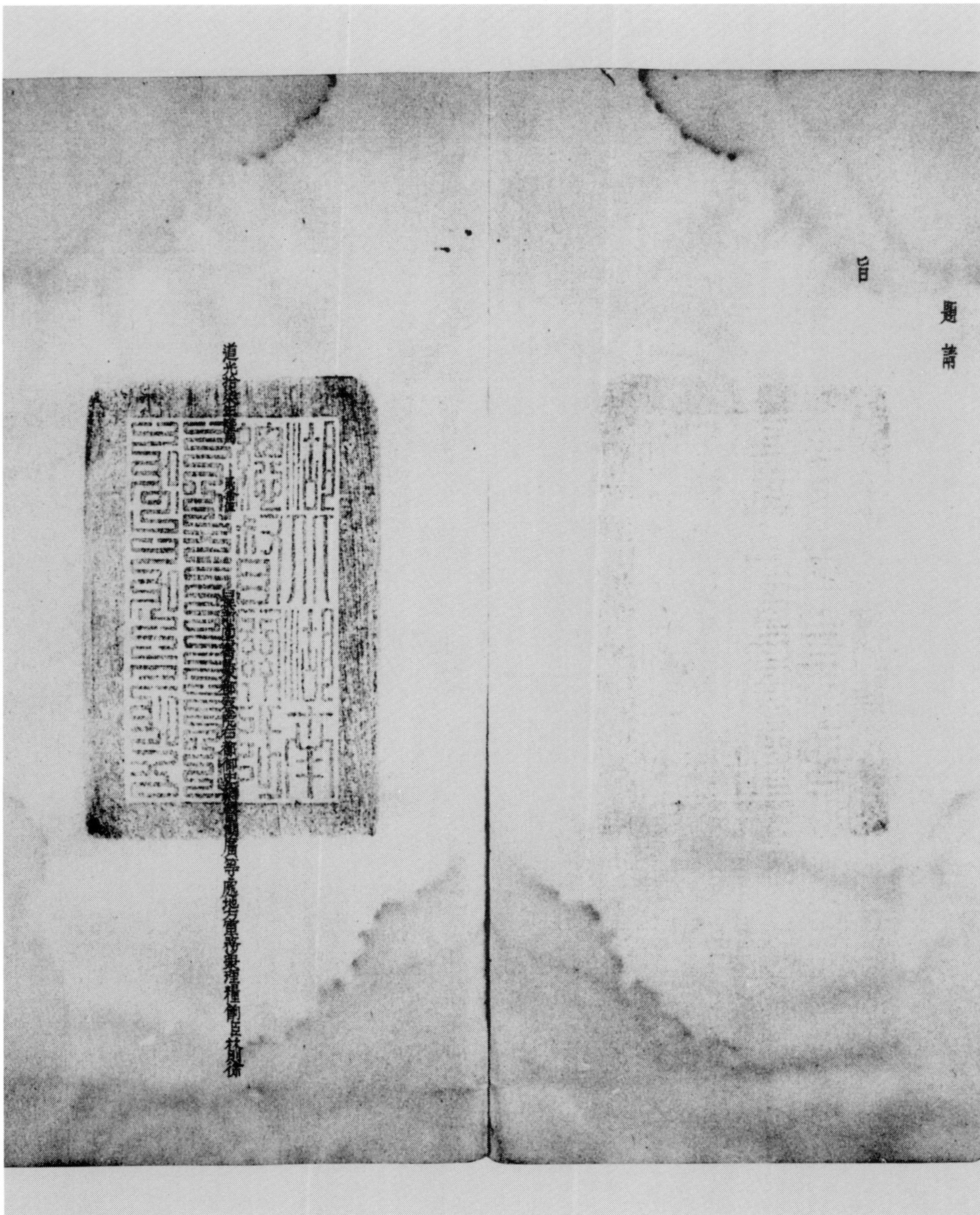
題請

旨

湖廣總督林則徐題本　題參署鄖陽鎮標千總張得起等疎防命案屆滿兇犯未獲
道光十七年六月二十五日

兵部尚書兼都察院右都御史總督湖廣等處地方軍務兼理糧餉臣林則徐謹

題爲報明事該臣看得鄖縣通詳保正彭昌茂於

道光拾陸年拾壹月拾貳日具報不知姓氏婦人赤身被勒身死查有失物情形兇犯脫逃一案先經該署縣會營勘驗通詳批飭緝究詳參去後茲據湖北按察使程銓以例限屆滿兇賊未獲移行開報疎防職名請參前來所有疎防武職專汛係署鄖陽鎮標中營右哨千總事左哨頭司把總張得起兼轄係署鄖陽鎮標中營遊擊事提標左營遊擊史殿元相應指參臣謹

會

題請

旨

湖廣總督林則徐題本　**題參武昌城守營把總盛廷一等疎防行舟被搶屆滿贓犯未獲**

盛廷一等著議處具奏該部知
道

一八 湖廣總督林則徐題本 題參武昌城守營把總盛廷一等疎防行舟被搶届滿贓犯未獲

道光十七年六月二十五日

兵部尚書兼都察院右都御史總督湖廣等處地方軍務兼理糧餉臣林則徐謹
題爲報明事據湖北按察使程銓詳稱案據署嘉
魚縣知縣毛鴻順詳稱道光拾陸年拾貳月初
玖日據四川重慶府船戶吳廷祿具報伊船載
油米赴漢鎮交卸有客民馮洸星馮洸全馮得
意周祥富魏幗才搭船同至漢鎮拾貳月初捌
日夜行至嘉魚縣龍口下灣泊被賊上船搶去
銀錢衣物伊弟吳廷萬并客民馮洸星馮得意
魏幗才護阻均被賊拒傷報乞勘驗緝究等情
據此飭傳經紀估值贓銀貳百壹拾陸兩零隨
會營詣勘情形驗明各傷痕訊供通詳奉批飭
緝詳參去後茲據署武昌府知府成善轉據署

一八 湖廣總督林則徐題本 題參武昌城守營把總盛廷一等疎防行舟被搶屆滿贓犯未獲

道光十七年六月二十五日

嘉魚縣知縣毛鴻順詳稱此案例限屆滿贓盜
尚未弋獲移行開報疎防職名由府詳參到司
并准武昌城守營咨送武職職名前來該湖北
按察使程銓查得嘉魚縣通詳船戶吳廷祿具
報於道光拾陸年拾貳月初捌日夜被賊上船
搶去銀錢衣物拒傷事主一案先經該署縣會
營勘驗訊供通詳批飭緝究詳參盜案例限屆滿
贓盜尚未弋獲移行開報疎防職名詳參前來
除仍移飭勒緝贓盜務獲解報并文職疎防職
名另詳呈請廵撫
題參外所有疎防武職專汛係武昌城守營左哨
二司把總盛廷一兼轄係武昌城守營參將金

湖廣總督林則徐題本　題參武昌城守營把總盛廷一等疎防行舟被搶屆滿贓犯未獲

道光十七年六月二十五日

萬全相應據文開報伏候查覈
題參再失事地方離縣城貳拾伍里並未安設兵
丁塘鋪亦無貼防外委專汛與兼轄不同城在
百里以外此案應以道光拾陸年拾貳月初捌
日失事計限起扣至拾柒年肆月初捌日滿肆
個月疎防例限合併聲明等情呈詳到臣該臣
看得嘉魚縣通詳船戶吳廷祿具報於道光拾
陸年拾貳月初捌日夜被賊上船搶去銀錢衣
物拒傷事主一案先經該署縣會營勘驗訊供
通詳批飭緝究詳參去後茲據湖北按察使程
銓以例限屆滿贓盜尚未弋獲移行開報疎防
職名詳參前來除仍飭勒緝贓盜務獲解報并

湖廣總督林則徐題本　題參武昌城守營把總盛廷一等疏防行舟被搶届滿贓犯未獲

道光十七年六月二十五日

文職疏防職名聽撫臣
題參外所有疏防武職專汛係武昌城守營左哨
二司把總盛廷一兼轄係武昌城守營參將金
萬全相應據詳指參再失事地方離縣城貳拾
伍里並未安設兵丁墩鋪亦無貼防外委專汛
與兼轄不同城在百里以外此案應以道光拾
陸年拾貳月初捌日失事計限起扣至拾柒年
肆月初捌日滿肆個月疏防例限合併陳明臣
謹會同湖北巡撫臣周之琦湖北提督臣羅思
舉合詞恭疏具
題伏乞
皇上聖鑒勅部議覆施行臣謹具

一八

湖廣總督林則徐題本　題參武昌城守營把總盛廷一等疎防行舟被搶屆滿贓犯未獲

道光十七年六月二十五日

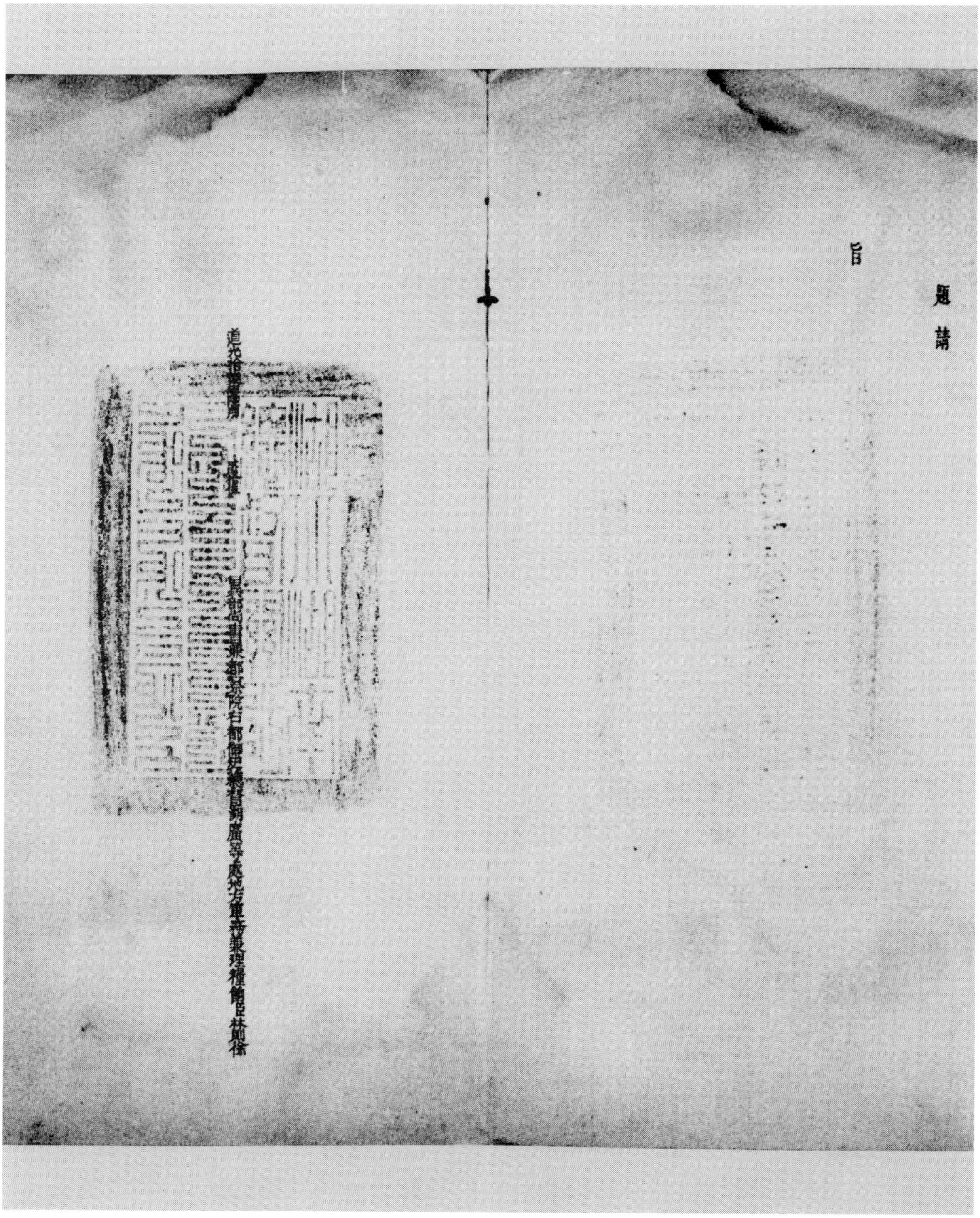
題請

旨

道光拾柒年陸月

兵部尚書兼都察院右都御史總督湖廣等處地方軍務兼理糧餉臣林則徐

一八　湖廣總督林則徐題本　題參武昌城守營把總盛廷一等疎防行舟被搶屆滿贓犯未獲

道光十七年六月二十五日

兵部尚書兼都察院右副都御史總督湖廣等處地方軍務兼理糧餉臣林則徐謹
題為報明事該臣看得嘉魚縣通詳船戶吳廷駿
具報於道光拾陸年拾貳月初捌日夜被賊上
船搶去銀錢衣物拒傷事主一案先經該署縣
會營勘驗訊供通詳批飭緝究詳參去後茲據
湖北按察使程銈以例限屆滿贓盜未獲移行
開報疎防職名詳參前來所有疎防武職專汛
係武昌城守營左哨二司把總盛廷一兼轄係
武昌城守營參將金萬全相應指參臣謹會
題請
旨

湖廣總督林則徐題本

題參均光營千總萬代清等疏防竊案屆滿贓犯未獲

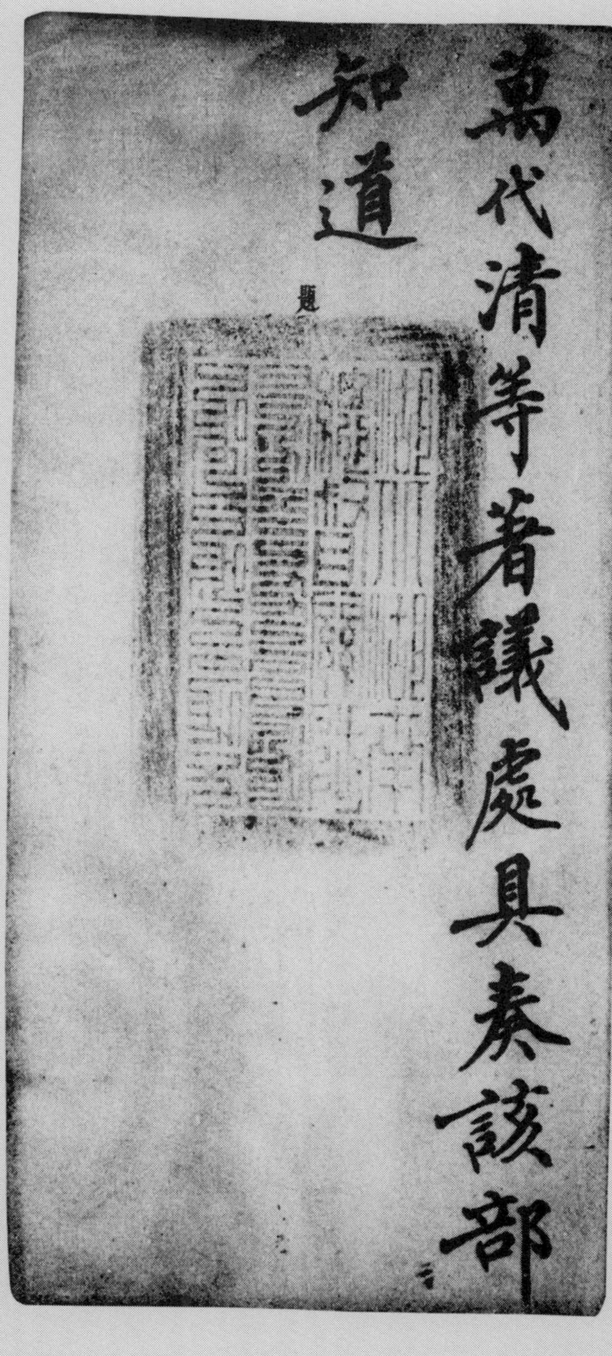
萬代清等著議處具奏該部
知道

題

一八 湖廣總督林則徐題本 題參均光營千總萬代清等疏防竊案屆滿贓犯未獲

道光十七年六月二十五日

兵部尚書兼都察院右都御史總督湖廣等處地方軍務兼理糧餉臣林則徐謹

題為詳參事據湖北按察使程銓詳稱案據署光

化縣知縣趙德轍詳稱道光拾陸年拾貳月貳

拾陸日據民人李久發具報伊家於本月貳拾

伍日夜被賊撞門入室劫去牛隻衣物糧食伊

與工人李義文出捕均被拒傷開單報乞勘驗

緝究等情并據地保廖大林稟同前由據此隨

即會同營弁詣勘情形驗明傷痕訊供通詳奉

批飭緝詳參去後茲據襄陽府知府金石聲轉

據光化縣知縣魯天成詳稱此案例限屆滿贓

盜未獲開列疏防職名由府詳參到司并准均

光營咨送武職職名請參前來該湖北按察使

一八 湖廣總督林則徐題本 題參均光營千總萬代清等疎防竊案屆滿賊犯未獲

道光十七年六月二十五日

程銓查得光化縣通詳民人李久發家於道光
拾陸年拾貳月貳拾伍日夜被賊撞門入室劫
去牛隻衣物糧食拒傷事主一案先經該署縣
會營勘驗通詳批飭緝究詳參茲例限屆滿賊
盜未獲移行開列疎防職名請參前來除仍移
飭勒緝賊盜務獲解報并文職疎防職名另詳
呈請巡撫
題參外所有疎防武職專汛係均光營右哨千總
萬代清兼轄係均光營參將五格相應據文開
報伏候查覈
題參再失事地方離縣城拾里並未安設兵丁墩
鋪亦無貼防外委專汛與兼轄不同城在百里

一八　湖廣總督林則徐題本　題參均光營千總萬代清等疎防竊案屆滿贓犯未獲

道光十七年六月二十五日

以外此案應以道光拾陸年拾貳月貳拾伍日
失事計限起扣至拾柒年肆月貳拾伍日滿肆
個月疎防例限合併聲明等情呈詳到臣該臣
看得光化縣通詳民人李久發家於道光拾陸
年拾貳月貳拾伍日夜被賊撞門入室劫去牛
隻衣物糧食拒傷事主一案先經該署縣會營
勘驗通詳批司飭緝詳參去後玆據湖北按察
使程銈以例限屆滿贓盜未獲移行開列疎防
職名請參前來除仍飭勒緝贓盜務獲解報并
文職疎防職名聽撫臣
題參外所有疎防武職專汛係均光營右哨千總
萬代清兼轄係均光營參將五格相應據詳指

湖廣總督林則徐題本 題參均光營千總萬代清等疎防竊案屆滿贓犯未獲

道光十七年六月二十五日

參再失事地方離縣城拾里並未安設兵丁墩
鋪亦無貼防外委專汛與兼轄不同城在百里
以外此案應以道光拾陸年拾貳月貳拾伍日
失事計限起扣至拾柒年肆月貳拾伍日滿肆
個月疎防例限合併陳明臣謹會同湖北巡撫
臣周之琦湖北提督臣羅思舉合詞恭疏具
題伏乞
皇上聖鑒勅部議覆施行臣謹具
題請
旨

一八

湖廣總督林則徐題本　題參均光營千總萬代清等疏防竊案屆滿贓犯未獲

道光十七年六月二十五日

兵部尚書兼都察院右都御史總督湖廣等處地方軍務兼理糧餉臣林則徐謹

題爲詳參事該臣看得光化縣通詳民人李久發家於道光拾陸年拾貳月貳拾伍日夜被賊撞門入室劫去牛隻衣物糧食拒傷事主一案先經該署縣會營勘驗通詳批司飭緝詳參去後兹據湖北按察使程銓以例限屆滿贓盜未獲移行開列疏防職名請參前來所有疏防武職事汛係均光營右哨千總萬代清兼轄係均光營參將五格相應指參臣謹會

題請

旨

湖廣總督林則徐題本　補參鄖陽鎮標千總趙玉陞等疎防命案限滿獲犯尚未及半

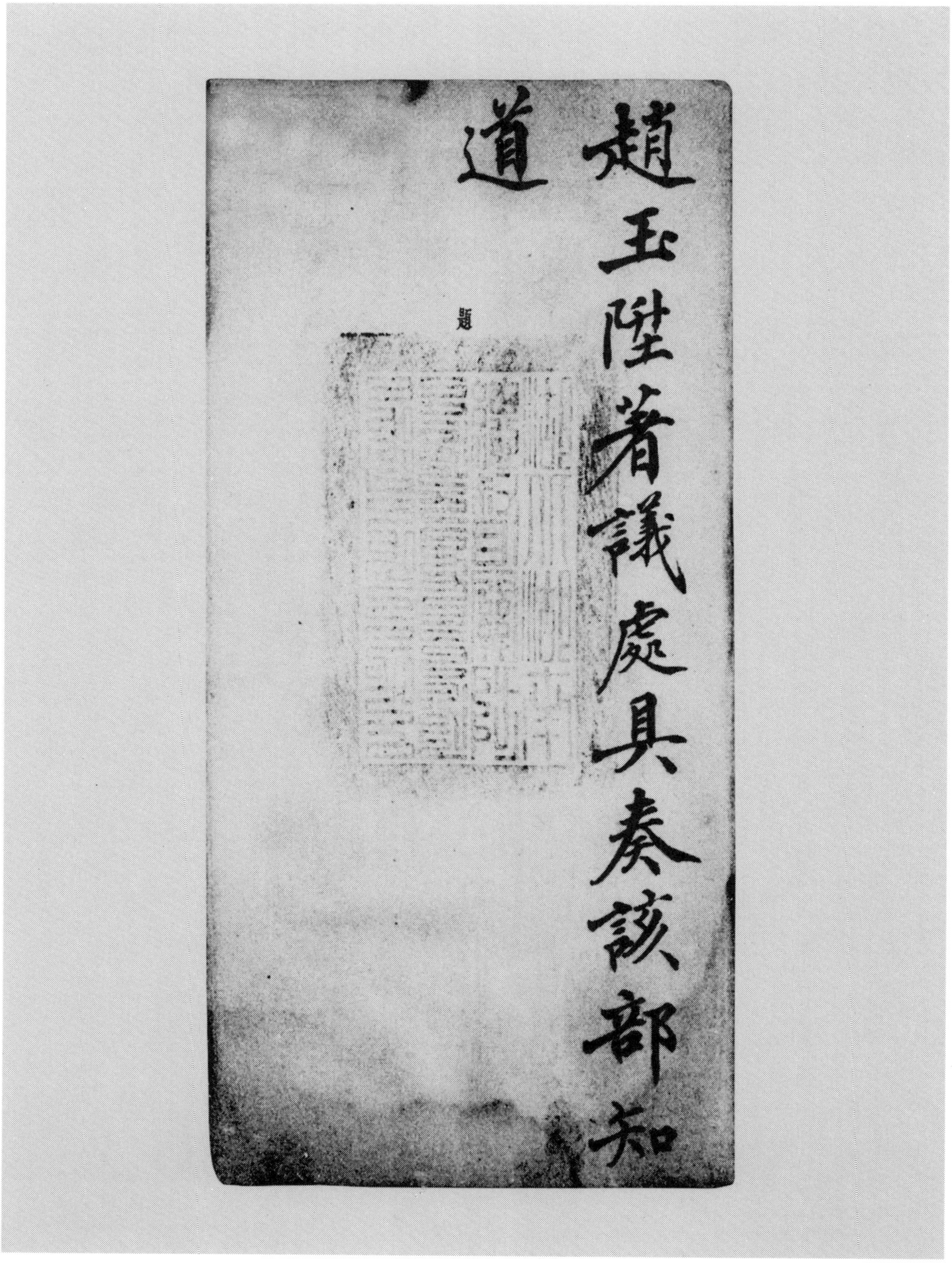
趙玉陞著議處具奏該部知道

題

湖廣總督林則徐題本 補參鄖陽鎮標千總趙玉陞等疏防命案限滿獲犯尚未及半

道光十七年十六月二十五日

兵部尚書兼都察院右都御史總督湖廣等處地方軍務兼理糧餉臣林則徐謹

題爲詳請補參事據湖北按察使程銓詳稱案照

奉准吏部咨開考功司案呈准刑部咨稱湖北

巡撫尹濟源以房縣審解賊犯劉玉漋糾搶拒

傷事主徐曾氏身死并劉玉漋在監病故一案

所有監斃新犯壹名管獄官職名係房縣典史

陸蔚榮相應開報再此案首夥伍人疏防限內

雖獲首夥兩人尚未及半應飭查明補參相應

咨達原咨送吏部議等因前來應將監斃新犯

壹名之管獄官係前任房縣革職典史陸蔚榮

照例議處仍入彙題另行知照外并移咨湖北

巡撫即將此案疏防職名查明補參咨部議處

一八 湖廣總督林則徐題本 補參鄖陽鎮標千總趙玉陞等疎防命案限滿獲犯尚未及半

道光十七年十六月二十五日

等因咨院行司奉此當經轉飭遵照去後兹據
鄖陽府知府李嘉祥轉據房縣知縣朱金詳稱
查民人徐組榮具報道光拾叁年拾貳月貳拾
貳日下午劉玉滏黄大剛傳志導傳老二張啓
中等至家借貸包穀未遂搶奪糧食衣物拒傷
伊祖母徐曾氏身死伊與叔徐德芳亦被毆傷
等情當經前署縣錢喬雲會營勘驗訊供通詳
奉批飭緝旋比據兵役於道光拾肆年正月初
肆貳拾等日先後拏獲黄大剛劉玉滏到案訊
據供認該犯劉玉滏起意邀約該犯黄大剛及
在逃之傳志導傳老二張啓中一共伍人僧往
徐德芳家借貸包穀因徐德芳不允一同搶奪

一八

湖廣總督林則徐題本　補參鄖陽鎮標千總趙玉陞等疏防命案限滿獲犯尚未及半

道光十七年十六月二十五日

糧食衣物該犯劉玉陞拒捕拾刀砍傷徐曾氏
身死該犯黃大剛拾柴塊將徐組榮拒傷在逃
之傅志導拾棍將徐德芳拒傷等情不諱劉玉
陞在監病故照例分別議擬將黃大剛解經府
道覆訊轉請咨達在案茲奉查取理合開列疏
防職名詳請補參等情由府轉詳到司并准鄖
陽鎮標左營遊擊咨送武職職名前來除仍移
飭勒緝逸賊傅志導等務獲解報并文職疏防
職名另詳呈請巡撫
題參外所有疏防限滿無獲武職專汛係鄖陽鎮
標左營分防冷盤埡汎右哨千總趙玉陞兼轄
係鄖陽鎮標左營遊擊黃金玉相應據文開報

伏候査覈
題參再失事地方離縣城壹百捌拾里並未安設
兵丁墩鋪亦無貼防外委專汛與兼轄不同城
在百里以外此案應以道光拾叁年拾貳月貳
拾貳日失事計限起扣至拾肆年肆月貳拾貳
日滿肆個月疎防例限又自疎防限滿起扣至
拾伍年肆月貳拾貳日滿貳參年限又自貳參
限滿起連閏扣至拾陸年叁月貳拾貳日滿叁
參年限又自叁參限滿起扣至拾柒年叁月貳
拾貳日滿肆參年限兼轄遊擊黄金玉於拾陸
年陸月拾壹日病故除接緝兼轄例無處分外
所有承緝貳叁肆參限滿無獲武職專汛均係

一八 湖廣總督林則徐題本 補參鄖陽鎮標千總趙玉陞等疎防命案限滿獲犯尚未及半

道光十七年十六月二十五日

鄖陽鎮標左營分防冷盤埡汛右哨千總趙玉
陞貳參未滿年限離任無獲兼轄係前任已故
鄖陽鎮標左營遊擊黃金玉合併開報附參又
此案於道光拾伍年叁月拾柒日准咨查取該
縣延今始行詳參遲延職名已於文職詳內開
報武職竝無遲延合併聲明等情呈詳到臣該
臣看得案准吏部咨湖北房縣審解賊犯劉玉
陞糾搶拒傷事主徐曾氏身死并劉玉陞在監
病故一案首夥伍人疎防限內雖獲首夥兩人
尚未及半應飭查明補參等因當經轉飭遵照
去後茲據湖北按察使程銓詳稱查房縣民人
徐組榮具報道光拾叁年拾貳月貳拾貳日下

一八 湖廣總督林則徐題本 補參鄖陽鎮標千總趙玉陞等疎防命案限滿獲犯尚未及半

道光十七年十六月二十五日

午被劉玉溼等至家借貸未遂搶奪糧食衣物
拒傷伊祖母徐曾氏身死一案當經該前署縣
會營勘驗訊供通詳奉批飭緝旋據兵役先後
拏獲黃大剛劉玉溼到案訊據供認搶奪糧食
衣物砍傷徐曾氏身死等情不諱劉玉溼在監
病故照例分別議擬詳請咨達在案茲奉查取
理合移行開列疎防職名請補參前來除仍飭
勒緝逸賊傅志導等務獲解報并文職疎防職
名聽候臣
題參外所有疎防限滿無獲武職專汎係鄖陽鎮
標左營分防冷盤埡汎右哨千總趙玉陞兼轄
係鄖陽鎮標左營遊擊黃金玉相應據詳指參

湖廣總督林則徐題本　補參鄖陽鎮標千總趙玉陞等疎防命案限滿獲犯尚未及半

道光十七年十六月二十五日

再失事地方離縣城壹百捌拾里竝未安設兵
丁墩鋪亦無貼防外委專汛與兼轄不同城在
百里以外此案應以道光拾叁年拾貳月貳拾
貳日失事計限起扣至拾肆年肆月貳拾貳日
滿肆個月疎防例限又自疎防限滿起扣至拾
伍年肆月貳拾貳日滿貳叅年限又自貳叅限
滿起連閏扣至拾陸年叁月貳拾貳日滿叁叅
年限又自叁叅限滿起扣至拾柒年叁月貳拾
貳日滿肆叅年限兼轄遊擊黃金玉於拾陸年
陸月拾壹日病故除接緝兼轄例無處分外所
有承緝貳叁肆叅限滿無獲武職專汛均係鄖
陽鎮標左營分防冷盤埡汛右哨千總趙玉陞

咸參未滿年限離任無獲兼轄係前任已故鄖
陽鎮標左營遊擊黃金玉合併開報附參又此
案於道光拾伍年叁月拾柒日准洛查取該縣
延今始行詳參遲延職名已於文職疏內開報
武職並無遲延合併陳明臣謹會同湖北巡撫
臣周之琦湖北提督臣羅思舉合詞恭疏具
題伏乞
皇上聖鑒敕部議覆施行臣謹具
題請
旨

一八 湖廣總督林則徐題本 補參鄖陽鎮標千總趙玉陞等疎防命案限滿獲犯尚未及半

道光十七年十六月二十五日

道光拾柒年……

兵部尚書兼都察院右都御史總督湖廣等處地方軍務兼理糧餉臣林則徐

兵部尚書兼都察院右都御史總督湖廣等處地方軍務兼理糧餉臣林則徐謹
題爲詳請補參事該臣看得案准吏部咨湖北房
縣審解賊犯劉玉陞糾搶拒傷事主徐曾氏身
死并劉玉陞在監病故一案首夥伍人疎防限
內雖獲首夥兩人尚未及半應飭查明補參等
因當經轉飭遵照去後茲據湖北按察使程銓
詳稱查房縣民人徐組榮具報道光拾叁年拾
貳月貳拾貳日下午被劉玉陞等至家借貸未
遂搶奪糧食衣物拒傷伊祖母徐曾氏身死一
案當經該前署縣會營勘驗訊供通詳奉批飭

湖廣總督林則徐題本　補參鄖陽鎮標千總趙玉陞等疎防命案限滿獲犯尚未及半

道光十七年十六月二十五日

緝旋據兵役先後拏獲黃大剛劉玉溎到案訊
據供認搶奪糧食衣物砍傷徐曾氏身死等情
不諱劉玉溎在監病故照例分別議擬詳請咨
達在案茲奉查取理合移行開報疎防職名請
補參前來所有疎防限滿無獲武職專汛係鄖
陽鎮標左營分防冷盤埡汛右哨千總趙玉陞
兼轄係已故鄖陽鎮標左營遊擊黃金玉相應
指參臣謹會
題請
旨

湖廣總督林則徐題本　**題參湖北提標千總耿元興等疎防竊案屆滿贓犯未獲**

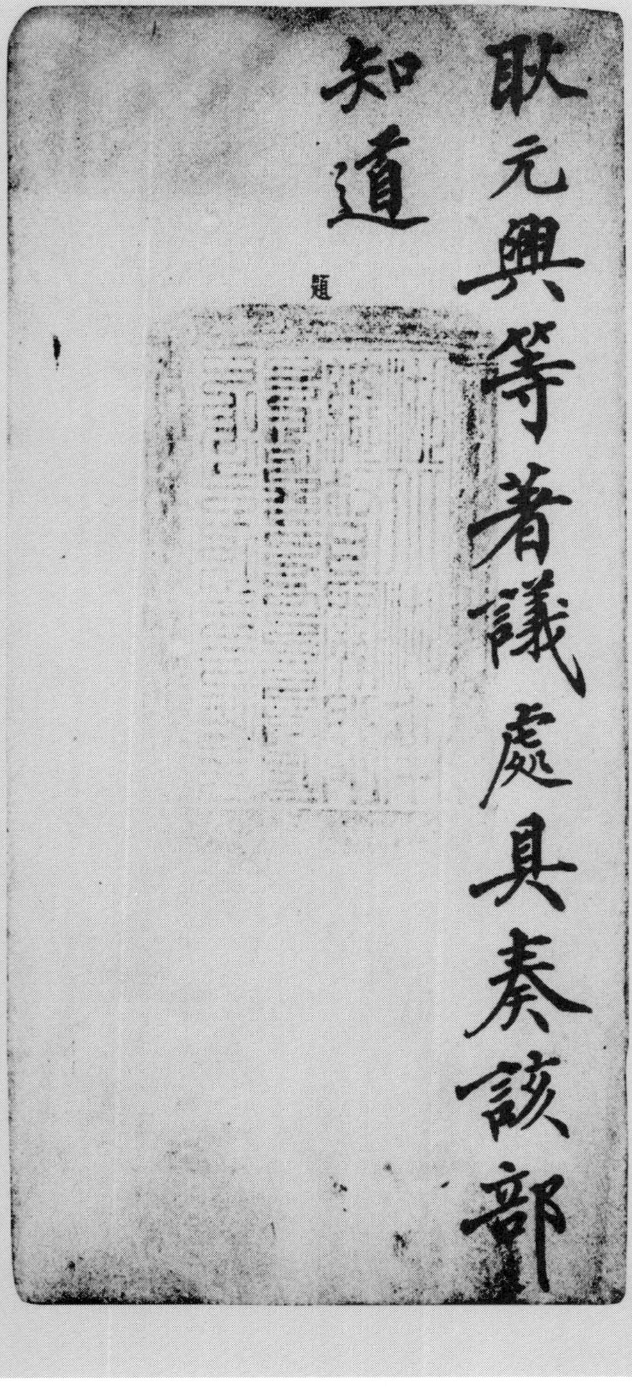
耿元興等著議處具奏該部
知道
題

湖廣總督林則徐題本 題參湖北提標千總耿元興等疏防竊案屆滿贓犯未獲

道光十七年六月二十五日

兵部尚書兼都察院右都御史總督湖廣等處地方軍務兼理糧餉臣林則徐謹
題爲報明事據湖北按察使程銓詳稱案據南漳
縣知縣李景頤詳稱道光拾陸年拾貳月初捌
日前代辦縣德通任内據鄉保金仕全具報據
木之富投稱伊家於拾貳月初柒日夜被賊撬
門入室竊去錢文衣物伊子木添瑞驚醒起捕
被賊拒傷攜贓逃逸等語報乞勘驗緝究等情
并據木之富開單報同前由傳紀估值贓録肆
拾壹兩零會營詣勘情形驗明傷痕訊供移交
通詳奉批飭緝詳參去後茲據襄陽府知府阿
爾埒阿轉據南漳縣知縣李景頤詳稱此案例
限屆滿贓賊尚未弋獲開列疏防職名由府詳

一八 湖廣總督林則徐題本 題參湖北提標千總耿元興等疎防竊案屆滿贓犯未獲

道光十七年六月二十五日

參到司并准提標左營洛送武職職名前來該
湖北按察使程銓查得南漳縣民木之富家於
道光拾陸年拾貳月初柒日夜被賊撬門入室
竊去錢文衣物拒傷伊子木添瑞一案先經該
代辦縣會營勘訊移交通詳批飭緝究詳參茲
例限屆滿贓賊未獲移行開報疎防職名詳參
前來除仍移飭勒緝贓賊務獲解報并文職疎
防職名另詳呈請巡撫
題參外所有疎防武職專汛係提標左營左哨千
總耿元興兼轄係前兼護提標左營遊擊事提
標左營守備哈清阿相應據文開報伏候查覈
題參再失事地方離縣城肆拾里並未安設兵丁

墩鋪亦無貼防外委專汛與兼轄不同城在百
里以外此案應以道光拾陸年拾貳月初柒日
失事計限起扣至拾柒年肆月初柒日滿肆個
月疏防例限兼轄前護遊擊哈清阿已於拾陸
年拾貳月貳拾柒日疏防限內卸事不復回任
合併聲明等情呈詳到臣該臣看得南漳縣民
木之富家於道光拾陸年拾貳月初柒日夜被
賊撬門入室竊去錢文衣物拒傷伊子木添瑞
一案先經該代辦縣會營勘訊移交通詳批飭
緝究詳參去後茲據湖北按察使程銓以例限
屆滿贓賊未獲移行關報疏防職名請參前來
除仍飭勒緝贓賊務獲解報并文職疏防職名

一八　湖廣總督林則徐題本　題參湖北提標千總耿元興等疎防竊案届滿贓犯未獲

道光十七年六月二十五日

聽撫臣
題參外所有疎防武職專汛係提標左營左哨千
總耿元興兼轄係前兼護提標左營遊擊事提
標左營守備哈清阿相應據詳指參再失事地
方離縣城肆拾里並未安設兵丁墩鋪亦無貼
防外委專汛與兼轄不同城在百里以外此案
應以道光拾陸年拾貳月初柒日失事計限起
扣至拾柒年肆月初柒日滿肆個月疎防例限
兼轄前護遊擊哈清阿已於拾陸年拾貳月貳
拾柒日疎防限內卸事不復回任合併陳明臣
謹會同湖北巡撫臣周之琦湖北提督臣羅思
舉合詞恭疏具

一八　湖廣總督林則徐題本　題參湖北提標千總耿元興等疏防竊案屆滿贓犯未獲　道光十七年六月二十五日

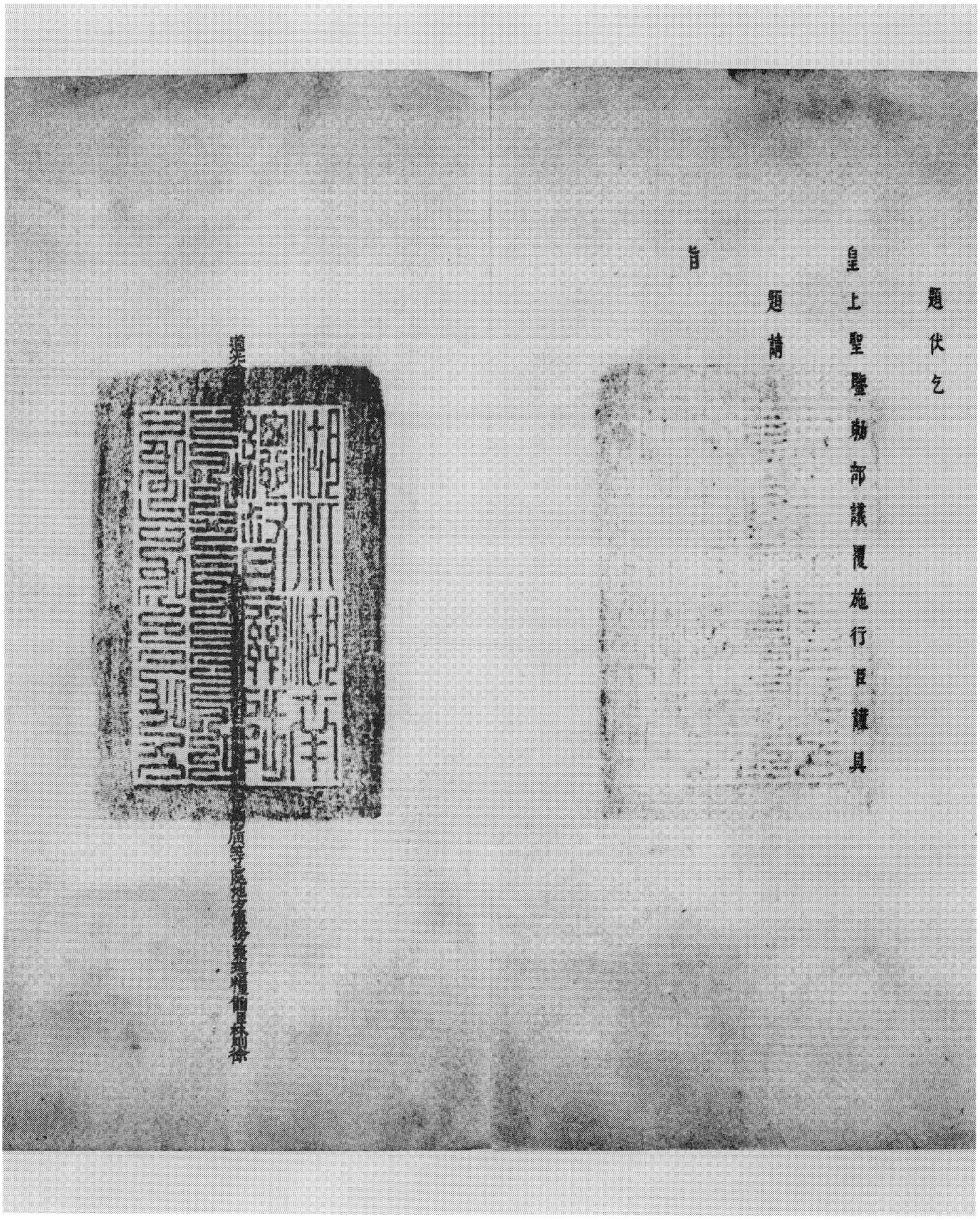
題伏乞

皇上聖鑒勅部議覆施行臣謹具

題請

旨

道光[illegible]湖廣等處地方軍務兼理糧餉臣林則徐

一八 湖廣總督林則徐題本 題參湖北提標千總耿元興等疎防竊案屆滿贓犯未獲

道光十七年六月二十五日

兵部尚書兼都察院右都御史總督湖廣等處地方軍務兼理糧餉臣林則徐謹
題爲報明事該臣看得南漳縣民木之富家於道
光拾陸年拾貳月初柒日夜被賊撬門入室竊
去錢文衣物拒傷伊子木添瑞一案先經該代
辦縣會營勘訊移交通詳批飭緝究詳參去後
茲據湖北按察使程銓以例限屆滿賊贓未獲
移行開報疎防職名請參前來所有疎防武職
專汛係提標左營左哨千總耿元興兼轄係前
兼護左營遊擊事提標左營守備哈清阿相應
指參臣謹會
題請
旨

湖廣總督林則徐題本

請以現署宜昌鎮標前營遊擊胥棠補授鄖陽鎮標中軍遊擊

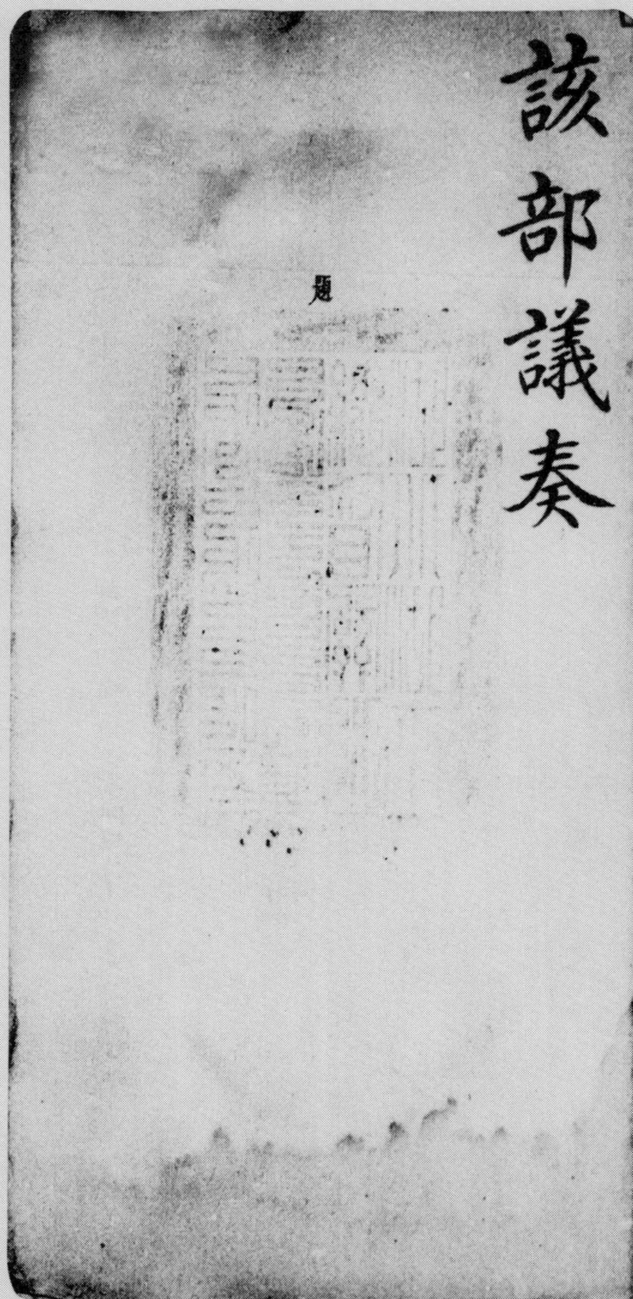
該部議奏

題

一八　湖廣總督林則徐題本　請以現署宜昌鎮標前營遊擊胥棠補授鄖陽鎮標中軍遊擊

道光十七年六月二十五日

兵部尚書兼都察院右都御史總督湖廣等處地方軍務兼理糧餉臣林則徐謹
題爲請補遊擊要缺以重地方而裨營伍事該臣
看得湖北鄖陽鎮標中軍遊擊員映彪降調遺
缺係在外題調之缺應行揀員調補業經臣請
以湖北鄖陽城守營遊擊李隆福恭疏
題請調補嗣准部咨該員李隆福推陞福建邵武
城守營參將發給劄付限票令其赴任除轉飭
遵照赴任外所有湖北鄖陽鎮標中軍遊擊員
缺應仍行揀員調補臣在於通省遊擊内逐一
查覈非現居要缺或人地未宜實無堪以調補
之員復於現任合例各都司内詳加揀選查有
現署湖北宜昌鎮標前營遊擊事宜都營都司

湖廣總督林則徐題本　請以現署宜昌鎮標前營遊擊胥棠補授鄖陽鎮標中軍遊擊

道光十七年六月二十五日

胥棠年伍拾玖歲山東濟南府歷城縣人由武
生承襲雲騎尉世職
題補山東兗州鎮標右營守備推陞今職於道光
拾年拾貳月貳拾柒日到營任事經前督臣盧
坤檄委署理遠安營遊擊暨前督臣訥爾經額
委署荊門營宜昌鎮標左後貳營暨現署宜昌
鎮標前營遊擊各事務均無貽誤臣查該員年
強技熟諳練操防歷俸已滿叁年任內並無親
喪違礙事故相應仰懇
聖恩俯准以胥棠補授湖北鄖陽鎮標中軍遊擊員
缺洵屬人地相宜於要缺營伍實有裨益如蒙
俞允俟部覆至日照例給咨該員赴部引

見除飭取該員履歷清冊另咨送部外臣謹會同湖
北提督臣羅思舉合詞恭疏具
題伏乞
皇上聖鑒敕部議覆施行再照湖北宜都營都司員
缺係部推之缺應歸部推補合併陳明臣謹具
題請
旨

一八　湖廣總督林則徐題本　請以現署宜昌鎮標前營遊擊胥棠補授鄖陽鎮標中軍遊擊

道光十七年六月二十五日

道光拾柒年陸月貳拾伍日

兵部尚書兼都察院右都御史總督湖廣等處地方軍務兼理糧餉臣林則徐

兵部尚書兼都察院右都御史總督湖廣等處地方軍務兼理糧餉臣林則徐謹

題爲請補遊擊要缺以重地方而裨營伍事。該臣看得湖北鄖陽鎮標中軍遊擊區映彪降調遺缺，係在外題調之缺，應行揀員調補，業經臣以湖北鄖陽城守營遊擊李隆福恭疏

題請調補。嗣准部咨，該員李隆福推陞福建邵武城守營參將，發給劄付限票，令其赴任，除轉飭遵照赴任外，所有湖北鄖陽鎮標中軍遊擊員缺，應仍行揀員調補。臣在於通省遊擊內逐一查覈，非現居要缺，或人地未宜，實無堪以調補之員，復於現任合例各都司內詳加揀選，查有現署湖北宜昌鎮標前營遊擊事宜都營都司

胥棠年伍拾玖歲山東濟南府歷城縣人由武
生承襲雲騎尉世職
題補山東兗州鎮標右營守備推陞今職於道光
拾年拾貳月貳拾柒日到營任事臣查該員年
強技熟諳練操防歷俸已滿叁年任內並無親
喪違礙事故相應仰懇
聖恩俯准以胥棠補授湖北鄖陽鎮標中軍遊擊員
缺洵屬人地相宜於要缺營伍實有裨益如蒙
俞允俟部覆至日照例給咨該員赴部引
見除飭取該員履歷清冊另咨送部外臣謹會
題請
旨

湖廣總督林則徐題本

題參湖北提標把總錢定禄等疎防竊案屆滿贓犯無獲

錢定禄等著議處具奏該部知道

題

一八 湖廣總督林則徐題本 題參湖北提標把總錢定禄等疏防竊案屆滿贓犯無獲

道光十七年六月二十五日

兵部尚書兼都察院右副都御史總督湖廣等處地方軍務兼理糧餉臣林則徐謹

題爲報明事據湖北按察使程銓詳稱案據棗陽縣知縣陳師魯詳稱道光拾陸年拾月貳拾柒日據保正王朝悅報據民人劉心和投稱伊嫡母劉劉氏家於拾月貳拾伍日夜被賊鑿牆進院驚醒喊捕賊即撞門入室嚇禁聲張劫去錢文衣物并將劉劉氏拒傷等語往查屬實報乞勘驗緝究等情并據劉心和開單報同前由據此隨會營詣勘情形驗明傷痕訊供通詳奉批飭緝詳參去後茲據襄陽府知府阿爾琫阿轉據棗陽縣知縣陳師魯詳稱此案例限屆滿贓盜尚未弋獲開列疏防職名由府詳參到司并

一八 湖廣總督林則徐題本 題參湖北提標把總錢定祿等疏防竊案屆滿贓犯無獲

道光十七年六月二十五日

准提標後營咨送武職職名前來該湖北按察
使程銓查得棗陽縣通詳民婦劉劉氏家於道
光拾陸年拾月貳拾伍日夜被賊翻牆進院驚
醒喊捕賊即撞門入室嚇禁聲張劫去錢文衣
物拒傷事主一案先經該縣會營勘驗飭緝通
詳批飭緝究詳參茲例限屆滿賊盜尚未弋獲
移行關報疏防職名詳參前來除仍移飭勒緝
賊盜務獲解報并文職疏防職名另詳呈請迴
撫
題參外所有疏防武職專汛係提標後營左哨二
司把總錢定祿兼轄係前署提標後營都司事
中營守備楊明松相應據文開報伏候查覈

湖廣總督林則徐題本 題參湖北提標把總錢定禄等疎防竊案屆滿贓犯無獲

道光十七年六月二十五日

題參再失事地方離縣城伍拾里並未安設兵丁
墩鋪亦無貼防外委專汛與兼轄不同城在百
里以內此案應以道光拾陸年拾月貳拾伍日
失事計限起扣至拾柒年貳月貳拾伍日滿肆
個月疎防例限督緝兼轄前署都司楊明松先
於拾陸年拾壹月貳拾伍日卸事接督緝兼轄
例無處分合併聲明等情呈詳到臣該臣看得
棗陽縣民婦劉劉氏家於道光拾陸年拾月貳
拾伍日夜被賊翻牆進院驚醒喊捕賊即撞門
入室嚇禁聲張劫去錢文衣物拒傷事主一案
先經該縣會營勘驗訊供通詳批飭緝究詳參
去後茲據湖北按察使程銓以例限屆滿贓盜

湖廣總督林則徐題本　題參湖北提標把總錢定禄等疎防竊案届滿贓犯無獲

道光十七年六月二十五日

未獲移行開報疎防職名請參前來除飭勒
緝贓盜務獲解報并文職疎防職名聽撫臣
題參外所有疎防武職專汛係提標後營左哨二
司把總錢定祿兼轄係前署提標後營都司事
中營守備楊明松相應據詳指參再失事地方
離縣城伍拾里並未安設兵丁墩鋪亦無貼防
外委專汛與兼轄不同城在百里以內此案應
以道光拾陸年拾月貳拾伍日失事計限起扣
至拾柒年貳月貳拾伍日滿肆個月疎防例限
督緝兼轄前署都司楊明松先於拾陸年拾壹
月貳拾伍日卸事接督緝兼轄例無處分合併
陳明臣謹會同湖北巡撫臣周之琦湖北提督

一八 湖廣總督林則徐題本 題參湖北提標把總錢定禄等疎防竊案屆滿贓犯無獲

道光十七年六月二十五日

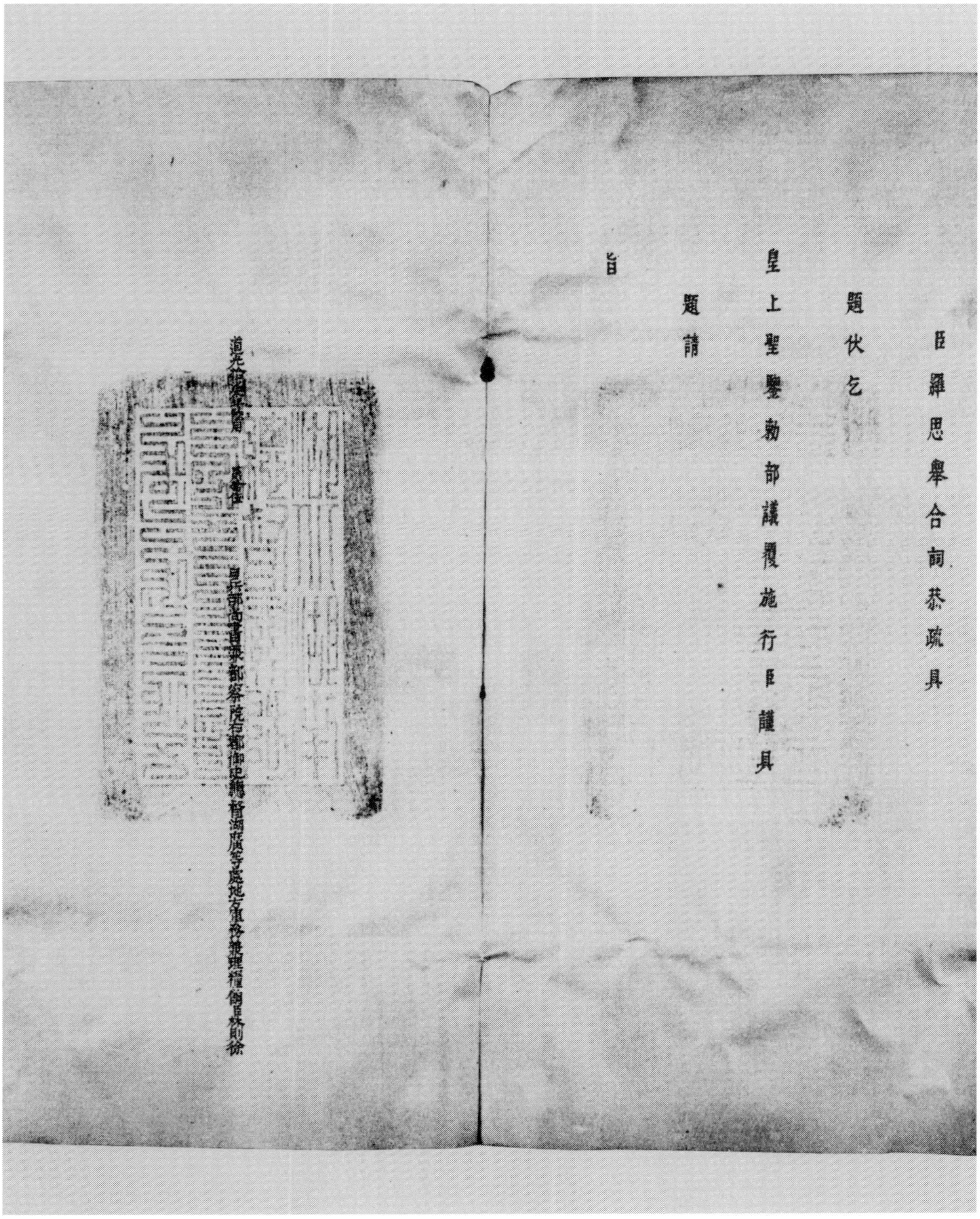

臣羅思舉合詞恭疏具

題伏乞

皇上聖鑒勅部議覆施行臣謹具

題請

旨

道光拾柒年陸月貳拾伍日兵部尚書兼都察院右都御史總督湖廣等處地方軍務兼理糧餉臣林則徐

湖廣總督林則徐題本 題參湖北提標把總錢定祿等疏防竊案屆滿贓犯無獲

道光十七年六月二十五日

兵部尚書兼都察院右都御史總督湖廣等處地方軍務兼理糧餉臣林則徐謹
題爲報明事該臣看得棗陽縣民婦劉劉氏家於
道光拾陸年拾月貳拾伍日夜被賊翻牆進院
驚醒賊捕賊即撞門入室嚇禁聲張劫去錢文
衣物拒傷事主一案先經該縣會營勘驗訊供
通詳批飭緝究詳參去後茲據湖北按察使程
銓以例限屆滿贓盜未獲移行開報疏防職名
請參前來所有疏防武職專汛係提標後營左
哨二司把總錢定祿兼轄係前署提標後營都
司事中營守備楊明松相應指參臣謹會
題請
旨

湖廣總督林則徐題本　**請以謝寶承襲雲騎尉世職分發標營學習**

一八 湖廣總督林則徐題本 請以謝寶承襲雲騎尉世職分發標營學習

道光十七年六月二十五日

兵部尚書兼都察院右都御史總督湖廣等處地方軍務兼理糧餉臣林則徐謹
題爲請襲等事該臣看得案准兵部咨湖北武舉
候選衛千總謝鳳詔在陝西商南等處打仗陣
亡議給雲騎尉世職襲次完時給與恩騎尉世
襲罔替今該督既經查明該故員謝鳳詔嫡長
子謝鈞輔現年叁拾壹歲例應承襲等語查與
定例相符謝鈞輔應准其承襲雲騎尉世職俟
命下之日應令該督驗看就近發標學習准食全俸扣
至叁年期滿出具考語給咨送部引
見其襲職
敕書行文吏部照例辦理等因於嘉慶伍年捌月貳拾
叁日題本月貳拾伍日奉

旨依議欽此欽遵當經前督臣姜晟行司轉飭遵照并
查明承襲雲騎尉謝鈞輔先經前督臣倭什布
遵照乾隆陸拾年拾貳月拾伍日欽奉
上諭分發督標學習今准部咨應令就近發標學習查
謝鈞輔係鄖陽府房縣人自應就近分發均房
營學習行據該世職謝鈞輔呈稱於本年叁月
叁拾日到標卽將家眷移居省城今復奉文令
赴就近之均房營學習惟念弁家眷久已在省
懇請留標學習等情咨准部覆准其留標學習
隨將該世職謝鈞輔分發撫標學習叁年期滿
送部於嘉慶拾壹年正月貳拾壹日引
見奉

湖廣總督林則徐題本　請以謝寶承襲雲騎尉世職分發標營學習
道光十七年六月二十五日

旨謝鈞輔著發回本省照例以守備題補欽此道光拾
壹年拾壹月內經前督臣盧坤
題補興國營守備道光拾陸年叁月內該世職謝
鈞輔因病辭休又經前督臣訥爾經額具
題開缺并行司飭查應行接襲之人照例詳辦去
後玆據湖北布政使張岳崧詳稱據署武昌府
知府成善詳據江夏縣知縣瓊成春詳稱原任
興國營辭休守備謝鈞輔籍係鄖陽府房縣因
伊父謝鳳韶打仗陣亡承襲雲騎尉補授興國
營守備於道光拾陸年貳月內辭休歸居省城
寄籍江夏縣所遺世職有嫡長子謝寶現年貳
拾伍歲呈請接襲並無過繼違礙情事造具宗

圖冊結由府加結齎司據此查律載官員應合
襲廕者令嫡長子孫襲廕等語今據該府縣查
明辭休雲騎尉謝鈞輔籍係鄖陽府房縣因病
辭休歸居省城寄籍江夏縣有嫡長子謝寶現
年貳拾伍歲造具宗圖冊結詳送驗看接襲前
來覈與例案相符隨驗看得謝寶人材可觀弓
馬勤習堪以接襲雲騎尉世職相應將齎到宗
圖冊結
勅書具文詳請查覈驗看具
題請襲俟題准後分發附近標營學習准食全俸
扣至叁年期滿再行照例辦理等情前來臣隨
驗看得謝寶年力正強人尚明白堪以接襲雲

騎尉世職查謝寶原籍鄖陽府房縣今寄籍江
夏縣應俟接准部覆後分發寄籍江夏縣附近
標營學習准食全俸扣至叁年期滿給咨送部
引
見恭候
欽定除宗圖冊結送部
勅書揭送吏部外臣謹會同湖北巡撫臣周之琦湖北
提督臣羅思舉合詞恭疏具
題伏乞
皇上聖鑒勅部議覆施行臣謹具
題請
旨

湖廣總督林則徐題本　請以謝寶承襲雲騎尉世職分發標營學習
道光十七年六月二十五日

道光拾柒年陸月貳拾伍日兵部尚書兼都察院右都御史總督湖廣等處地方軍務兼理糧餉臣林則徐

兵部尚書兼都察院右都御史總督湖廣等處地方軍務兼理糧餉臣林則徐謹
題為請襲等事該臣看得案准兵部咨湖北武舉
倀選衛千總謝鳳詔在陝西打仗陣亡議給雲
騎尉世職今既查明該故員嫡長子謝鈞補例
應承襲查與定例相符應准其承襲經前督臣
姜晟行司轉飭遵照并據該世職謝鈞補呈請
留標學習咨准部覆准其留標學習隨分發撫
標學習叁年期滿送部引
見奉
旨謝鈞補著發回本省照例以守備題補欽此道光拾
壹年拾壹月內經前督臣盧坤
題補興國營守備道光拾陸年叁月內該世職謝
鈞補因病辭休又經前督臣訥爾經額具
題開缺并行司飭查應襲之人照例詳辦去後茲
據湖北布政使張岳崧詳稱據署武昌府知府

湖廣總督林則徐題本　請以謝寶承襲雲騎尉世職分發標營學習
道光十七年六月二十五日

成善詳據江夏縣知縣曠成春詳稱查辭休雲騎尉謝鈞輔籍係鄖陽府房縣因病辭休歸居省城寄籍江夏縣有嫡長子謝寶現年貳拾伍歲造具宗圖冊結詳送驗看接襲與例相符隨驗看得謝寶人材可觀弓馬勤習堪以接襲雲騎尉世職相應將齎到宗圖冊結詳請驗看具

勅書

題請襲等情前來臣隨驗看得謝寶年力正強人尚明白堪以接襲雲騎尉世職應俟接准部覆後分發寄籍江夏縣附近標營學習准食全俸扣至叁年期滿給咨送部引

見恭候

欽定除宗圖冊結送部

勅書揭送吏部外臣謹會

題請

旨

湖廣總督林則徐題本　補參湖北提標把總王復經等疎防竊案首參限内未獲首犯

一八 湖廣總督林則徐題本　補參湖北提標把總王復經等疎防竊案首參限内未獲首犯
道光十七年六月二十五日

兵部尚書兼都察院右都御史總督湖廣等處地方軍務兼理糧餉臣林則徐謹
題爲詳請補參事據湖北按察使程銓詳稱案照
襄陽縣民陳儴志具報於道光拾伍年拾貳月
貳拾陸日夜被賊翻牆進院撬門行竊伊驚醒
喊捕賊即行強撞門入室劫去錢文衣物伊同
妻吳氏并鄰人李進思追捕均被拒傷一案又
襄陽縣民婦任王氏任樊氏具報伊等同屋居
住於道光拾伍年拾貳月貳拾捌日夜被賊撞
門入室劫去錢文衣物一案均經該縣會營勘
驗訊供通詳奉批飭緝詳參嗣據該縣詳報道
光拾陸年肆月貳拾貳日據雙溝巡檢宣維屏
帶同兵役拏獲胡小添劉石頭胡潮連叁名又

一八　湖廣總督林則徐題本　補參湖北提標把總王復經等疎防竊案首參限內未獲首犯

道光十七年六月二十五日

據兵役拏獲孫麻子胡接八桂貳名又准署提
標右營遊擊史殿元督率兵役拏獲王汝德即
王汝草壹名又據呂堰巡檢馮瀚帶同兵役拏
獲卜友趙萬發貳名又准襄陽縣督同襄陽營
縣兵役於道光拾陸年玖月拾陸日拏獲龔成
秀先後解縣訊據各犯供認道光拾伍年拾貳
月貳拾陸日龔成秀卜友胡小添劉石頭孫麻
子胡潮連胡接八桂趙萬發會遇在逃素識之
邱金柱王成章王汝虎卜日林欽及貧難龔成
秀稔知陳懷志家有錢邀允同往行竊即於是
夜共拾貳人走至陳懷志附近路口龔成秀令
邱金柱王成章王汝虎卜日林在彼等候餘俱

同抵陳懷志屋前龔成秀翻牆進院開出大門
正撬堂屋門進竊事主陳懷志驚醒喊捕龔成
秀見難偷竊起意行強卜友等允從孫麻子胡
潮連胡接八桂趙萬發在外瞭望接贓龔成秀
卜友胡小添劉石頭撞開堂屋門進內搜劫錢
文衣物陸續遞出交孫麻子等分攜跑走陳懷
志同妻陳吳氏并鄰人李進思走出追捕被卜
友胡小添劉石頭各用木棍拒傷陳懷志右手
大指陳吳氏額顱李進思脊背陳懷志等畏懼
轉回龔成秀等跑至路口向郎金柱等告知強
情將贓攜至僻處查點俵分是月貳拾捌日夜
龔成秀起意邀同卜友胡小添劉石頭王汶德

并在逃之孟金良楊三掌共夥柒人前至任王
氏任樊氏同居門首王汝德孟金良楊三掌在
外接贓龔成秀卜友胡小添劉石頭撞開大門
進內劫出錢文衣物遞交王汝德等攜至僻處
查點係分各散等情不諱解省飭委漢陽府知
府楊炳堃漢陽府同知陳坡覆審議擬由司轉、
詳請
題并聲明陳懷志被劫一案臨時行強首夥捌人
疎防限內拏獲夥犯柒名貳參限內續獲盜首
任王氏等被劫一案首夥柒人疎防限內拏獲
夥犯肆名貳參限內續獲盜首均應補開疎防
免開貳參在案茲據襄陽府知府阿爾琫阿轉

湖廣總督林則徐題本 補參湖北提標把總王復經等疎防竊案首參限内未獲首犯

道光十七年六月二十五日

據襄陽縣開列職名由府詳參前來除仍移飭
勒緝逸盜王金良等務獲解報并文職疎防職
名另詳呈請巡撫
題參外所有承緝陳懷志被劫一案疎防武職專
汛係提標右營右哨二司把總王復經任王氏
等被劫一案疎防武職專汛係提標右營右哨
千總林正華該案兼轄均係前署提標右營遊
擊事提標左營遊擊史殿元相應據文開報伏
候查覈
題參再陳懷志失事地方離縣城伍拾里任王氏
等失事地方離縣城拾伍里均未安設兵丁墩
鋪亦無貼防外委專汛與兼轄不同城又此案

一八 湖廣總督林則徐題本 補參湖北提標把總王復經等疏防竊案首參限内未獲首犯

道光十七年六月二十五日

係獲犯解省委員審明由司解經巡撫覆訊於
道光拾柒年伍月初貳日繕疏具
題後開報補參並非無故遲延毋庸計限又遊擊
史殿元於道光拾陸年柒月貳拾玖日調署鄖
陽鎮標中營遊擊卸事合併聲明等情呈詳到
臣該臣看得案照襄陽縣民陳懷志具報於道
光拾伍年拾貳月貳拾陸日夜被賊行竊伊驚
醒喊捕賊即撞門入室劫去錢文衣物伊同妻
吳氏并鄰人李進思追捕均被拒傷一案又襄
陽縣民婦任王氏任樊氏具報於道光拾伍年
拾貳月貳拾捌日夜被賊撞門入室劫去錢文
衣物一案均經該縣會營勘驗訊供通詳批司

湖廣總督林則徐題本 補參湖北提標把總王復經等疎防竊案首參限內未獲首犯

道光十七年六月二十五日

飭緝詳參嗣據該縣等先後拏獲胡小添劉石
頭胡潮連孫麻子胡接八桂王汝德即王汝草
卜友趙萬發龔成秀解縣訊據各犯供認龔成
秀等行劫陳懷志家錢文衣物拒傷事主并龔
成秀等行劫任王氏任樊氏家錢文衣物等情
不諱解省飭委漢陽府知府楊炳堃漢陽府同
知陳坡覆審議擬由司詳經撫臣審訊具
題并聲明陳懷志被劫一案臨時行強首夥捌人
疎防限內拏獲夥犯柒名貳參限內續獲盜首
任王氏等被劫一案首夥柒人疎防限內拏獲
夥犯肆名貳參限內續獲盜首均應補開疎防
免開貳參在案茲據湖北按察使程銓移行開

報疎防職名詳參前來除仍飭勒緝逸盜孟金
良等務獲解報并文職疎防職名聽撫臣
題參外所有承緝陳懷志被劫一案疎防武職專
汛係提標右營右哨二司把總王復經任王氏
等被劫一案疎防武職專汛係提標右營右哨
千總林正華貳案兼轄均係前署提標右營遊
擊事提標左營遊擊史殿元相應據詳指參再
陳懷志失事地方離縣城伍拾里任王氏等失
事地方離縣城拾伍里均未安設兵丁墩舖亦
無貼防外委專汛與兼轄不同城又此案係獲
犯解省委員審明由司解經撫臣覆訊於道光
拾柒年伍月初貳日繕疏具

題後開報補參兹非無故遲延毋庸計限又遊擊
史殿元於道光拾陸年柒月貳拾玖日調署鄖
陽鎮標中營遊擊仰事合併陳明臣謹會同湖
北巡撫臣周之琦湖北提督臣羅思舉合詞恭
疏具
題伏乞
皇上聖鑒勅部議覆施行臣謹具
題請
旨

湖廣總督林則徐題本　補參湖北提標把總王復經等疏防竊案首參限內未獲首犯

道光十七年六月二十五日

道光拾柒年陸月[illegible]

[illegible]湖廣等處地方軍務兼理糧餉臣林則徐

兵部尚書兼都察院右副都御史總督湖廣等處地方軍務兼理糧餉臣林則徐謹

題爲詳請補參事。該臣看得案照襄陽縣民陳懷志具報於道光拾伍年拾貳月貳拾陸日夜被賊行竊，伊驚醒喊捕，賊即撞門入室，劫去錢文衣物，伊同妻吳氏并鄰人李進思追捕，均被拒傷一案；又襄陽縣民婦任王氏、任樊氏具報於道光拾伍年拾貳月貳拾捌日夜被賊撞門入室，劫去錢文衣物一案，均經該縣會營勘驗訊供，通詳批司飭緝詳參。嗣據該縣等先後拏獲胡小添、劉石頭、胡潮漣、孫麻子、胡挍八、桂王汶憁即王汶草、卜友、趙萬發、龔成秀解縣訊據。各犯供認龔成秀等行劫陳懷志家錢文衣物，拒傷事主，并龔成秀等行劫任王氏、任樊氏家錢文衣物等情不諱，解省飭委漢陽府知府楊炳

湖廣總督林則徐題本　補參湖北提標把總王復經等疎防竊案首參限內未獲首犯

道光十七年六月二十五日

楚漢陽府同知陳坡覆審議擬由司詳經撫臣
審訊具
題并聲明陳懷志被劫一案臨時行強首夥捌人
疎防限內拏獲夥犯柒名戴參限內續獲盜首
任王氏等被劫一案首夥柒人疎防限內拏獲
夥犯肆名戴參限內續獲盜首均應補開疎防
免開戴參在案茲據湖北按察使程銓移行開
報疎防職名詳參前來所有承緝陳懷志被劫
一案疎防武職專汛係提標右營右哨二司把
總王復經任王氏等被劫一案疎防武職專汛
係提標右營右哨千總林正華戴案兼轄均係
前署提標右營遊擊事提標左營遊擊史殿元
相應指參臣謹會
題請
旨

圖書在版編目（CIP）數據

清宮林則徐檔案匯編.18/ 中國第一歷史檔案館　福建省林則徐研究會　編.—福州：海峽文藝出版社，2017.12

ISBN 978-7-5550-1331-0

Ⅰ.①清…　Ⅱ.①中…②福…　Ⅲ.①林則徐（1785~1850）—檔案資料—匯編　Ⅳ.① K827=52

中國版本圖書館 CIP 數據核字（2017）第 271634 號

清宮林則徐檔案匯編　18

中國第一歷史檔案館　福建省林則徐研究會　編

責任編輯　茅林立　陳　婧
美術編輯　劉小岳
出版發行　海峽出版發行集團
海峽文藝出版社
經　　銷　福建新華發行(集團)有限責任公司
社　　址　福州市東水路 76 號 14 層　　**郵編**　350001
發 行 部　0591-87536797
印　　刷　福建新華印刷有限責任公司　　**郵編**　350011
廠　　址　福州市福新中路 42 號
開　　本　889 毫米 × 1194 毫米　1/16
字　　數　788 千字
印　　張　36
版　　次　2017 年 12 月第 1 版
印　　次　2017 年 12 月第 1 次印刷
書　　號　ISBN 978-7-5550-1331-0
定　　價　300.00 元